Inhaltsverzeichnis

Gewidmet allen, die sich für den Aufbau und die Verteidigung des Staates Israel einsetzen und so Gottes Plan erfüllen.

1. Vorbemerkungen und Erklärungen

Dieses Lexikon soll einer engeren Glaubensverbundenheit mit dem Land Israel dienen, zum einen, in dem man auf einer Reise erkennt, wieviel gute, geistliche Bedeutungen die fremdklingenden Namen von vielen der jungen, pulsierenden Orte Israels haben, die man besucht oder an denen man vorbeifährt. Zum anderen kann auch der Leser, der nicht die Möglichkeit hat, nach Israel zu fahren, durch dieses Büchlein seine geistliche Verbindung mit diesem Land vertiefen, wenn er von einem Ort im heutigen Staat Israel gehört oder gelesen hat und nun den biblischen Hintergrund und die Glaubensbedeutung nachschlagen kann.
Dadurch lässt sich auch die Glaubenseinsicht vertiefen, dass das Land Israel mit den biblischen Ereignissen der Vergangenheit verwoben ist und dass auch der moderne Staat Israel nicht das Produkt eines Zufalls ist, sondern eng verbunden ist mit biblischen, prophetischen Verheißungen und der Beginn ihrer Erfüllung.

Das Lexikon will aber nicht nur helfen, Israel von der Bibel her besser zu verstehen. Auch in der entgegengesetzten Richtung, von der Bibel zu Israel hin, kann es hilfreich sein, z.B. beim persönlichen Bibellesen, bei der Vorbereitung einer Andacht oder einer Predigt. Wenn man entdeckt, dass ein Wort oder ein Satz aus dem gerade gelesenen Bibelabschnitt zur Benennnung eines modernen Ortes in Israel verwendet wurde, dann vertieft und veranschaulicht dies das Verständnis des Wortes Gottes.

In diesem Lexikon finden sich nur Orte, die heute in Israel bewohnt werden.

1. Es sind zunächst einmal Orte, die seit dem Beginn des Zionismus (ab 1870) gegründet wurden und benannt wurden
   1.1. mit einem Namen, der in der Bibel erwähnt ist,
      1.1.1. entweder als biblischer Ortsname (teilweise an der Stelle des biblischen Ortes),
      1.1.2. oder als biblische(s) Wort(e) mit anderer Bedeutung,

1.2. oder auch mit einem nichtbiblischen Namen geistlicher Bedeutung.

2. Daneben sind auch Orte erwähnt, die seit biblischer Zeit bis heute bewohnt sind (zumeist arabische Orte) und meist noch den biblischen Namen tragen.

3. Es sind aber auch einige Orte erwähnt und kursiv geschrieben,

3.1. die sich nur vielleicht an der Stätte eines biblischen Ortes befinden (teilweise heute mit einem anderen Namen)

3.2. oder die mit solchen biblischen Worten benannt sind, die daneben auch häufig weltlich gebraucht werden (z.B. biblische Namen, wenn der Ort aber nicht direkt nach der biblischen Person, sondern nach einer modernen Person mit diesem biblischen Namen benannt wurde (z.B. Zikhron Ya'aqov, benannt nach Jakob Rothschild) oder z.B. geographische Namen, die nicht erst wieder durch den Zionismus neu eingeführt wurden (z.B. Golan, Karmel)).

Die Lage des jeweiligen Ortes wird in diesem Lexikon durch ein Planquadrat angegeben. Die Planquadrate entsprechen der in Israel sehr verbreiteten (in lateinischen Buchstaben geschriebenen) „Israel - Touring Map", 1:250.000 (herausgegeben vom Survey of Israel, Carthography Department, 1,Lincoln Str., Tel Aviv, P.O.B. 14171; Tel. +9 72-3-62 31 92 3; Fax +9 72-3-56 20 98 8). Für den, der diese Karte nicht hat, lassen sich die Planquadrate auch leicht in das offizielle israelische topographische Gitternetz (das sich auf jeder guten Israelkarte findet) folgendermaßen übertragen:
vorA: 070-080; A:080-090; B:090-100; C:100-110; D:110-120; E:120-130; F:130-140; G:140-150; H:150-160; J:160-170; K:170-180; L:180-190; M:190-200; N:200-210; O:210-220; P:220-230.
1:290-300; 2:280-290; 3:270-280; 4:260-270; 5:250-260; 6:240-250: 7:230-240; 8:220-230; 9:210-220; 10:200-210; 11:190-200; 12:180-190; 13:170-180; 14:160-170; 15:150-160; 16:140-150; 17:130-140; 18:120-130; 19:110-120; 20:100-110; 21:090-100; 22:080-090; 23:070-080; 24:060-070; 25:050-060; 26:040-050; 27:030-040; 28:020-030; 29:010-020; 30:000-010; 31:990-000; 32:980-990;

33: 970-980; 34:960-970; 35:950-960; 36:940-950; 37:930-940; 38:920-930; 39:910-920; 40:900-910; 41:890-900; 42:880-890. Bei Ortsangaben bezeichnen hier Zahl oder Buchstabe an der 1.Stelle den Wert auf der Längsachse, die Zahl an der 2.Stelle den Wert auf der Hochachse.
Die 3 Großstädte Israels sind mit ihren Stadtteilen unter einem Planquadrat (Haifa: G 6; Tel Aviv: E 14; Jerusalem: K 17) im ausführlichen Ortslexikon und in den tabellarischen Listen am Ende des Buches aufgeführt. Im ausführlichen Ortslexikon sind die Stadtteile dieser 3 Großstädte untereinander sortiert nach den Planquadraten der jeweiligen Stadtpläne, die von der Firma Carta (P.O.Box 2500; Jerusalem 91 024, Israel) herausgegeben werden. (Achtung: In den Carta-Stadtplänen ist im Unterschied zur Israelkarte „Israel - Touring Map“ die Hochachse mit Buchstaben und die Längsachse mit Zahlen bezeichnet.).
Die Orte in „2.Ausführliches Ortslexikon“ sind nach den Planquadraten sortiert, und zwar zunächst von Nord nach Süd (in aufsteigender Ziffern-Reihenfolge der Hochachse); innerhalb derselben Ziffernreihe von West nach Ost (in aufsteigender Buchstaben-Reihenfolge der Längsachse). Innerhalb eines durch Ziffer und Buchstabe festgelegten Planquadrates sind die Orte dann noch einmal von Nord nach Süd sortiert.

Die Möglichkeiten, die biblischen Eigennamen (Personen- und Ortsnamen) zu schreiben, sind vielfältig. Hinzu kommt, dass uns diese Namen in einer europäisch-veränderten Aussprache vertraut sind, die oft weit von dem originalen hebräischen Wortlaut abweicht (Z.B. hat Rebekka nie „Rebekka“ geheißen, sondern „Rivka“.). Da dieses Lexikon sich besonders mit den biblischen Wurzeln von Namen befasst, findet sich hier schwerpunktmäßig die korrekte biblisch-hebräische Aussprache, die damit auch bei uns neu ins Bewusstsein gelangen kann. Erschwerend kommt noch hinzu, dass manche Buchstaben in der internationalen Lautschrift anders ausgesprochen werden als im Deutschen („z“ entpricht z.B. in der internationalen Lautschrift dem deutschen „s“.)

Folgendes durchgehende System für die Schreibung der Eigennamen besteht nun in diesem Lexikon:

In der linken Spalte des ausführliches Ortslexikons (Kapitel 2) und in allen Tabellen (Kapitel 4-7) werden diejenigen lateinischen Buchstaben für die hebräischen Ortsnamen verwendet, die den offiziellen Regeln der hebräischen Sprach-Akademie entsprechen (Vgl. hierzu das Vorwort zu dem im Literaturverzeichnis genannten „Carta's Official Guide to Israel".). Das bedeutet im Einzelnen: **„h"** und **„kh"** sind wie ein hartes „ch" auszusprechen; **„s"** wie „ß"; **„z"** wie „s"; **„z"** wie „z" und **„sh"** wie „sch". „ **'..."** am Anfang oder Ende eines Wortes steht für ein hebräisches **„ע"** und hat für das Lesen keine Bedeutung; **„...'..."** in der Mitte eines Wortes steht für ein hebräisches **„א"** oder **„ע"** und bedeutet, dass die Vokale hier getrennt und nicht zusammengelesen werden. Man spricht die Ortsnamen dann so aus, wie es dem Hebräischen entspricht.
Auch in den erklärenden Texten rechts im Ortslexikons werden die Orts- und Personennamen entsprechend der hebräischen Originalsprache geschrieben. Die Buchstaben für diese Namen werden aber entsprechend dem Lautwert verwendet, der in der deutschen Sprache üblich ist (**„ß"** am Wortanfang als **„Sz"** geschrieben.). Zur Erklärung kann manchmal noch in Klammern der Name in der in Israel verwendeten Schreibweise lateinischer Buchstaben stehen und/oder in der uns geläufigen europäisierten Form. **Beispiel**: In der linken Spalte des ausführlichen Ortslexikons erscheint der Name **Yizhaq**; im Erklärungstext rechts davon findet man ihn in der Form **Jizchaq** (die man wie im Deutschen gewohnt lesen kann) und manchmal noch mit der ergänzenden Klammer **(Yizhaq; Isa'ak);** d.h. in der Klammer wird noch einmal die Schreibweise der linken Spalte wiederholt und die uns geläufige, aber eigentlich unkorrekte Form „Isa'ak". Ausnahmen: Moderne Personennamen werden in ihrer originalen Schreibweise beibehalten, meist wird auch „Jißra'el" als „Israel", „Jeruschalajim" als „Jerusalem" und „Jarden" als „Jordan" geschrieben.
Bei Orten, die fast nur von Arabern bewohnt werden, findet man zuerst den arabischen Ortsnamen und dann gegebenenfalls den hebräischen in Klammern.
Das Buch nimmt auf den wechselnden Status der palästinensischen Autonomiegebiete keinen Bezug, sondern sieht das gesamte Gebiet

als Einheit „Israel", da es zum Zeitpunkt der Endredaktion des Lexikons der einzige international anerkannte Staat des Gebietes ist.

Die meisten Bibelstellen sind von mir selbst übersetzt und folgen keiner bestimmten Bibelübersetzung. Das hebräische Wort **„Kefar"** im Ortsnamen, das auf Deutsch **„Dorf"** heißt, wird im Lexikon zumeist nicht noch einmal übersetzt.

Folgende Abkürzungen werden regelmäßig verwendet: **„s.u."** = „siehe unten"; **„s.o."** = „siehe oben"; **„vgl."** = „vergleiche".

Wenn ein Ort mehrere Gründungsdaten hat, z.B. weil der Ort in einem Krieg zerstört wurde, zwischenzeitlich aufgegeben wurde oder zuerst Militärlager war und dann Kibbuz wurde, dann sind im ausführlichen Lexikon die sinnvollsten Gründungsdaten ausgewählt, in den tabellarischen Lexika ist meist nur das wichtigste Gründungsdatum pro Ort genannt. Findet sich beim Gründungsjahr das Wort „wiedergegründet", so bedeutet dies, dass der Ort in der Gegenwart während des Zionismus gegründet wurde, nachdem er in biblischer Zeit schon existiert hat.

Die kursiv geschriebenen Orte der Kategorie 3 des ausführlichen Ortslexikons erscheinen nicht in den tabellarischen Lexika.
Bei den zusammenfassenden, tabellarischen Ortslexika am Ende des Buches sind pro Ort nicht mehr als 3 Bibelstellen eingetragen. Die Stadtteile sind hier unter ihrem Stadtteilnamen eingetragen. Der Name der Stadt ist dahinter in Klammern zu finden.

Die tabellarischen Ortslexika am Ende des Buches sind sortiert:
- nach der **Reihenfolge der Bibelstellen:** für Bibelstudium, Andacht und Predigt, auch zur Vertiefung der geistlichen Beziehung zum heutigen Israel (Innerhalb derselben Bibelstelle sind die Orte alphabetisch sortiert.);
- nach der **alphabetischen Reihenfolge** der Ortsnamen: zur weiteren Information über israelische Orte und die biblischen Wurzeln ihrer Namen auf Israelreisen und zu Hause (Hier sind manche Orte mehrfach eingetragen, wenn ihre Schreibweise unterschiedlich gehandhabt wird, z.B. jüdische Orte mit dem 1.Wort „Nahal-..";

arabische Orte mit dem arabischen Artikel „E“, „El-..“ oder „Es-..“; arabische Orte, deren jüdische Schreibweise stark abweicht; jüdische Orte, für die verschiedene Namen gebräuchlich sind; Ortsteile sind in dieser Tabelle auch unter dem Namen der Stadt zu finden, zu der sie gehören (außer Haifa, Tel Aviv und Jerusalem);

- nach dem **Gründungsjahr:** zur vertieften Information über die Geschichte des modernen Israel und des Zionismus (Innerhalb eines Gründungsjahres sind die Orte nach Planquadraten sortiert, d.h. nach der Gegend, in der sie liegen. So lässt sich feststellen, in welchen Gegenden in bestimmten Jahren verstärkt Orte mit biblischen Namen gegründet wurden. Innerhalb desselben Planquadrates sind die Orte dann wiederum alphabetisch sortiert.);
- nach den **Planquadraten der Israelkarte:** hilfreich für die Entdeckung biblischer Ortsnamen in der Gegend Israels, durch die man gerade fährt (Innerhalb desselben Planquadrates sind die Orte alphabetisch sortiert; ein mehrmals erwähnter Ort ist dann nach der Reihenfolge der Bibelstellen sortiert.).

2. Ausführliches Ortslexikon, sortiert nach Planquadraten

Yuval (**יובל**) (N 1) - oberes Jordantal; 1952 gegründet; heißt **„Bach“** und benannt nach Jer 17,8: Wer auf Gott vertraut, „ist wie ein Baum, der ... seine Wurzeln am **Bach** ausstreckt.“ Sein Laub ist grün, und er hört nicht auf, Frucht zu bringen. - Der Name erinnert auch daran, dass sich der Moschav im Gebiet der Quellflüsse des Jordan befindet.

Kefar Gil'adi (**כפר גלעדי**) *(N 1) - Obergaliläa; 1916 gegründet; benannt nach Israel **Gil'adi. „Gil'adi“** heißt **„der Gileaditer“,** d.h. ein Mann aus der Landschaft Gilead, die Teil des Stammes Menasche (Manasse) war und sich im nördlichen Ostjordanland befindet (Jos 17,5-6). Gileaditer waren z.B. die Richter Ja'ir (Ri 10,3) und Jiftach (Ri 11,1).*

Ma'yan Barukh (**מעין ברוך**) *(N 1) - oberes Jordantal; 1947 gegründet; heißt **„Quelle Baruch“** und benannt nach **Baruch** (Bernard) Gordon. **„Baruch“** heißt **„der Gesegnete“.***

Dan (**דן**) (O 1) - oberes Jordantal; 1939 wiedergegründet neben dem Ausgrabungshügel der biblischen Stadt, die sich im gleichnamigen biblischen Stammesgebiet befand (1.Mose 14,14; Jos 19,40-48 (Stammesgebiet); 1.Kön 12,29 (Stadt); 1.Sam 3,20 (von **Dan** bis Be'er-Scheva)).

Senir (**שניר**) (O 1) - oberes Jordantal; 1967 gegründet; benannt nach einem der biblischen Namen für den nahegelegenen **Berg Hermon** (5.Mose

3,9). Außerdem fließt in der Nähe der Hasbani-Fluss, einer der Quellflüsse des Jordan, der auch Szenir (Senir) heißt.

She'ar Yashuv (**שאר ישוב**) (O 1) - oberes Jordantal; 1940 gegründet; **„Sche'ar Jaschuv"** heißt übersetzt: **„Ein Rest wird sich bekehren."** und ist gleichzeitig der Name eines Sohnes Jeschajahus (Jesajas) (Jes 7,3), der sich prophetisch auf die Bekehrung eines Teils Israels bezieht (Jes 10,21).

---

*Menara (Ramim) ((**רמים**) **מנרה**) (N 2) - Obergaliläa; 1943 gegründet; an den **Ramim**-Bergen gelegen. Der Ort hat auch den (weniger gebräuchlichen) hebräischen Namen **„Ramim"** (auf Deutsch: **„Höhen"**, **„Himmelshöhen"**), der aus Ps 78,69 genommen wurde: „Er (Gott) baute sein Heiligtum wie **Himmelshöhen**."*

*Sede Ne<u>h</u>emya (**שדה נחמיה**) (N 2) - oberes Jordantal; 1940 gegründet; heißt übersetzt **„Feld Nechemias"**, **„Nechemia"** (Nehemia) heißt übersetzt **„Ein Tröster ist Jah(we) (der Herr).";** benannt nach dem holländischen Zionisten Ne<u>h</u>emya de Lieme. Dessen Vorname trägt z.B. der biblische Beauftragte für den Wiederaufbau Jerusalems nach der babylonischen Gefangenschaft und das nach ihm benannte biblische Buch.*

Yifta<u>h</u> (**יפתח**) (N 2) - Obergalilläa; 1948 gegründet; Name einer Brigade der israelischen Armee, die direkt nach dem **Richter** (im alten Israel auch Armeeführer) **Jiftach** (**Yifta<u>h</u>**) (Ri 11 + 12, z.B. Ri 11,1; Hebr 11,32) benannt wurde.

Shamir (**שמיר**) (O 2) - Westhang des Golan; 1944 gegründet; **„Diamant"**, bezeichnet die Härte und Standhaftigkeit der jungen Gründer dieser Grenzsiedlung gegen die syrischen Angriffe gemäß Hes 3,9: „Wie **Diamant** habe ich deine Stirn gemacht.“ Auch Name eines Ortes im Stammesgebiet Jehuda (Juda) im alten Israel (Jos 15,48).

Lahavot HaBashan (**להבות הבשן**) (O 2) - oberes Jordantal (Huletal); 1945 gegründet; **„Lahavot“** (Flammen) ist der Name der Jugend-Einwandererorganisation aus Polen und Deutschland, deren Mitglieder bei der Gründung des Kibbuz mithalfen; **„HaBaschan“** ist ein anderer biblischer Name für den nahegelegenen Golan (z.B. 5.Mose 4,43) als Teil des Stammes Menasche (Manasse).

Odem (**אדם**) *(P2) - Golan; 1976 gegründet; heißt „Röte“ wegen der roten Berge in der Umgebung; in der Bibel aber auch* ***„roter Edelstein“ (Rubin; Karneol; alter Name: Sarder)****, der Schmuck an der Brusttasche des Priesters (2.Mose 28,17), auch Hes 28,13 erwähnt und einer der Edelsteine der Grundsteine des neuen Jerusalem (Offb 21,20 (der sechste Stein)).*

Merom Golan (**מרום גולן**) *(P2) - Golan; 1967 gegründet; heißt* ***„Golanhöhe“.*** *Der* ***Golan*** *gehörte zum Stammesgebiet Menasche (Manasse) (1.Chr 6,56), und die Grenze Israels soll auf den* ***Golan****höhen verlaufen (4.Mose 34,11).*

Shelomi (**שלומי**) (J 3) - nördliche Küstenebene; 1950 gegründet; benannt nach einem Anführer aus dem Stamm Ascher (Asser) (4.Mose 34,27).

‘Avdon (**עבדון**) (J 3) - westliches Obergaliläa; 1952 gegründet; benannt nach einem biblischem

Ort im Gebiet des Stammes Ascher (Asser) (Jos 21,30), der sich auf dem gleich westlich des modernen Ortes gelegenen Ausgrabungshügel befand.

Even Menahem (**אבן מנחם**) *(K3) - Obergaliläa; 1960 gegründet; heißt* ***„Stein Menachems"*** *benannt nach Arthur* ***Menahem*** *Hantke. In der Bibel ist* ***Menachem (Menahem)*** *einer der letzten Könige (747-738 v.Chr.) des Nordreiches Israel kurz vor der Eroberung durch die Assyrer (2.Könige 15,14-23).*

Elqosh (**אלקוש**) (L3) - Obergaliläa; 1949 gegründet; benannt nach dem Namen des Geburtsortes Nachums (Nahums) (Nah 1,1), der sich im ehemaligen, nahegelegenen arabischen Dorf Deir el Qasi erhalten hat.

Malkiyya (**מלכיה**) (M3) - Obergaliläa; 1949 gegründet; heißt **„Ya(hwe) (der Herr) ist mein König";** benannt nach einem benachbarten, verlassenen arabischen Dorf mit ähnlichem, abgewandeltem Namen, dessen ursrpünglicher, biblischer Name im Kibbuz-Ortsnamen **„Malkiyya"** wiederhergestellt wurde (Es ist ein in der Bibel mehrfach erwähnter priesterlicher Name (z.B. 1.Chr 24,9). Die Familie des in Neh 10,4 erwähnten Priesters siedelte sich hier nach der babylonischen Gefangenschaft an.)

Yir'on (**יראון**) (M3) - Obergaliläa; 1949 gegründet; benannt nach einem Ort im Gebiet des Stammes Naftali (Jos 19,38), der sich vermutlich am Ort des benachbarten libanesischen Grenzortes Yaroun befand.

Ramot Naftali (**רמות נפתלי**) (N3) - Obergaliläa; 1945 gegründet; nach Aufgabe der 1.Siedlung wurde der Ort 1963 erfolgreich neugegründet; heißt übersetzt **„Höhen von Naftali“. „Naftali“** ist der Name eines hier gelegenen Stammes des Volkes Israel (z.B. 1.Mose 49,21).

Notera (**נוטרה**) (N 3) - oberes Jordantal (Huletal); 1958 gegründet; Farm; heißt **„Hüterin“** und benannt nach Hld 1,6: **„Hüterin** der Weinberge“.

Yesud HaMa'ala (**יסד המעלה**) (N 3) - oberes Jordantal (Huletal); 1883 gegründet; benannt nach Esra 7,9: **„Er** (Esra) **hatte den Hinaufzug angeordnet.“** (d.h. aus Babylon von der Gefangenschaft nach Jerusalem hinaufzuziehen).

Sede Eli'ezer *(**שדה אליעזר**) (N 3) - Obergaliläa; 1952 gegründet; **„Feld Eli'esers“, „Eli'eser“** heißt übersetzt **„Mein Gott ist Hilfe (ein Helfer)“**; benannt nach Robert **(Elieser)** Philippe de Rothschild, dessen Beiname vom biblischen Namen kommt: Diener Avrahams (Abrahams) (1.Mose 15,2), der dabei hilft, eine Frau für Yizchak (Isaak) zu finden, nämlich: Rivka (Rebekka) (1.Mose 24); auch Name eines Sohnes von Mosche (Mose) (2.Mose 18,4).*

Allone HaBashan (**אלוני הבשן**) (P 3) - Golan; 1981 gegründet; heißt **„Eichen Baschans“** und benannt nach Jes 2,13, wo sie ein Bild für Hochmütigkeit sind, die Gott erniedrigen wird (zu **„Bashan“** siehe oben Lahavot HaBashan (O 2)).

'Evron (**עברון**) (H 4) - nördliche Küstenebene; 1945 gegründet; benannt nach einem biblischen Ort im Stammesgebiet Ascher (Asser), der in der Nähe lag (Jos 19,28)

Shave Ziyyon (שבי ציון) (H4) - nördliche Küstenebene; 1938 gegründet; heißt **„die Heimkehrer Zions"** und benannt nach den biblischen Verheißungen der Heimkehr der Juden nach Zion, vor allem Jes 1,27: **„Zion** wird durch Gericht erlöst werden und **seine Heimkehrer** mit Gerechtigkeit." „Zion" bezeichnet in der Bibel zunächst nur einen Berg in Jerusalem (z.B. Jes 10,12), dann die ganze Stadt Jerusalem (z.B. Ps 51,20). Schließlich umfasst die Sehnsucht der Juden in der Fremde nach einer Heimkehr nach Zion auch die Hoffnung auf Rückkehr in das ganze Land Israel (z.B. Jes 35,10).

Bet Ha'Emeq (בית העמק) (J4) - nördliche Küstenebene; 1949 gegründet; benannt nach einem biblischen Ort im Stammesgebiet Ascher (Asser), der in der Nähe lag (Jos 19,27).

Osherat (אשרת) (J4) - nördliche Küstenebene; 1983 gegründet, Industriepark; benannt nach dem Stamm **Ascher (Asser)** (5.Mose 33,24; Jos 19,24), dessen Gebiet sich hier befand.

Nes 'Ammim (נס עמים) (J4) - nördliche Küstenebene; 1963 gegründet; heißt „**Zeichen der** (für die) **Völker**" und benannt nach Jes 11,10: Der Messias, „der Spross aus der Wurzel Jischais (Isais) wird dastehen als **Zeichen für die Völker".**

Me'ona (מעונה) (K4) - Obergaliläa; 1949 gegründet; bedeutet **„schützende Wohnung"** und ist benannt nach 5.Mose 33,27: **„Eine schützende Wohnung** ist der ewige Gott."

'En Ya'aqov (עין יעקב) (K4) - Obergaliläa; 1950 gegründet; heißt übersetzt **„Quelle Ja'aqovs (Jakobs)"** und benannt nach 5. Mose 33,28.

Zuri'el — (**צוריאל**) (K4) - Obergaliläa; 1950 gegründet, benannt nach einem Leviten (4.Mose 3,35). Der Name selbst bedeutet **„Gott ist mein Fels“** (z.B. Ps 18,3).

Yanuah — (**ינוח**) (K4) - Obergaliläa; drusisches Dorf; vermutlich der schon in 2.Kön 15,29 genannte Ort.

Kishor — (**כישור**) (K4) - Obergaliläa; 1976 gegründet; heißt übersetzt **„Spinnrocken“** und benannt nach Spr 31,19: „(Die tüchtige Hausfrau) legt ihre Hände an den **Spinnrocken** und ...“ Nach einem Wort des 2. Teiles dieses Satzes ist der direkt folgende Kibbuz Pelech (Pelekh) benannt.

Pelekh — (**פלך**) (K4) - Obergaliläa; 1980 gegründet; heißt übersetzt **„Spindel“** und benannt nach Spr 31,19: „ ... und ihre (der tüchtigen Hausfrau) Finger fassen die **Spindel.“** Nach einem Wort des 1. Teiles dieses Satzes ist der direkt vorher genannte Kibbuz Kischor (Kishor) benannt.

Rama — (**רמה**) (L4) - Obergaliläa; arabischer Ort mit hebräischem Namen; bedeutet **„Anhöhe“**; vermutlich die Stelle des Ortes gleichen Namens im Stammesgebiet Naftali (Jos 19,36). (siehe auch Rama im Stammesgebiet Binjamin (Benjamin) (heute (E) Ram, K 16) und das Rama Schemu'els (Samuels) am Gebirge Efraim (heute Ramallah, J 16)).

Shefer — (**שפר**) (M4) - Obergaliläa; 1950 gegründet; heißt **„Schönheit“** und benannt nach dem Segensspruch Ja'aqovs (Jakobs) über Naftali, dessen Stamm hier siedelte: „Naftali ist eine Hirschkuh im freien Lauf, er gibt Worte (voller) **Schönheit** von sich.“ (1.Mose 49,21)

Ayyelet HaSha<u>h</u>ar (**אילת-השחר**) *(N 4) - nördlichstes Untergaliläa; 1892 gegründet, 1916 neugegründet; heißt* ***„Morgenstern“,*** *Übersetzung eines arabischen Ortsnamens, im jüdischen Glauben Symbol für Erlösung; deshalb Name für die Melodie eines Psalmgebetes um Erlösung (Ps 22,1).*

Ma<u>h</u>anayim (**מחנים**) (N 4) - nördlichstes Untergaliläa; 1898 1.Siedlungsversuch, jetziger Kibbuz 1939 gegründet. **„Machanayim“** heißt übersetzt **„2 Heerlager“** und ist der Name des Ortes östlich des Jordan, an dem Ja'aqov (Jakob) vor der Wiederbegegnung mit Eßaw (Esau) Gottes Engel sieht (1.Mose 32,3); deshalb hält er den Ort für **Heerlager** Gottes. (Siehe unten den Stadtteil Jerusalems gleichen Namens.)

<u>H</u>a<u>z</u>or HaGelilit (**חצור הגלילית**) (N 4) - Obergaliläa; 1953 gegründet; heißt **„galiläisches** Chazor“; benannt nach dem etwas weiter nördlich gelegenen, biblischen Chazor im Stammesgebiet Naftali (z.B. Jos 19,36). (Siehe auch das in Erinnerung an Chazor im Stammesgebiet Jehuda (Juda) wiedergegründete Chazor Ashdod (E 17).)

Rosh Pinna (**ראש פנה**) (N 4) - Obergaliläa; 1878/79 1.Siedlungsversuch; mit Petach (Petach) Tiqwa die erste Ortsneugründung im Sinne des Zionismus, allerdings noch nicht durch eingewanderte Juden (Olim), sondern durch Juden aus Zefat, 1882 erfolgreiche Neugründung durch Olim; mit Rishon LeZiyyon (F 15) und der Neugründung von Petach Tiqwa (G 14) eine der ersten 3 erfolgreichen Ortsneugründungen im vollen Sinne des Zionismus (Neugründung eines Ortes und durch Olim gegründet); heißt **„Eckstein“** (Ps 118,22; Jes 28,16).

Elifelet (**אליפלט**) (N 4) - nördlichstes Untergaliläa; 1949 gegründet; benannt nach der Bibel: **„Elifelet“** hieß einer der Söhne König Davids (2.Sam 5,16; 1.Chr 3,8) und auch ein Heimkehrer aus der babylonischen Gefangenschaft (Esra 8,13), vergleichbar den einwandernden Zionisten. Außerdem erinnert er an einen gleichnamigen Holocaustüberlebendem, der hier in der Gegend im Unabhängigkeitskrieg fiel. Der Name heißt übersetzt **„Mein Gott ist Rettung“.**

Ani'am (**אניעם**) (O 4) - südlicher Golan; 1978 gegründet; benannt nach einem Mitglied des Stammes Menasche (Manasse), dessen Gebiet auch hier auf dem Golan lag (1.Chr 7,19).

Yonatan (**יונתן**) *(P4) - südlicher Golan; 1976 gegründet; benannt nach* ***Yonatan*** *(Jonatan) Rosenmann, der in der Nähe im Yom-Kippur-Krieg gefallen ist. Außerdem erhielt der Ort den Namen unter Bezug auf die biblische Wendung „der Bogen* ***Jonatans“*** *(2.Sam 1,22) aus dem Klagelied Davids über den Tod seines besten Freundes, der ein vorzüglicher Bogeschütze war.* ***„Jonatan“*** *bedeutet* ***„Y(ahwe) (der Herr) hat geschenkt“****. So heißt in der Bibel auch ein Stammvater aus dem Geschlecht Jehuda (Juda) (1.Chr 2,32-33) und ein Stammvater aus einem Priestergeschlecht unter Jojakim (Zeit Nechemia) (Neh 12,14).*

'Akko (**עכו**) (H 5) - nördliche Küstenenbene; bestand schon in biblischer Zeit (Ri 1,31; Apg 21,7 (in neutestamentlicher Zeit hieß es Ptolemais)).

Tal El (**טל-אל**) (J 5) - westliches Obergaliläa; 1980 gegründet; heißt **„Tau Gottes“** gemäß Hos 14,6: **Gott** spricht: „Ich werde für Israel sein wie der **Tau**: Es soll blühen wie eine Lilie.“

A<u>h</u>ihud (אחיהוד) (J 5) - nördliche Küstenebene; 1950 gegründet; benannt nach einem Mann aus dem Stamm Ascher (Asser), der für die Austeilung des Landes Israel zuständig war (4.Mose 34,27).

Tuval (תובל) (K 5) - westliches Obergaliläa; 1980 gegründet; benannt nach einem Nachkommen Kains (**Tuval-Kain**), der das Schmiedehandwerk einführte (1.Mose 4,22).

Karmi'el *(כרמיאל) (K 5) - nördlichstes Untergaliläa im Tal von Bet Kerem; 1964 gegründet; benannt in Anlehnung an den Namen des **Tales „Bet Kerem“**. Übersetzt heißt der Ortsname **„mein Weinberg Gottes“** (Mein Weinberg gehört Gott (wegen der schönen Weinberge in der Umgebung)).*

Kabul (Kavul) (כבול) (K 5) - nordwestliches Untergaliläa; arabisches Dorf; Ort der gleichnamigen Stadt **Kavul** im Stammesgebiet Ascher (Asser) (Jos 19,27).

Shekhanya (שכניה) (K 5) - Untergaliläa; 1980 gegründet; benannt nach einer Priesterfamilie (1.Chr 24,11), die nach der Tradition in der nahegelegenen Stadt Kabul (s.o.) gewohnt haben soll.

Mikhmannim (מכמנים) (L 5) - Untergaliläa; 1980 gegründet; heißt **„Schätze“,** das Wort ist nur im Althebräischen gebräuchlich und kommt nur einmal in der Bibel vor: Dan 11,43: „Und er (der antichristliche König) wird sich der **Schätze** an Gold und Silber bemächtigen“ und dann umkommen.

Kefar <u>H</u>ananya *(כפר חנניה) (M 5) - Untergaliläa; jüdisches Dorf des Altertums, bis ca. 1600 von jüdischen Bauern bewohnt, 1990 als landwirtschaftliche Versuchsstation wiedergegründet; **„Chananja***

*(Hananya)" bedeutet **„Yah(we) (Der Herr) ist gnädig gewesen"**; so hieß unter anderem einer der Gefährten Daniels in der babylonischen Gefangenschaft, wo sie sich - als Zeichen ihrer Glaubenstreue - auch am Königshof an die biblischen Speisegesetze hielten (Dan 1,6; 2,17).*

Huqoq (**חוקוק**) (M 5) - Untergaliläa; 1945 wiedergegründet; benannt nach einem vermutlich an dieser Stelle gelegenen Ort im Gebiet des Stammes Ascher (Asser) (Jos 19,34).

Korazim (**כורזים**) (N 5) - nördlichstes Untergaliläa; 1983 wiedergegründet; benannt nach dem in der Nachbarschaft gelegenen gleichnamigen Ort aus der Zeit des Neuen Testamentes, den Jeschua (Jesus) wegen seiner Sünden angreift (Mt 11,21).

(Haifa) (**חיפה**) (G 6)

Stadtteile: (Die kleingedruckte Planquadratangabe stammt aus dem Carta-Stadtplan. In den tabellarischen Lexika sind alle Stadtteile unter dem Planquadrat „G 6" der Israelkarte geführt):

Qiryat Eli'ezer (**קרית-אליעזר**) *(C 3) - Norden Haifas; heißt **„Vorort Elie'sers"** und benannt nach Eli'ezer Kaplan; **„Eli'eser"** heißt übersetzt **„Mein Gott ist Hilfe (ein Helfer)"; Eli'eser** ist ein Diener Avrahams (Abrahams) (1.Mose 15,2), der dabei hilft, für Jizchak (Isaak) eine Frau zu finden: Rivka (Rebekka) (1.Mose 24). **Eli'eser** ist auch der Name eines Sohnes von Mosche (Mose) (2.Mose 18,4).*

Ramat Sha'ul (**רמת שאול**) *(D 2) - Norden Haifas; heißt **„Anhöhe Scha'uls"; Scha'ul***

(Saul)" *ist in der Bibel der Name des 1.Königs Israels (ca. 1012 - 1004 v.Chr.) (1.Sam 9 und folgende Kapitel).*

Qiryat Eliyyahu (**קרית-אליהו**) (*D 4*) - Norden Haifas; 1950 gegründet; heißt **„Vorort Eliyyahu";** **„Elijahu (Elia)"** bedeutet **„Mein Gott ist Yah(we) (der Herr)"; Elijahu** war Prophet zur Zeit König Achavs (Ahabs) (1.Könige 17,1); nach einer Gerichtspredigt gibt Gott ihm den Auftrag, sich zu verstecken (1.Kön 17,3). In der Nähe des Stadtteils an der Nordspitze Haifas soll sich die Höhle befinden, wo Eliajahu (Elia) sich versteckte.

Hadar HaKarmel (**הדר הכרמל**) (E 5) - Zentrum Haifas; 1912 gegründet; heißt **„Pracht des Karmel"** (Jes 35,2); Gott verspricht dem Karmel, auf dem auch Haifa gebaut ist, dass er ihm die Pracht wiedergeben wird im Rahmen der Wiederbegrünung Israels (Zionismus).

Romema (**רוממה**) (H 5) - Süden Haifas; 1970 gegründet; bedeutet **„erhöht"**; nach Ps 118,16: „Die Rechte des Herrn ist **erhöht";** Stadtteil auch in Jerusalem (J-K 16-18).

Tirat Karmel ***(טירת כרמל)*** *(G 6) - westlicher Rand des Karmelgebirges; 1949 gegründet; heißt **„Karmel-Burg"**. Der **Karmel** ist ein Gebirge im Norden Israels, das durch Bäume und Pflanzen prächtig aussieht (Jes 35,2) und mit schönem Haar verglichen wird (Hld 7,6).*

Newe Sha'anan (נוה שאנן) (H 6) - östlicher Stadtrand von Haifa; 1922 gegründet; bedeutet **„ruhiger Wohnort"** und benannt nach Jes 33,20: „Deine Augen werden Jerusalem sehen, einen **ruhigen Wohnort".** Stadtteil auch von Jerusalem (J-k 16-18) und Tel Aviv (E 14).

Afeq (אפק) (J 6) - nördliche Küstenebene; 1939 gegründet, am jetzigen Ort seit 1948; benannt nach dem biblischen **Afeq** im Südteil des Stammes Ascher (Asser) (Jos 19,30), das sich auf dem etwas westlich gelegenen Ausgrabungshügel (heute Naturschutzgebiet) befand (nicht zu verwechseln mit dem Afeq auf dem Golan (1.Kön 20,26; s.u. O 6) und dem Afeq beim Philistergebiet (1.Sam 4,1; s.u. G 14)).

'Adi (עדי) (J 6) - Untergaliläa; 1980 gegründet; benannt nach dem biblischen Ort **H̲ali** im Gebiet des Stammes Ascher (Asser) (Jos 19,25), der sich auf dem etwas südwestlich gelegenen Tel H̲ali befand. **„'Adi"** hat dieselbe Bedeutung wie **H̲ali**, nämlich „Schmuck", und wurde deshalb als moderner Ortsname gewählt.

Ramat YoH̲anan (**רמת יוחנן**) *(J 6) - Küstenebene östlich von Haifa; 1932 gegründet; heißt* ***„Anhöhe von Jochanan"*** *benannt nach Jan* ***(Jochanan)*** *Smuts.* ***„Jochanan"*** *(Johannes) heißt* ***„Y(ahwe) (der Herr) ist gnädig"****; in der Bibel unter anderem der Name eines Hohenpriesters (Neh 12,22).*

Ibtin (**אבטין**) *(J 6) - Küstenebene östlich von Haifa; arabisches Dorf; vielleicht an der Stelle des ähnlich klingenden biblischen Ortes* ***„Beten"*** (**בטן**) *im Gebiet des Stammes Ascher (Asser) (Jos 19,25).*

Yodefat

(**יודפת**) (K6) - Untergaliläa; 1960 wiedergegründet; benannt nach dem hier liegenden biblischen Ort **Jotbah (יטבה)** (2.Kön 21,19), der in der biblischen Spätzeit **„Jodefat“** hieß.

Moreshet

(**מורשת**) (K6) - Untergaliläa; 1981 wiedergegründet; benannt nach dem **Herkunftsort des Propheten Micha** (Mi 1,1; auch 1,14), der sich allerdings südwestlich von Jerusalem befand.

Hannaton

(**חנתון**) (K6) - Untergaliläa; 1984 wiedergegründet; benannt nach einem Ort im Gebiet des Stammes Sevulon (Sebulon) (Jos 19,14), der sich auf dem etwas östlich gelegenen Ausgrabungshügel befand.

Rummana

(**רומנה**) (K 6) – Untergaliläa; arabischer Ort mit Tel er-Rumane an der Stelle des biblischen Bet Rimmon (Jos 19,13) (der heutige Kibbuz Bet Rimmon in L 6).

Hosha'ya

*(**הושעיה**) (K6) - Untergaliläa; 1981 gegründet; benannt nach Rabbi **Hoschajah** Rabbah, nach dem auch ein nahegelegener Berg benannt wurde; **„Hoschajah“** heißt **„Yah(we) (Der Herr) rettete“** und ist der Name eines Anführers des Stammes Jehuda (Juda) zur Zeit Nechemias (Neh 12,32).*

Massad

(**מסד**) (L6) - Untergaliläa; 1983 gegründet; heißt **„Fundament“** und benannt nach 1.Kön 7,9, wo es um den Bau von Schelomos (Salomos) Königspalast geht: „Das alles war aus wertvollen Steinen, ... vom **Fundament** bis ans Dach“

Bet Rimmon

(**בית רמון**) (L6) - Untergaliläa; 1977 wiedergegründet; benannt nach dem Ort **Rimmon** im Gebiet des Stammes Sevulon (Sebulon)

(Jos 19,13), vermutlich Tel er-Rumane beim heutigen arabisch-galiläischen Ort Rummana (siehe K 6), 2 km westlich."

Migdal (**מגדל**) (M 6) - See Genezareth; wiedergegründet 1909 durch deutsche Katholiken und wegen Malaria aufgegeben; 1920 erfolgreiche jüdische Neugründung; Heimat von Maria Magdalena (aus Migdal, auch Magdala genannt) (Lk 8,2).

Arbel (**ארבל**) (M 6) - Untergaliläa; 1949 gegründet; benannt nach dem biblischen **Bet Arbe'el** (Hos 10,14), das sich vermutlich an der Stelle der Ruine einer alten Siedlung im Norden des heutigen Ortes befand.

A<u>h</u>uzzat Naftali (**אחזת נפתלי**) (M 6) - Untergaliläa; 1949 gegründet; heißt **„Farm Naftalis"; „Naftali"** ist der Name eines hier gelegenen Stammes (1.Mose 49,21).

<u>H</u>ela (**חילה**) (M 6) - Untergaliläa; Farm, 1952 gegründet; heißt **„ihre Vormauer"** und benannt nach Ps 48,14: „habt gut acht auf **ihre** (Zions) **Vormauer".**

Tiberias (Teverya) (**טבריה**) (M-N 6) - See Genezareth; Ort unten am See besteht seit neutestamentlicher Zeit unter diesem Namen (Joh 6,1+23; (21,1)). Im Stadtgebiet von Teverya (Tiberias) befinden sich Ausgrabungen von 2 biblischen Städten aus dem Gebiet des Stammes Naftali: im Norden am Ufer des Sees Genezareth der Ort **Raqqat** (Jos 19,35) und im Süden in der Nähe der heißen Quellen der Ort **Chammat (<u>H</u>ammat)** (Jos 19,35).

Geshur (**גשור**) (O6) - Südgolan; 1971 gegründet, seit 1975 am jetzigen Ort; Name eines Fürstentums in biblischer Zeit, das sich hier auf dem Golan mitten im Stammesgebiet Menasche (Manasse) befand (Jos 13,13).

Eli 'Al (auch: Eli 'Ad genannt) (**אלי עד (אלי על**)) *(O 6) - Südgolan; 1968 gegründet; benannt nach **Eli** Cohen, Israels Spion, der die syrischen Golanstellungen auskundschaftete, von wo aus Israel beschossen wurde. Der Vorname **Eli** bedeutet **„mein Gott“.***

Giv'at Yo'av (**גבעת יואב**) *(O 6) - Südgolan; 1968 gegründet, seit 1972 am heutigen Ort; heißt **„Hügel Jo'avs“;** benannt nach Oberstleutnant Jo'av Shacham, der 1966 im Kampf fiel. **Jo'av** ist ein biblischer Eigenname, am bekanntesten der Feldherr König Davids (1.Chr 11,6). Der Name **„Jo'av (Yo'av, Joab)“** bedeutet „Y(ahwe) (Der Herr) ist mein Vater“.*

Bene Yehuda (**בני יהודה**) (O 6) - Südgolan; 1886 gegründet; durch arabische Morde an Juden und den Anschluss des Golan vom britischen Mandatsgebiet Palästina an das französische Mandatsgebiet Syrien um 1920 aufgegeben; 1972 ganz in der Nähe der aufgegebenen Siedlung neugegründet; heißt **„Söhne Jehudas (Judas) (des biblischen Stammvaters); Angehörige des Stammes Judas“; Jehuda (Juda)** ist Sohn Ja'aqovs (Jakobs) und Leas und bedeutet **„Yah(we) (dem Herrn) danken“** (1.Mose 29,35). Er ist Stammvater eines Stammes Israels (1.Mose 49,8), von dem sich die Volksbezeichnung „Juden“ ableitet.

Ne'ot Golan (**נאות גולן**) *(O 6) - Südgolan; 1967 gegründet; 1972 am jetzigen Ort; heißt* ***„die Weiden (Auen) des Golan"*** *nach dem biblischen Ortsnamen* ***„Golan".*** *Der* ***Golan*** *gehörte zum Stamm Menasche (Manasse) (1.Chr 6,56), und die Grenze Israels soll auf den* ***Golan****höhen verlaufen (4.Mose 34,11).*

Afiq (**אפיק**) (O 6) - Südgolan; 1967 gegründet, seit 1973 am jetzigen Ort; auf Grund der hier gefundenen Ruinen wird dieser Ort für das biblische **Afeq** (**אפק**) auf dem Golan gehalten (1.Kön 20,26; nicht zu verwechseln mit Afeq beim Philistergebiet (1.Sam 4,1; s.u. G 14) und dem Afeq im Südteil des Stammes Ascher (Asser) (Jos 19,30; s.o. J 6)), wo sich zur Zeit des Königs Achav (Ahab) und des Propheten Elijahu (Elia) der aramäische (syrische) König Benhadad lagerte, um gegen Israel zu kämpfen.

Megadim (**מגדים**) (G 7) - westlicher Rand des Karmelgebirges; 1949 gegründet; heißt **„köstliche Gaben"** und ist benannt nach 5.Mose 33,13: „Und von Joßef (Josef) sagte er (Mosche (Mose)): 'Gesegnet vom Herrn ist sein Land - mit der **köstlichen Gabe** des Himmels.'" Megadim liegt im Gebiet des Joßefstammes Menasche (Manasse).

'En Karmel (**עין כרמל**) *(G 7) - westlicher Rand des Karmelgebirges; 1947 gegründet; heißt* ***„Quelle des Karmel".*** *Der* ***Karmel*** *ist ein Gebirge im Norden Israels, das durch Bäume und Pflanzen prächtig aussieht (Jes 35,2) und mit schönem Haar verglichen wird (Hld 7,6).*

Kefar Hasidim (A und B) (**כפר חסידים** (**א/ב**)) (H 7) - Küstenebene östlich von Haifa; Kefar Hasidim A 1924 und Dorf B 1950 gegründet; heißt **„Dorf**

der Frommen"; die Gründer des Dorfes A waren polnische Chassidim, Vertreter eines lebendig-erfahrungsbetonten Glaubens.

Kefar HaNo'ar HaDati (**כפר הנער הדתי**) (H 7) - Küstenebene östlich von Haifa; 1936 gegründet; heißt **„religiöses Jugenddorf"**; religiöse Schule für Landwirtschaft und Technik.

Yagur (**יגור**) (H 7) - Küstenebene östlich von Haifa direkt am Karmelrand; 1922 gegründet; benannt nach der gleichnamigen Stadt, die sich weiter südlich im Stammesgebiet Jehuda (Juda) befand (Jos 15,21) und deren Name ähnlich klingt wie das benachbarte, verlassene arabische Dorf Yajur.

Ramat Hadassah (**רמת הדסה**) (J 7) - Untergaliläa; 1948 gegründet; Ortsname erinnert an die jüdische Frauen-Hilfsorganisation **„Hadassah"**, die ihren Namen aus der Bibel ableitet: **Hadassah** ist nämlich nach Esth 2,7 ein anderer Name für **Esther**, die sich von Gott zur Rettung des erwählten jüdischen Volkes gebrauchen ließ. Der ganze Ortsname heißt **„Anhöhe Esthers"**.

Bet Le<u>h</u>em HaGelilit (**בית לחם הגלילית**) (J 7) - Untergaliläa; 1948 wiedergegründet; benannt nach dem Ort **Bethlechem** (Bethlehem) im Stammesgebiet Sevulon (Sebulon) (Jos 19,15), der sich hier befunden haben soll - zu unterscheiden von Bethlechem in Jehuda (Juda) (s.u. J 18).

Elro'i (**אלרואי**) *(J 7) - Untergaliläa; 1935 gegründet; benannt nach dem kurdischen Juden David **Elro'i**; **„El Ro'i"** heißt **„Gott, der sieht"** und ist ein Name, mit dem Avrahams (Abrahams) Magd Hagar Gott anredet (1.Mose 16,13).*

Ramat Yishay (**רמת ישי**) *(J 7) - Jisre'el-Tal; 1925 gegründet; benannt nach **Yishay** Adler; dessen Vorname **Jischai (Isai)** aus der Bibel stammt, denn es ist der Name des **Vaters von König David** (1.Sam 16,1), und deshalb kommt der Messias auch „aus dem Baumstumpf **Jischais (Isais)**" (Jes 11,1).*

Sede Ya'aqov (**שדה יעקוב**) *(J 7) - Jisre'el-Tal, 1927 gegründet; heißt **„Feld Ja'aqovs (Jakobs)"**; benannt nach Rabbi Isaak **Jakob (Ya'aqov)** Reines; **„Ja'aqov"** ist der biblische Name eines der Stammväter Israels (1.Mose 25,26).*

Qiryat H̲aroshet(**קרית חרשת**) (J 7) - Jisre'el-Tal; 1935 wiedergegründet; heißt **„Stadt Charoschet"**; benannt nach dem nahegelegenen, biblischen **„Charoschet der Heiden"** (Ri 4,2).

Nahalal (**נהלל**) (J 7) - Jisre'el-Tal; 1921 gegründet; Name von einem biblischen Ort des Stammes Sevulon (Sebulon) genommen (Jos 19,15), in dem Leviten wohnten (Jos 21,35).

Kefar Yehoshua' (**כפר יהושע**) *(J 7) - Jisre'el-Tal; 1927 gegründet; benannt nach **Yehoshua'** Hankin. **„Yehoshua'" (Josua)** ist der Nachfolger des Mosche (Mose) (5.Mose 34,9). Der Name bedeutet **„Yah(we) (Der Herr) rettet"**.*

Ramat Dawid (**רמת דוד**) *(J 7) - Jisre'el-Tal; 1926 gegründet; benannt nach **David** Lloyd George, dem britischen Premierminister im Jahr der Balfour-Deklaration (1917), dem ersten völkerrechtlichen Dokument für eine „jüdische Heimstätte" („national home for the Jewish people") im Land Israel. **„David"** war der 2.König Israels (2.Sam 5,3).*

'Illut (עלוט) *(K7) - Untergaliläa; arabischer Ort; vielleicht Ort des biblischen **'Aitalo,** wo die Priesterfamilie von Seorim (1.Chr24,8) wohnte.*

Nazareth (Nazerat (..'Illit)) ((עלית) נצרת) (K7) - Untergaliläa; Nazareth (heute überwiegend von Arabern bewohnt) besteht seit biblischen Zeiten; Nazareth 'Illit, oberhalb des alten Nazareth, (überwiegend von Juden bewohnt) wurde 1957 gegründet. In Nazareth ist Jeschua (Jesus) aufgewachsen (Lk 2,51; 4,16).

Yafa (יפא) (K7) - Untergaliläa; arabisches Dorf; Ort der biblischen Stadt **Jafia'** (יפיע) im Gebiet des Stammes Sevulon (Sebulon) (Jos 19,12).

Kafr Kanna (כפר כנא) (L7) - Untergaliläa; arabischer Ort; vermutlich das **Kana**, wo Jeschua (Jesus) auf der Hochzeit Wasser zu Wein verwandelte (Joh 2,1).

Mash-had (משהד) (L7) - Untergaliläa; arabischer Ort; der neben dem Ort gelegene Ausgrabungshügel ist vermutlich das biblische **Gath-Hefer** (Ort im Gebiet des Stammes Sevulon (Sebulon): Jos 19,13; Herkunftsort des Propheten Jona (Jona 1,1): 2.Kön 14,25).

Bet Qeshet (בית קשת) (L7) - Untergaliläa; 1944 gegründet; heißt **„Haus des Bogens"** und von ehemaligen israelischen Soldaten, die sich hier ansiedelten, nach 2.Sam 1,18 benannt: „David befahl, man solle die Mitglieder des Stammes Jehuda (Juda) (im Gebrauch des) **Bogens"** lehren.

Dabburiya (דבוריה) (L7) - Untergaliläa; arabisches Dorf; Ausgrabungen neben dem Dorf vermutlich Ort der Levitenstadt **Daverath** im Gebiet des Stammes Jißachar (Issachar) (Jos 21,28).

Kefar Tavor (**כפר תבור**) *(L 7) - Untergaliläa; 1901 gegründet; benannt nach dem benachbarten Berg* ***Tavor (Tabor),*** *der schon in der Bibel erwähnt wird: Hier stießen die Grenzen der Stämme Naftali, Sevulon (Sebulon) und Jißachar (Issachar) zusammen (Jos 19,12.22.34), und hier kämpften die Richterin Devora (Debora) und Barak gegen Jabin und Szißera (Sisera) (Ri 4,14).*

Iksal (Kislot Tavor) (**אכסל** (**כסלות תבור**)) (L 7) - Untergaliläa; arabisches Dorf, um 1750 neugegründet; höchstwahrscheinlich Ort des biblischen **Chislot-Tavor (Chislot-Tabor)** (Jos 19,12), woraus der arabische Ortsname „Iksal" durch Lautabwandlung gebildet wurde.

Yavne'el (**יבנאל**) (M 7) - Untergaliläa; 1901 wiedergegründet; benannt nach einem Ort im Gebiet des Stammes Naftali (Jos 19,33), der sich vielleicht an dem etwas nordöstlich gelegenen Ausgrabungshügel befand (siehe unten die nach Yavne'el (Javne'el)/ Yavne (Javne) im Stammesgebiet Jehuda (Juda) benannten Orte Yavne (E 16), Kerem Yavne (E 17), Qevuzat Yavne (E 17) und Gan Yavne (E 17)); übersetzt heißt der Ortsname außerdem noch **„Gott wird bauen"**.

Shadmot Devora (**שדמות דבורה**) (M 7) - Untergaliläa; 1939 gegründet; heißt **„Pflanzungen Devoras (Deboras)"**, benannt nach der Richterin **Devora (Debora),** die hier am Tavor (Tabor) kämpfte (Ri 4,14); der Ortsname soll gleichzeitig auch an **Dorothy (Devora)** Rothschild erinnern.

Kinneret (**כנרת**) (N 7) - See Genezareth; Kibbuz und Moschava, die nebeneinander liegen, Moschava 1909 wiedergegründet; Kibbuz 1913; benannt nach einer Stadt im Gebiet des Stammes Naftali (Jos 19,35), die sich weiter nördlich am Ufer des Sees Genezareth befand und deren Name auch das hebräische Wort für den angrenzenden See Genezareth ist.

Sha'ar HaGolan (**שער גולן**) *(N 7) - Golan; 1937 gegründet; heißt **„Tor des (zum) Golan“**. Der **Golan** gehörte zum Stamm Menasche (Manasse) (1.Chr 6,56), und die Grenze Israels soll auf den **Golan**höhen verlaufen (4.Mose 34,11).*

Afiqim (**אפיקים**) (N 7) - Jordantal; 1932 gegründet; heißt **„Flusstäler“**, benannt nach der Verheißung für die Rückkehr der Juden nach Israel in Hes 34,13 (Gott spricht: „Ich werde sie (das Volk Israel) aus den Völkern herausführen ... und werde sie in ihr Land bringen und werde sie weiden ... in **den Flusstälern.“)** in Verbindung mit den nahegelegenen Flusstälern von Jordan und Jarmuk.

Menahemya (**מנחמיה**) *(N 7) - Jordantal; 1902 gegründet; benannt nach **Menahem** Samuel, dem Vater von Herbert Samuel. In der Bibel ist **„Menachem“** einer der letzten Könige (747-738 v.Chr.) des Nordreiches Israel kurz vor der Eroberung durch die Assyrer (2.Kön 15,14-23).*

Geva' Karmel (**גבע כרמל**) *(G 8) - westlicher Rand des Karmelgebirges; 1949 gegründet; heißt **„Hügel des Karmel“**. Der **Karmel** ist ein Gebirge im Norden Israels, das durch Bäume und Pflanzen prächtig aussieht (Jes 35,2) und mit schönem Haar verglichen wird (Hld 7,6).*

Dor (**דור**) (G 8) - Küste vor dem Karmelgebirge; 1949 gegründet; benannt nach der biblischen Stadt **Dor**, die nördlich des Moschav ausgegraben wurde und zum Gebiet des Stammes Menasche (Manasse) gehörte (1.Chr 7,29).

Elyakim (**אליקים**) (H 8) - südliche Ausläufer des Karmelgebirges; 1949 gegründet; benannt nach dem Palastverwalter König Chisqijahu (Hiskias) (Jes 37,2). Es ist auch der 2. Name von König Jojakim (2.Kön 23,34). Der Eigenname **„Eljakim“** heißt **„Gott wird aufrichten“.**

*Bat Shelomo (**בת שלמה**) (H 8) - südliche Ausläufer des Karmelgebirges; 1889 gegründet; heißt **„Tochter Schelomos (Salomos)“,** benannt nach der Tochter von **Salomo** de Rothschild. **Schelomo (Salomo)** ist der 3.König Israels (z.B. 1.Kön 2,12) (965-926 v.Chr.).*

Ramot Menashe (**רמות מנשה**) (H 8) - südliche Ausläufer des Karmelgebirges; 1948 gegründet; heißt **„Höhen Menasches (Manasses)“, „Menasche“** ist einer der 12 Stämme Israels, dessen Stammesgebiet sich hier und weiter südlich befand (Jos 17,1).

Yoqne'am (..'Illit) ((**יקנעם** (... **עלית**)) (J 8) - nördlicher Rand des Karmelgebirges; 1935 Dorf und 1950 'Illit-Stadt gegründet; benannt nach der biblischen Stadt **Joqne'am**, die sich am nördlich angrenzenden Ausgrabungshügel befand und eine Levitenstadt an der Südwestgrenze des Stammes Sevulon (Sebulon) war (Jos 21,34).

*Kefar Barukh (**כפר ברוך**) (J 8) - Jisre'el-Ebene; 1926 gegründet; benannt nach **Barukh** (Baruch) Kahana. **„Baruch“** heißt **„der Gesegnete“.***

Midrakh 'Oz (**מדרך עוז**) (J 8) - Jisre'el-Ebene; 1952 gegründet; heißt **„Tritt (eines Fusses) (voller)**

Kraft", benannt nach Ri 5,21 im Devora-(Debora)-Lied, wo die Worte nur durch Konjugation verändert sind: **„Trete auf**, meine Seele, **voller Kraft!"**. Der Name soll auch an die Abwehrkämpfe „voller Kraft" im Unabhängigkeitskrieg beim benachbarten Mishmar Ha'Emeq erinnern.

Megiddo (**מגדו**) (J 8) - Jisre'el-Ebene; 1949 wiedergegründet; benannt nach dem biblischen Ort **Megiddo**, dessen Ausgrabungen sich 1 km nordöstlich vom Kibbuz befinden und der zum Gebiet des Stammes Menasche (Manasse) gehörte (1.Chr 7,29). Hier fiel Yehudas (Judas) König Yoshiyya (Josia) im Kampf gegen den Pharao Necho (2.Kön 23,29, 609 v.Chr.). **„Megiddo"** ist auch enthalten in dem Wort **„Har-Magedon"** (bedeutet: Har (=Berg) von **Megiddo**), wo sich die antigöttlichen Mächte zur endzeitlichen Schlacht sammeln werden (Offb 16,16).

Sarid (**שריד**) (K 8) - Jisre'el-Ebene; 1926 wiedergegründet; benannt nach dem gleichnamigem biblischen Ort **Sarid**, der sich am Ausgrabungshügel hier im Kibbuz an der Südgrenze des Stammes Sevulon (Sebulon) befand (Jos 19,10).

Kefar Gid'on (**כפר גדעון**) (K 8) - Jisre'el-Ebene; 1923 gegründet; benannt nach dem biblischen Richter **Gid'on (Gideon)** (Ri 7,1; Hebr 11,32).

Merhavya (**מרחביה**) (K 8) - Jisre'el-Ebene; Kibbuz und Moschav nebeneinander, Kibbuz: 1.Gründungsversuch 1911, jetziger Kibbuz 1929 gegründet, Moschav 1922; Name bedeutet **„weiter Raum (große Weite) - Yah**(we) (der Herr)", und es sind die letzten 2 Worte in Ps 118,5: „In der Bedrängnis (wörtlich: in Enge) rief ich den Herrn an, und es antwortete mir mit

großer Weite der Herr (der Herr gab mir Weite, Freiheit, Hilfe).“

‘En Dor **(עין דור)** (L8) - Untergaliläa; 1948 wiedergegründet; heißt **„Quelle (von) Dor“** und benannt nach einem Ort des Stammes Menasche (Manasse) im Gebiet des Stammes Jißachar (Issachar) (Jos 17,11); Wohnort der Totenbeschwörerin, die der König Scha’ul (Saul) sündigerweise befragte (1.Sam 28,7). Das biblische **‘En Dor** befand sich wahrscheinlich bei der Quelle und dem Ausgrabungshügel „Zafzafot“ südwestlich vom Kibbuz.

Daverat **(דברת)** (L8) - nördliche Jisre’el-Ebene; 1946 wiedergegründet; benannt nach der **gleichnamigen Levitenstadt** im Gebiet des Stammes Jißachar (Issachar) (Jos 21,28), die sich vermutlich beim heutigen arabischen Dorf Daburiyya (L 7) am Tavor (Tabor) befand.

A<u>h</u>uzzat Baraq **(אחזת ברק)** (L8) - nördliche Jisre’el-Ebene; 1998 gegründet; heißt **„Barak-Farm“** und benannt nach **Baraq**, der als Heerführer Israels zur Zeit der Richterin Devora (Debora) (Ri 4,6; Hebr 11,32) den kanaanitischen Heerführer Szißera (Sisera) mitsamt seinen Streitwagen am nahegelegenen Berg Tavor (Tabor) besiegte.

Nein (Na’im) **((נעים) נין)** (L8) - nördliche Jisre’el-Ebene; arabisches Dorf; vermutlich der gleichnamige Ort, an dem Jeschua (Jesus) einen toten jungen Mann auferweckte (Lk 7,11).

Sulam (Shunem) **(סולם (שונם))** (L8) - nördliche Jisre’el-Ebene; Sulam ist ein arabisches Dorf; Ort der Stadt **Schunem** im Gebiet des Stammes Jißachar (Issachar) (Jos 19,18), wo der Prophet Elischa (2.Kön 4,8) der wohlhabenden Frau die

Geburt eines Sohnes prophezeite und später diesen Sohn wieder zum Leben erweckte.

(E) Taiyiba *(**טיבה (א)**) (M 8) - Untergaliläa; arabisches Dorf; vielleicht Ort der biblischen Stadt **Chafarajim** im Gebiet des Stammes Jißachar (Issachar) (Jos 19,19). (Siehe auch (E) Taiyiba in der Scharonebene (H 12) und in Schomron (Samaria) (K 15).)*

Ashdot Ya'aqov (Me'uḏad und Iḏud) *((**אשדות יעקב(מאחד + אחוד**) (N 8) - Jordantal; 1924 gegründet; 1935 am heutigen Ort; 1952 in Me'uchad und Ichud gespalten; heißt **„Wasserfälle Ja'aqovs (Jakobs)"**, benannt nach **Jakob** Rothschild und den nahegelegenen **Wasserfällen** der Einmündung des Yarmuk in den Jordan. **„Ja'aqov"** ist der biblische Name eines der Stammväter Israels (1.Mose 25,26).*

Newe Ur (**נוה אור**) (N 8) - Jordantal; 1949 gegründet; heißt **„Wohnsitz Ur"**; Name stammt aus der Bibel vom Ort **Ur** im Zweistromland (heutiger Irak), wo Avrahams (Abrahams) Wohnsitz bis zum Auszug ins Gelobte Land war (1.Mose 11,27-31). Der Kibbuz wurde von Einwanderern aus dem Irak gegründet.

Zikhron Ya'aqov *(**זרון יעקב**) (G 9) - südlichster Karmel; 1882 gegründet; heißt **„(zum) Andenken an Ja'aqov (Jakob)"**; benannt nach **Jakob („Ya'aqov")** Rothschild. **„Ja'aqov"** ist der biblische Name eines der Stammväter Israels (1.Mose 25,26).*

Ma'agan Mikha'el *(**מעגן מיכאל**) (G 9) - Küste vor dem Karmelgebirge; 1949 gegründet; heißt **„Ankerplatz Michaels"**; benannt nach **Micha'el** Pollak. **„Michael"** ist ein Engelsfürst (Dan 12,1),* *und der Name heißt übersetzt **„Wer wie Gott?“** (d.h.: Keiner ist wie Gott. Gott ist der größte.)*

Avi’el — *(**אביאל**) (G 9) - südliche Ausläufer des Karmelgebirges; 1949 gegründet; benannt nach dem Decknamen **Avi’el** (heißt **„Mein Vater ist Gott“**) von Israel Epstein.*

Bet Hananya — *(**בית חנניה**) (G 9) - nördlichste Scharonebene; 1950 gegründet; heißt **„Haus Chananja“**; benannt nach **Hananya** Gottlieb; **„Chananja (Hananya)“** bedeutet **„Yah(we) (Der Herr) ist gnädig“**. So hieß unter anderem einer der Gefährten Daniels in der babylonischen Gefangenschaft, wo sie sich - als Zeichen ihrer Glaubenstreue - auch am Königshof an die biblischen Speisegesetze hielten (Dan 1,6; 2,17).*

Binyamina — *(**בנימינה**) (G 9) - nördlichste Scharonebene; 1922 gegründet; benannt nach **Binyamin** (Edmond) de Rothschild; **„Binjamin“ (Benjamin)** ist der jüngere Sohn von Ja’aqov (Jakob) und Rachel (1.Mose 35,18) und der Ahnherr einer der 12 Stämme Israels (1.Mose 49,27).*

Even Yizhaq — *(**אבן יצחק**) (H 9) - südliche Ausläufer des Karmelgebirges; 1945 gegründet; heißt **„Stein Jizchaqs (Isa’aks)“**; benannt nach **Yizhaq** Hochberg; **„Jizchaq“ (Isa’ak)** ist der Sohn Avrahams (Abrahams) und Stammvater des Volkes Israel (1.Mose 21,3).*

Giv’at Nili — (**גבעת ניל"י**) (H 9) - südliche Ausläufer des Karmelgebirges; 1953 gegründet; heißt **„Nili-Hügel“** und benannt nach der jüdischen Spionageorganisation **„Nili“** im 1.Weltkrieg, die ihr Zentrum im nahegelegenen Zikhron Ya’aqov hatte. Die Buchstaben des Wortes **„ניל"י“** (**Nili**) sind die Anfangsbuchstaben eines Teilsatzes aus 1.Sam 15,29: „**N**ezach **Ji**sra'el **lo** **ji**schaker" **„נצח ישראל לא ישקר“ (Der Ruhm Israels (damit ist Gott gemeint) lügt nicht.)** (siehe auch Nili (H 15)).

Allone Yizhaq — *(אלוני יצחק) (H 9) - südliche Ausläufer des Karmelgebirges; Jugenddorf und Oberschule; 1949 gegründet; heißt* ***„die Eichen von Jizchaq (Isa'ak)“;*** *benannt nach* ***Yizhaq*** *Gruenbaum;* ***„Jizchaq“ (Isa'ak)*** *ist der Sohn Avrahams (Abrahams) und Stammvater des Volkes Israel (1.Mose 21,3).*

Mele'a — (**מלאה**) (K 9) - Jisre'el-Ebene; 1956 gegründet; heißt **„das Ganze“** und benannt nach 5.Mose 22,9: „Du sollst deinen Weinberg nicht mit zweierlei (Samen) bepflanzen, damit nicht **das Ganze** (alle Samen und Früchte) an das Heiligtum fällt."

Avital — (**אביטל**) (K 9) - Jisre'el-Ebene; 1953 gegründet; heißt **„Tau (=..tal) ist mein Vater“;** benannt nach 2.Sam 1,21, wo David in seinem Todesschmerz keinen **Tau** und Regen auf den Gilboabergen sehen will. Der Ortsname soll aussagen, dass die Traurigkeit jetzt zu ihrem Ende gelangt ist und diese Gegend um die Gilboaberge wieder bewässert und fruchtbar ist.

Devora — (**דבורה**) (K 9) - Jisre'el-Ebene; 1956 gegründet; benannt nach der **Richterin Devora** (Ri 4,4), die den Kampf gegen Szißera (Sisera) am nahegelegenen Tavor (Tabor) in der Kraft Gottes inspirierte.

Hever — (**חבר**) (K 9) - Jisre'el-Ebene; 1958 gegründet; benannt nach dem Keniter **Chever** (Ri 4,17), dem Mann von Ja'el (s.u. auch K 9), die den Israeliten in dieser Gegend beim Kampf gegen Szißera (Sisera) half.

Ya'el (**יעל**) (K 9) - Jisre'el-Ebene; 1960 gegründet; benannt nach **Ja'el**, der Frau des Keniters Chever (s.o. auch K 9), die nach dem Kampf am nahegelegenen Berg Tavor (Tabor) den vor den Israeliten fliehenden Szißera (Sisera) in ihrem Zelt umbrachte (Ri 4,17).

Addirim (**אדירים**) (K 9) - Jisre'el-Ebene; 1956 gegründet; heißt **„edle Kämpfer"** und benannt nach Ri 5,13 aus dem Siegeslied, das Devora (Debora) nach dem Sieg über Szißera (Sisera) am nahegelegenen Berg Tavor (Tabor) sang: „Da zogen herab die übriggebliebenen von den **edlen Kämpfern**". Der Name wird auch zum ehrenden Andenken an die **edlen Kämpfer** gewählt, die hier im Unabhängigkeitskrieg gefallen sind.

Metav (**מיטב**) (K 9) - Jisre'el-Ebene; 1954 gegründet; heißt **„bester Teil"** und benannt nach 1.Mose 47,11: „Und Joßef (Josef) gab seinem Vater und seinen Brüder einen Wohnsitz und gab ihnen Grundbesitz im Land Ägypten, im **besten Teil** des Landes."

Perazon (**פרזון**) (K 9) - Jisre'el-Ebene; 1953 gegründet; Bedeutung unsicher, vermutlich **„Landbevölkerung",** benannt nach Ri 5,7 aus dem Siegeslied, das Devora (Debora) nach dem Sieg über Szißera (Sisera) am nahegelegenen Berg Tavor (Tabor) sang: „Die **Landbevölkerung** in Israel war ruhig, sie war ruhig, bis ich, Devora (Debora), aufstand".

Baraq (ברק) (K 9) - Jisre'el-Ebene; 1956 gegründet; benannt nach **Baraq**, der als Heerführer Israels zur Zeit der Richterin Devora (Debora) (Ri 4,6; Hebr 11,32) den kanaanitischen Heerführer Szißera (Sisera) mitsamt seinen Streitwagen am nahegelegenen Berg Tavor (Tabor) besiegte.

Magen Sha'ul (מגן שאול) (K 9) - Jisre'el-Ebene; 1976 gegründet; heißt **„(Kampf-)Schild Scha'uls"** und benannt nach 2.Sam 1,21: „... der **Schild Scha'uls**, nicht mit Öl gesalbt, wurde weggeworfen". Auf den nahegelegenen Gilboabergen hatte sich **König Scha'ul (Saul)** nach verlorenem Kampf gegen die Philister in sein Schwert gestürzt (1.Sam 31,4).

---

*Kefar Yeh̲ezqel (כפר יחזקאל) (L 9) - Ebene von Bet Sche'an am Übergang zur Jisre'el-Ebene; 1921 gegründet; benannt nach **Yehezqel** Sassoon; **„Yechesqel" (Hesekiel; Ezechiel)** ist ein Prophet während der Zeit der babylonischen Gefangenschaft (Hes 1,3). Der Name **„Yechesqel"** bedeutet vermutlich **„Y(ahwe) (Der Herr) wird stärken".***

Yizre'el (יזרעאל) (L 9) - Jisre'el-Ebene; 1948 wiedergegründet. **„Jisre'el" (Yizre'el)** wurde nach der biblischen Stadt im gleichnamigen Tal benannt, die sich auf dem direkt südlich gelegenen Ausgrabungshügel befand und zum Gebiet des Stammes Jißachar (Issachar) gehörte (Jos 19,18). Weil König Achav (Ahab) und seine Frau Isevel (Isebel) unbedingt den hier neben ihrem Palast gelegenen Weinberg Navots (Nabots) (1.Kön 21,1) besitzen wollten, ließen sie Navot (Nabot) ermorden.

'En Harod *(Me'uhad und Ihud)* (*(*מאחד*)*+אחוד*)* עין חרוד) (L 9) - Ebene von Bet Sche'an; 1921 gegründet; heißt **„Quelle Charod"**, Ort in der Bibel erwähnt in Ri 7,1: Gid'on (Gideon) errichtet sein Heerlager zum Kampf gegen die Midianiter bei der **Quelle Charod**, die sich ganz in der Nähe befindet (bei Gid'ona, auch L 9). Hier im Kibbuz hielt sich der englische Offizier Charles Orde Wingate Ende der 30er Jahre häufig auf. Er unterstützte als einer der wenigen Briten aus biblischem Glauben den Zionismus und lehrte die jüdische Verteidigungsgruppe der Haganah eine Taktik, die er von Gottes Weg mit dem Richter Gid'on (Gideon) lernte (Ri 7,9): Sie sollten bei Nacht die Lager der arabischen Terroristen angreifen. Im Museum „Bet Haim Sturman" in diesem Kibbuz findet sich eine Ausstellung über Wingate.

Tel Yosef *(***תל יוסף***)(L 9) - Ebene von Bet Sche'an; 1921 gegründet; heißt* ***„Hügel Joßefs (Josefs)";*** *benannt nach* ***Joseph*** *Trumpeldor;* ***Joßef (Josef)*** *bedeutet* ***„Y(ahwe) (Der Herr) fügt hinzu, vermehrt";*** *1.Sohn von Ja'aqov (Jakob) und Rachel (1.Mose 30,24), der später in Ägypten zur Rettung des Volkes Israel beitrug.*

Gid'ona (**גדעונה**) (L 9) - Ebene von Bet Sche'an am Übergang zur Jisre'el-Ebene; 1949 gegründet; benannt nach dem Richter **Gid'on (Gideon),** der mit dem Heer Israels hier an der nahegelegenen Quelle Charod vor dem Kampf gegen die Midianiter (die sich in 'En-Dor (s.o. L 8) befanden) lagerte (Ri 7,1; Hebr 11,32).

Bet HaShitta (**בית השטה**) (M 9) - Ebene von Bet Sche'an; 1935 wiedergegründet; heißt **„Akazienhaus";** benannt nach dem biblischen Ort, zu dem die Midianiter vor Gid'on (Gideon) flohen

(Ri 7,22) und der sich vielleicht an der nahegelegenen Ausgrabungsstätte befand.

Sede Na<u>h</u>um (**שדה נחום**) *(M 9) - Ebene von Bet Sche'an am Übergang zur Jisre'el-Ebene; 1937 gegründet; heißt* ***„Feld Nachums";*** *benannt nach* ***Nachum*** *Sokolov;* ***Nachum*** *(Nahum) ist ein Prophet des Alten Testaments (Nah 1,1).*

<u>H</u>efzi Bah (**חפצי בה**) (M 9) - Jisre'el-Ebene; 1922 gegründet; heißt **„meine Lust an ihr"** und benannt nach Jes 62,4: Gott spricht von seiner Liebe zu Zion und zum Volk Israel wie zu einer Ehefrau und verheißt ihre Wiederherstellung: „sondern man wird dich nennen: **Meine Lust an ihr."** (siehe auch „Chefzi Bah" in der Scharonebene (G 10))

Nir Dawid - Tel 'Amal (**ניר דוד - תל עמל**) *(M 9) - Ebene von Bet Sche'an; 1936 gegründet; heißt* ***„Neuland Davids - Hügel der schweren Arbeit";*** *benannt nach* ***David*** *Wolffsohn.* ***David*** *war der 2. König Israels (2.Sam 5,3).*

Bet She'an (**בית שאן**) (M 9) - Ebene von Bet Sche'an; durchgängige Besiedlung seit biblischer Zeit; seit der Zeit König Davids wohnen hier Juden mit Ausnahme des Zeitraums von 1936 (als die jüdische Bevölkerung durch die arabischen, antijüdischen Ausschreitungen vertrieben wurde) bis 1948; Stadt, die zum Stamm Menasche (Manasse) (Ri 1,27) an der Grenze zum Stamm Jißachar (Issachar) gehörte. Die Philister hängten den geköpften Leichnam von König Scha'ul (Saul) an die Stadtmauer von **Bet Sche'an** (1.Sam 31,10).

Hawwat Shemu'el (**חות שמואל**) *(N 9) - Jordantal; 1952 gegründet; bedeutet **„Farm Schmu'els"**; benannt nach Samuel **(Shomu'el)** Hamburg. Schemu'el (Samuel) war Prophet und Richter in Israel, der später Scha'ul (Saul) (1.Sam 10,1) und David (1.Sam 16,13) zu Königen salbte. Er wurde seiner Mutter Channa (Hanna) als Gebetserhörung geschenkt (1.Sam 1,20: Deshalb gab sie ihrem Sohn diesen Namen: **„Schemu'el (Samuel)"** kann bedeuten **„Es (mein Gebet) wird erhört von Gott"** Von der Buchstabenfolge legt sich aber auch die Bedeutung **„Sein Name ist Gott"** oder **„Name (d.h. Manifestation/ Gegenwart) Gottes"** nahe.*

Bet Yosef (**בת יוסף**) *(N 9) - Jordantal; 1937 gegründet; heißt **„Haus Joßefs (Josefs)"**; benannt nach **Yosef** Aharonovitch; **Joßef (Josef)** bedeutet **„Y(ahwe) (Der Herr) fügt hinzu, vermehrt"**; 1.Sohn von Ja'aqov (Jakob) und Rachel (1.Mose 30,24), der später in Ägypten zur Rettung des Volkes Israel beitrug.*

Newe Etan (**נוה איתן**) (N 9) - Jordantal; 1938 gegründet; heißt **„feste Wohnstätte"** und benannt nach Jer 49,19: Gott kündigt das Gericht gegen das Land Edom (von Eßaw (Esau) abstammend, befand sich im Gebiet des heutigen südlichen Jordanien) an: „Siehe, er steigt hinauf wie ein Löwe vom dicht bewachsenen Jordan auf die **feste Wohnstätte."**

Mevo'ot Yam (**מבואות ים**) (F 10; nicht auf Standardkarte, genauere Koordinaten: 138:201) - Scharonebene; Marine- und Fischereischule, 1954 gegründet; heißt **„Zugänge (zum) Meer"** und benannt nach Hes 27,3: „Tyrus, das an den **Zugängen zum Meer** liegt".

Pardes Hanna **(פרדס חנה)** *(G 10) - Scharonebene; 1929 gegründet; heißt* ***„Obstgarten Channas"****; benannt nach* ***Hanna*** *Rothschild;* ***Channa (Hanna)*** *ist die Mutter des Propheten* Schemu'el (Samuel) *(1.Sam 1,20).*

Hefzi Bah **(חפצי בה)** (G 10) - Scharonebene; 1908 als Plantage gegründet; heißt **„meine Lust an ihr"** und benannt nach Jes 62,4: Gott spricht von seiner Liebe zu Zion und zum Volk Israel wie zu einer Ehefrau und verheißt ihre Wiederherstellung: „sondern man wird dich nennen: **Meine Lust an ihr."** (siehe auch „Chefzi Bah" in der Jisre'el-Ebene (M 9)).

Gan Shemu'el **(גן שמואל)** *(G 10) - Scharonebene; 1921 gegründet; benannt nach Rabbi* ***Shemu'el*** *Mohilewer; bedeutet* ***„Garten Schmu'els (Samuels)".*** *Schemu'el (Samuel) war Prophet und Richter in Israel, der später Scha'ul (Saul) (1.Sam 10,1) und David (1.Sam 16,13) zu Königen salbte. Er wurde seiner Mutter Channa (Hanna) als Gebetserhörung geschenkt (1.Sam 1,20: Deshalb gab sie ihrem Sohn diesen Namen:* ***„Schemu'el (Samuel)"*** *kann bedeuten* ***„Es (mein Gebet) wird erhört von Gott".*** *Von der Buchstabenfolge legt sich aber auch die Bedeutung* ***„Sein Name ist Gott"*** *oder* ***„Name (d.h. Manifestation/Gegenwart) Gottes"*** *nahe.*

Talme El'azar **(תלמי אלעזר)***(G 10) - Scharonebene; 1952 gegründet; heißt* ***„Ackerfurchen El'asars"****; benannt nach* ***El'azar Wormser****; einem Direktor der Landgesellschaft von Baron Rothschild;* ***El'asar (El'azar)*** *bedeutet* ***„Gott hat geholfen"*** *und ist in der Bibel z.B. ein Sohn Aharons (Aarons) (2.Mose 6,23) und der Bruder Marias und Marthas, dessen Name im*

Griechisch-Lateinischen „Lazarus“ (Joh 11,1) heißt.

Sede Yizhaq (**שדה יצחק**) *(G 10) - Scharonebene; 1952 gegründet; heißt **„Feld Jizchaqs (Isa'aks)“**; benannt nach Yizhaq Sadeh; **„Jizchaq“ (Isa'ak)** ist der Sohn Avrahams (Abrahams) und Stammvater des Volkes Israel (1.Mose 21,3).*

Herev Le'et (**חרב-לאת**) (G 10) - Scharonebene; 1947 gegründet; heißt **„Schwert zur Pflugschar“** (Jes 2,4; Mi 4,3).

Hibbat Ziyyon (**חבת ציון**) (G 10) - Scharonebene; 1933 gegründet; heißt **„Liebe zu Zion“** benannt nach einer russisch-zionistischen Organisation. **„Zion“** bezeichnet in der Bibel zunächst nur einen Berg in Jerusalem (z.B. Jes 10,12), dann die ganze Stadt Jerusalem (z.B. Ps 51,20). Schließlich umfasst die Sehnsucht der Juden in der Fremde nach einer Heimkehr nach Zion auch die Hoffnung auf Rückkehr in das ganze Land Israel (z.B. Jes 35,10: „Die Befreiten des Herrn werden zurückkehren und nach **Zion** kommen mit Freudengesang.“).

Gan Shomeron (**גן שמרון**) (H 10) - Scharonebene an der Grenze zu Schomron (Samaria); 1934 gegründet; heißt **„Garten Schomrons (Samarias)“.** Z.B. in 2.Kön 17,24 heißt es, dass der assyrische König nach der Eroberung des Nordreiches Israel (722 v.Chr.) Fremde in **Schomron (Samaria)** ansiedelte, die mit der dortigen jüdischen Bevölkerung dann das Volk der Samaritaner bildeten. In Jer 31,5 ist den Juden für die (gegenwärtige) Heimkehr nach Israel verheißen: „Du wirst wieder Weinberge pflanzen auf den Bergen **Schomrons (Samarias).“**

'En Shemer (**עין שמר**) (H 10) - Scharonebene; 1927 gegründet; heißt **„Quelle von Schemer“** und benannt nach Schemer, von dem König Omri das Gebiet für die neue Hauptstadt Schomron (Samaria) des Nordreiches Israel kaufte (1.Kön 16,24).

Sha'ar Menashe (**שער מנשה**) (H 10) - Scharonebene am Übergang nach Schomron (Samaria); 1949 gegründet; heißt **„Tor (nach) Menasche (Manasse)“, „Menasche“** ist einer der 12 Stämme Israels, dessen Stammesgebiet sich hier und im östlichen anschließenden Gebirge befand (Jos 17,1).(auch Ramot Menashe, H 8)

Mevo Dotan (**מבוא דתן**) (J 10) - Schomron (Samaria); 1978 gegründet, seit 1981 am jetzigen Ort; heißt **„Zugang (nach) Dotan“** und benannt nach dem biblischen **Dotan**, wo Joßef (Josef) von seinen Brüder gefangengenommen und verkauft wurde (1.Mose 37,17*)* und dessen Ausgrabungshügel sich einige Kilometer weiter östlich befindet.

Na<u>h</u>al Ginnat (**נח"ל גנת**) (K 10) - nördlichstes Schomron (Samaria); 1982 gegründet; heißt **„Nachalsiedlung Ginnat“; „Nachal“ (נחל)** heißt im Hebräischen zunächst „Bach, Tal, Wadi“ (s.u. F 17, Na<u>h</u>al Soreq), bei neugegründeten Orten wie hier ist es aber die Bezeichnung für eine Truppengattung, die neben dem rein militärischen Dienst auch Landwirtschaft und die Gründung landwirtschaftlicher Siedlungen betreibt; das Wort **„Nachal“** ist dann die Abkürzung für **„kämpfende Pionier-Jugend“** (**N**o'ar **ch**aluzi **l**ochem) (**נח"ל: נוער חלוצי לוחם**) (weitere Informationen zur Nachal beim Ort Maggal, H 11). Den Beinamen **„Ginnat“** erhielt die Siedlung vom biblischen Ort (1.Kön 16,21:

„Tiwni, ein Mann aus **Ginna(t)**"), mit dem auch das heutige Jenin (s.u. auch K 10) identifiziert wurde, was aber eher unwahrscheinlich ist.

Jenin (**ג'נין**) (K 10) - nördlichstes Schomron (Samaria); arabische Stadt; vermutlich Ort des biblischen **'En-Gannim** (**עין גנים**), einer Levitenstadt im Gebiet des Stammes Jißachar (Issachar) (Jos 21,29; siehe auch 'En-Gannim im Gebiet des Stammes Jehuda (Juda) (Jos 15,34), nach dem ein Stadtteil Petach Tiqwas (G 14), ehemals Moschav, benannt wurde), die vielleicht mit dem biblischen „Bet HaGan" (2.Kön 9,27) gleichzusetzen ist. Manche haben hier in Jenin auch das biblische Gina(t) (1.Kön 16,21; s.o. Nachal Ginnat, auch K 10) vermutet, was eher unwahrscheinlich ist.

Ma'ale Gilboa' (**מעלה גלבע**) (L 10) - Gilboagebirge im nordöstlichen Schomron (Samaria); 1962 gegründet; heißt **„Steige von Gilboa".** Hier auf dem **Gilboa**gebirge schlugen die Philister die Israeliten unter König Scha'ul (Saul) (1.Sam 31,1).

*Beit Qad (**בית קד**) (L 10) - Gilboaberge im nordöstlichen Schomron (Samaria); arabisches Dorf; vielleicht Ort des biblischen **Beth-Eked** (**בית עקד**), wo König Jehu Verwandte der wegen Götzendienst gestürzten Omri-Dynastie des Nordreiches Israel umbringen lässt (2.Kön 10,12).*

Nahal Malkishu'a (**נח"ל מלכישוע**) (L 10) - Gilboagebirge im nordöstlichen Schomron (Samaria); 1976 gegründet; heißt **„Nachalsiedlung Malkishu'a"** (Erklärung zu „Nachal" s.o. Nahal Ginnat (K 10)); benannt nach Scha'uls (Sauls) Sohn, der hier im Gilboagebirge im Kampf gegen die Philister fiel (1.Sam 31,2).

Reshafim (**רשפים**) (M 10) - Ebene von Bet Sche'an; 1948 gegründet; heißt **„Gluten"** und benannt nach Hld 8,6: „Ihre (der Liebe) **Gluten** sind **Gluten** des Feuers, eine Flamme des Herrn."

Hawwat 'Eden (**חוות עדן**) (M 10) - Ebene von Bet Sche'an; 1956 gegründet; heißt **„Farm des Lustgefühls"** und benannt nach dem biblischen **Garten Eden (übersetzt „Lustgefühl")** (1.Mose 2,15). Nach einer jüdischen Legende ist die Ebene von Bet Sche'an das Tor zum **Garten Eden**.

Merav (**מירב**) (M 10) - Gilboaberge im nordöstlichen Schomron (Samaria); 1987 gegründet; benannt nach der ältesten Tochter König Scha'uls (Sauls) (1.Sam 14,49).

Sedei Terumot (**שדי תרומות**) (M 10) - Jordantal; 1951 gegründet; heißt **„Felder von Opferfrüchten"** und benannt nach Worten aus der Totenklage Davids über Scha'ul (Saul) und seinen Freund Jonatan, nachdem diese auf dem benachbarten Gilboagebirge gefallen waren (2.Sam 1,21): „Berge Gilboas, auf euch sollen kein Tau noch Regen, noch **Felder von Opferfrüchten** sein." Der Ortsname soll auch daran erinnern, dass die Traurigkeit jetzt zu ihrem Ende gelangt ist und diese Gegend um die Gilboaberge wieder viele gute Früchte trägt.

Shoshanat - Ha'Amaqim (**שושנת העמקים**) (F 11) - Scharonebene; 1951 gegründet; heißt **„Lilie der Täler"** und benannt nach Hld 2,1: „Ich bin eine Blume der Scharonebene, eine **Lilie der Täler."**

Bet Yizhaq - Sha'ar Hefer (**שער-חפר** - ***בית-יצחק***) (F 11) - Scharonebene; Dorfverbund: Gründungsdaten: 1935 Gan Hefer ; *1939* ***Bet Yizhaq;***

1940 **Sha'ar Hefer**; *1942 Nira. **Bet Yizhaq** (heißt **„Haus Jizchaq (Isa'ak)"**): benannt nach **Yizhaq** Fenering, dessen Vorname vom Namen des Sohnes Avrahams (Abrahams) **(Jizchaq (Isa'ak)**; 1.Mose 21,3) herstammt.* **Sha'ar Hefer** heißt **„Tor (nach) Chefer"**; das Wort **„Chefer"** wurde vom Namen des sich in dieser Gegend befindenden Verwaltungsbezirks eines Beamtes unter Schelomo (Salomo) (1.Kön 4,10) genommen (s.u. Bat Hefer (H 11) .

Netanya — *(**נתניה**) (F 11) - Scharonebene; 1928 gegründet; **„Netanya"** heißt übersetzt **„Yah(we) (Der Herr) hat gegeben, hat geschenkt"**; benannt nach dem Vornamen von Nathan Strauß, dessen Vorname eine Kurzform von **„Netanya"** ist. **„Netanya"** kommt auch als männlicher Vorname in der Bibel vor, z.B.: 2.Kön 5,23 und Jer 41,1ff.*

Kefar HaRo'e — *(**כפר הרא"ה**) (G 11) - Scharonebene; 1933 gegründet; benannt HaRav (Rabbi) Avraham HaCohen (die Anfangsbuchstaben ergeben im Hebräischen: **HaRo'e**) Kook, der Zionismus und Glauben miteinander verband.*

Ge'ulle Teman — (**גאולי תימן**) (G 11) - Scharonebene; 1949 gegründet; heißt **„Erlöste des Jemen"**; die Bibel verwendet das Wort **„Ge'ulle"** für Gottes Erlösung im Zusammenhang mit der Wiederherstellung Israels und Zions, z.B. Jes 62,12: **Ge'ulle Yahwe (Erlöste des Herrn)**.

Hogla — (**חגלה**) (G 11) - Scharonebene; 1933 gegründet; benannt nach **Hogla** aus dem Stamm Menasche (Manasse), die hier im Stammesgebiet Menasche siedelte (Jos 17,3).

Ahituv — (**אחיטוב**) (G 11) - Scharonebene; 1951 gegründet; benannt nach dem Vater eines Priesters zur Zeit König Scha'uls (Sauls) (1.Sam 14,3).

Elyashiv (**אלישיב**) (G 11) - Scharonebene; 1933 gegründet; benannt nach einem Hohenpriester zur Zeit Nechemias (Neh 3,1), der sich für den Wiederaufbau Jerusalems nach der babylonischen Gefangenschaft einsetzte. Außerdem soll der Name, der **„Gott wird zurückbringen, wird wiederherstellen“** bedeutet, auf die Rückführung der Juden nach Israel im modernen Zionismus hinweisen.

Yikkon (**יכון**) (G 11) - Scharonebene; früher Farm, jetzt Regionalschule, 1951 gegründet; heißt **„wird fest stehen“** und benannt nach Ps 102,29: „Die Söhne deiner Knechte werden wohnen bleiben, und ihre Nachkommenschaft **wird** vor dir **fest stehen.“**

Mishmar HaSharon (**משמר השרון**) (G 11) - Scharonebene; 1933 gegründet; heißt **„die Wache für die Scharonebene“; „Scharon“** ist die biblische Bezeichnung für diese Ebene (Apg 9,35), deren Fruchtbarkeit Gott als Beispiel für die Wiederbegrünung des Landes Israel nennt (Jes 35,2)

Bet HaLevi (**בית הלוי**) *(G 11) - Scharonebene; 1945 gegründet; heißt **„Haus des Levi“**; benannt nach Jehuda **HaLevi**; **„Levi“** ist ein Sohn Ja'aqovs (Jakobs) und Stammvater einer der 12 Stämme Israels (1.Mose 49,5), dessen Mitglieder an der Stiftshütte und im Tempel Dienste verrichteten. **„Haus Levis“** kommt als Wendung im Alten Testament häufiger vor, z.B. bei der Hochzeit der Eltern von Mosche (Mose) (2.Mose 2,1).*

Gan Yoshiyya (**גן יאשיה**) *(G 11) - Scharonebene; 1949 gegründet; benannt nach Josia **(Joshiyya)** Wedgwood; heißt **„Garten Joshiyyas (Josias)“. Joshiyya (Josia)** war König im Südreich*

*Jehuda (Juda) (2.Kön 22,1; 639-609 v.Chr) und schaffte den Götzendienst ab (2.Kön 23,4). Der Name „**Yoshiyya**" bedeutet „**Y(ahwe) (Der Herr) wird heilen**".*

<u>H</u>anni'el — (**חניאל**) (G 11) - Scharonebene; 1950 gegründet; heißt **„Gnade Gottes"** und ist benannt nach einem der für die Austeilung des Landes Israel Beauftragten aus dem Stamm Menasche (Manasse) (4.Mose 34,23).

Kefar Yona — *(**כפר יונה**) (G 11) - Scharonebene; 1932 gegründet; benannt nach Jean (**Jona**) Fischer; „**Jona (Yona)**" ist der Prophet (Jona 1,1), der in Jafo erst vor Gottes Auftrag floh, dann aber gehorsam war und in Ninive Gottes Gericht ankündigte.*

Shevut 'Am — (**שבות עם**) (G 11; genaue Koordinaten: 146:190) - Scharonebene; 1950 als Einwandererlager gegründet, heute nur wenige Bewohner; heißt **„Gefangenschaft des Volkes"** und benannt nach Jer 30,3: „Denn siehe, es kommen Tage, spricht der Herr, da werde ich wenden die **Gefangenschaft** meines **Volkes** Israel und Jehuda (Juda), spricht der Herr, und ich werde sie zurückbringen in das Land, das ich ihren Väter gegeben habe, ..."

Tenuvot — (**תנובות**) (G 11) - Scharonebene; 1952 gegründet; heißt **„Erträge"** und benannt nach 5.Mose 32,13: (Gott führte Israel.) „Und er (Israel) aß die **Erträge** des Feldes."

Maggal — (**מגל**) (H 11) - nordwestlichstes Schomron (Samaria); 1953 als Nachalsiedlung gegründet; heißt **„Sichel"** und benannt nach Joel 4,13: „Legt die **Sichel** an, denn die Ernte ist reif." (Auch steht dieser Bibelsatz im Abzeichen der Nachalbrigade der israelischen Verteidigungsstreitkräfte, die militärischen Dienst mit landwirtschaftlicher Aufbauarbeit verbindet. Mehr Informationen zur Nachal beim Ort „Nahal Ginnat“ (K 10)).

Bahan (**בחן**) (H 11) - Scharonebene; 1953 gegründet; heißt **„Beobachtungsturm“**; benannt nach Jes 32,14 (-15) („...der befestigte Hügel und der **Beobachtungsturm** sind für immer zu Höhlen geworden ..., bis über uns der Geist aus der Höhe ausgegossen wird.“), und der Name erinnert auch an die bis 1967 nahegelegene jordanische Grenze.

Bat Hefer (**בת חפר**) (H 11) - Scharonebene; 1996 gegründet; heißt **„Tochter von Chefer“.** Das Wort **„Chefer“** wurde vom Namen des sich in dieser Gegend befindenden Verwaltungsbezirk eines Beamtes unter Schelomo (Salomo) (1.Kön 4,10) genommen (s.o. Bet Yizhaq - Sha'ar Hefer (F 11)).

Yad Hanna (**יד חנה**) *(H 11) - Scharonebene; 1950 gegründet; heißt **„Gedenken an Channa“**; benannt nach **Hanna** Szenes; **Channa (Hanna)** ist die Mutter des Propheten* Schemu'el (Samuel) *(1.Sam 1,20).*

Tubas (**טובס**) *(L 11) - Schomron (Samaria); arabisches Dorf; vielleicht Ort des biblischen **Tevez*** (**תבץ**) *(Ri 9,50).*

Mehola (**מחולה**) (M 11) - Jordantal; 1968 wiedergegründet; benannt nach dem hier in der Nähe gelegenen **Abel-Mechola**, dem Herkunftsort des Propheten Elischa (1.Kön 19,16).

Shadmot Mehola (**שדמות מחולה**) (M 11) - Jordantal; 1979 gegründet; heißt **„die Anpflanzungen von Mechola“** und wie das benachbarte Mechola benannt nach dem hier in der Nähe gelegenen **Abel-Mechola**, dem Herkunftsort des Propheten Elischa (1.Kön 19,16).

Nahal Maskiyot (**נח"ל משכיות**) (M 11) - Jordantal; 1986 gegründet; heißt **„Nachalsiedlung Prunkschalen“** (Erklärung zu „Nachal“ s.o. Nahal Ginnat (K 10)); benannt nach Spr 25,11: „Ein Wort, geredet zur rechten Zeit, ist wie goldene Äpfel auf silbernen **Prunkschalen.“**

Nahal Bitronot (**נח"ל בתרונות**) (N 11) - Jordantal; 1983 gegründet; heißt **„Nachalsiedlung Bitronot“** (Erklärung zu „Nachal“ s.o. Nahal Ginnat (K 10)); benannt nach der Gegend **Bitron** (**בתרון**) (2.Sam 2,29) im Jordantal hier in der Nähe.

Hadassim (**הדסים**) (F 12) - Scharonebene; 1947 gegründet; Jugenddorf mit Schulen; benannt nach der zionistischen Frauenorganisation mit dem biblischen Namen **„Hadassah“,** der nach Esth 2,7 ein anderer Name für **Esther** ist, die sich von Gott zur Rettung des erwählten jüdischen Volkes gebrauchen ließ.

Even Yehuda (**אבן יהודה**) *(F 12) - Scharonebene; 1932 gegründet; heißt* ***„Stein Yehudas (Judas)“****; benannt nach Eliezer Ben-****Yehuda****;* ***Jehuda (Juda)*** *ist ein Sohn Ja'aqovs (Jakobs) und Leas und bedeutet* ***„Yah(we) (dem Herrn) danken“*** *(1.Mose 29,35). Er ist Stammvater eines Stammes Israels (1.Mose 49,8),* von dem sich die Volksbezeichnung „Juden“ ableitet.

Udim (**אודים**) (F 12) - Scharonebene; 1948 gegründet; heißt **„Brandscheite“** und benannt nach Sach 3,2, wo Gott den Hohenpriester Jehoschua (Josua) gegen die Anklagen Satans verteidigt: „Ist dieser nicht ein **Brandscheit**, das aus dem Feuer gerettet ist?“ In diesem Sinne wurde der

Name auch zum ehrenden Gedenken an die Gründer dieses Moschav gewählt, die den Holocaust überlebt hatten.

Bet Yehoshua' *(**בית יהושע**) (F 12) - Scharonebene; 1938 gegründet; heißt **„Haus Jehoshua's (Josuas)"**; benannt nach **Yehoshua** Thon. **Jehoschua (Yehoshua'; Josua)** ist der Nachfolger von Moshe (Mose) (5.Mose 34,9). Der Name bedeutet **„Yah(we) (der Herr) rettet".***

Tel Yizhaq *(**תל יצחק**) (F 12) - Scharonebene; 1938 gegründet; benannt nach **Yizhaq** Steiger; heißt **„Jizchaqs (Isa'aks) Hügel"; Jizchaq (Isa'ak)** ist der Sohn Avrahams (Abrahams) und Stammvater des Volkes Israel (1.Mose 21,3).*

Newe Hadassah (**נוה הדסה**) (F 12) - Scharonebene; 1949 gegründet; Lehrinstitut, heißt **„Wohnort Esthers"; Hadassah** ist nach Esth 2,7 ein anderer Name für **Esther**, die sich von Gott zur Rettung des erwählten jüdischen Volkes gebrauchen ließ.

Ga'ash (**געש**) (F 12) - Scharonebene; 1951 gegründet; benannt nach dem Berg neben dem Grab Jehoschuas (Josuas) in Efraim (Ri 2,9).

Haruzim (**חרוצים**) (F 12) - Scharonebene; 1951 gegründet, zunächst als Einwandererlager; heißt **„die Fleißigen"** und benannt nach Spr 10,4: „Die Hand **der Fleißigen** macht reich."

Bene Ziyyon (**בני ציון**) (F 12) - Scharonebene; 1947 gegründet; heißt **„Kinder Zions"** und benannt nach der Bene-Ziyyon-Gesellschaft aus den USA, die beim Aufbau des Landes half und auch nach Joel 2,23: „Und, **Kinder Zions,** jubelt und seid fröhlich im Herrn, eurem Gott."

Shefayim (**שפיים**) (F 12) - Scharonebene; 1935 gegründet; heißt **„kahle Hügel“** und benannt nach Jes 41,18: Gott spricht: „Ich werde Ströme auf den **kahlen Hügeln** hervorbrechen lassen“. Der Ort nahm 1948 die Flüchtlinge von Bet HaArava auf.

Zur Moshe (***צור משה***) *(G 12) - Scharonebene; 1937 gegründet; benannt nach **Moshe** Kophinas; heißt **„Mosches (Moses) Fels“**; **Mosche** (Mose) ist der in Ägypten geborene Anführer der Israeliten bei der Wanderung aus Ägypten durch die Wüste Szinai (Sinai) bis zum gelobten Land Israel (2.Mose 2,10 und folgende).*

Porat (**פורת**) (G 12) - Scharonebene; 1950 gegründet; heißt **„Fruchtbaum“** und benannt nach 1.Mose 49,22, wo ein Segen über Joßef (Josef) ausgesprochen wird: „Von der Art eines **Fruchtbaumes** ist Joßef (Josef)“. Dieses Gebiet hier gehörte zum Joßefstamm Menasche (Manasse).

'Azri'el (***עזריאל***) *(G 12) - Scharonebene; 1951 gegründet; benannt nach Rabbi **'Azri'el** Hildesheimer; **„'Azri'el“ (Asri'el)** heißt **„Meine Hilfe ist Gott“** und ist in der Bibel z.B ein Sippenoberhaupt im Stamm Menasche (Manasse) (1.Chr 5,24).*

Sha'ar Efrayim (**שער אפרים**) (H 12) - Scharonebene am Übergang nach Schomron (Samaria); 1953 gegründet; heißt **„Tor (nach) Efraim“**, **„Efraim“** ist einer der 12 Stämme Israels, dessen Stammesgebiet sich hier und im östlichen anschließenden Gebirge befand (Jos 16,5).

Avne Hefez (**אבני חפץ**) (H 12) - Schomron (Samaria); 1990 gegründet; heißt **„Steine von Kostbarkeit“** und benannt nach Jes 54,12, wo Gott seinem Volk eine herrliche Zukunft verheißt:

„ich werde deine ganze Grenze mit **Steinen von Kostbarkeit** errichten".

(E) Taiyiba — *(**טיבה (א)**) (H 12) - Scharonebene; arabisches Dorf; vielleicht Ort des biblischen **'Ofra** (**עפרה**) im Stammesgebiet Menasche (Manasse), wo **Gid'on (Gideon)** herstammte, von Gott zum Richter berufen (Ri 6,11) und begraben wurde (Ri 8,32). (Siehe auch (E) Taiyiba in Untergaliläa (M 8) und in Schomron (Samaria) (K 15))*

Zur Natan — *(**צור נתן**) (H 12) - Scharonebene; 1970 gegründet; heißt **„Fels Natans"**; benannt nach **Natan** Simeons; **Natan** ist in der Bibel unter anderen ein Prophet zur Zeit der Könige David und Schelomo (Salomo) (2.Sam 7,2).*

Kokhav Yair — *(**כוכב יאיר**) (H 12) - Scharonebene; 1981 gegründet; heißt **„Yairs Stern"** und benannt nach **Yair** Stern. **„Yair"** (**Jair**) findet sich auch in der Bibel als Name, z.B. von einem Richter (Ri 10,3).*

Shave Shomeron — (**שבי שמרון**) (J 12) - Schomron (Samaria); 1977 gegründet; heißt **„die Heimkehrer Schomrons (Samarias)"**; zur biblischen Bedeutung der Ortsbezeichnung **„Schomron (Samaria)"** (2.Kön 17,24; Jer 31,5) siehe oben Gan Shomeron (H10).

Nablus (Shekhem) — ((**שכם**) **נבלס**) (K 12) - Schomron (Samaria); arabische Stadt; **Schechem (Sichem; Nablus)** ist der 1.Aufenthaltsort Avrams (Abrams) in Israel (1.Mose 12,6); hier schließt auch Jehoschua (Josua) nach der Landverteilung für das Volk Israel einen Bund mit Gott (Jos 24,25).

'Askar (**עסכר**) (K 12) - Schomron (Samaria); arabisches Dorf; Ort des neutestamentlichen **Sychar** (Joh 4,5), wo Jeschua (Jesus) das messianische Gespräch mit der Samaritanerin führt.

Elon More (**אלון-מורה**) (L 12) - Schomron (Samaria); 1979 gegründet; bedeutet **„Eiche More"; 1.**Mose 12,6: 1.Halt Avrahams (Abrahams) in Israel.

Ro'i (**רועי**) (M 12) - Schomron (Samaria); 1976 gegründet; heißt **„mein Hirte"** und benannt nach Ps 23,1: „Der Herr ist **mein Hirte".**

Kefar Shemaryahu ***(כפר שמריהו)*** *(F 13) - Scharonebene; 1937 gegründet; benannt nach Dr.* ***Shemaryahu*** *Levin.* ***Schemaryahu*** *ist einer der Mitkämpfer Davids (1.Chr 12,6), und der Name heißt:* ***Yah(we) (Der Herr) schützt".***

Ramat HaSharon (**רמת השרון**) (F 13) - Scharonebene; 1923 gegründet; heißt **„Anhöhe (in) der Scharonebene"; „Scharon"** ist die biblische Bezeichnung für diese Ebene (Apg 9,35), deren Fruchtbarkeit Gott als Beispiel für die Wiederbegrünung des Landes Israel nennt (Jes 35,2).

Nir Eliyyahu ***(ניר אליהו)*** *(G 13) - Scharonebene; 1950 gegründet; benannt nach* ***Eliyyahu*** *Golomb; heißt* ***„Neuland Elijahus"; „Elijahu (Elia)"*** *bedeutet* ***„Mein Gott ist Yah(we) (der Herr)";*** *Elijahu kämpfte als Prophet (1.Könige 17,1) zur Zeit König Achavs (Ahabs) gegen den Baalskult.*

Newe Yamin (**נוה ימין**) (G 13) - Großraum Tel Aviv; 1949 gegründet; heißt **„Wohnsitz der Rechten** (Hand Gottes)" und benannt nach Ps 118,15: **„Die Rechte** des Herrn tut mächtige Taten." Außerdem klingt der Name eines alten arabischen Grabes in der Nähe ähnlich: Nabi Yamin.

Sedei Hemed (שדי חמד) (G 13) - Großraum Tel Aviv; 1952 gegründet; heißt **„Felder der Schönheit"** und benannt nach Jes 32,12: „Man klagt um die **Felder der Schönheit"**, die zerstört sind, bis man Gottes Geist empfangen wird für eine neue, bessere Zeit.

Hod HaSharon (הוד השרון) (G 13) - Großraum Tel Aviv; heißt **„die Pracht der Scharonebene";** 1964 unter diesem Namen als Zusammenschluss mehrerer Orte gegründet, unter anderem **Magdi'el (מגדיאל;** 1924 gegründet; heißt **„köstliche Früchte Gottes")** und ist der Name eines edomitischen Stammes (1.Mose 36,43)) und **Ramathaim (רמתיים;** 1925 gegründet; Name des Ortes, an dem der Prophet Schemu'el (Samuel) geboren wurde (1.Sam 1,1+19 **(„Ramathaim"** wird auch **„Rama"** genannt)), wo er als Richter wohnte (1.Sam 7,17) und begraben wurde (1.Sam 25,1) und der sich vermutlich an der Stelle des heutigen Ramallah (J 16) befindet.); **„Scharon"** ist die biblische Bezeichnung für diese Ebene (Apg 9,35), deren Fruchtbarkeit Gott als Beispiel für die Wiederbegrünung des Landes Israel nennt (Jes 35,2).

Jaljulya *(ג'לג'וליה) (G 13) - Großraum Tel Aviv; arabisches Dorf; vielleicht Ort des biblischen **Gilgal in Scharon** (Jos 12,23).*

Matan (מתן) (G 13) - Scharonebene; 1997 gegründet; heißt **„Geschenk"** und benannt nach Spr 18,15: „Ein **Geschenk** verschafft dem Menschen viele Möglichkeiten."

Yarhiv (ירחיב) (G 13) - Scharonebene; 1949 gegründet; heißt **„er wird ausweiten"** und benannt nach

5.Mose 12,20: zu Israel gesprochen: „Wenn der Herr, dein Gott, dein Gebiet **ausweiten wird, ...“.**

Elishama' (**אלישמע**) (G 13) - Großraum Tel Aviv; 1951 gegründet; heißt **„Mein Gott hat gehört“** und benannt nach dem Heeresführer des Stammes Efraim, der auf der Wüstenwanderung des Volkes Israel dem Mosche (Mose) von Gott an die Seite gestellt wurde (4.Mose 10,22).

'Adanim (**עדנים**) (G 13) - Großraum Tel Aviv; 1950 gegründet; heißt **„Wonnen“** und benannt nach Ps 36,9: „und du wirst sie trinken lassen den Strom deiner **Wonnen.“**

H̱agor (**חגור**) (G 13) - Großraum Tel Aviv; 1949 gegründet; heißt **„gürte“** und benannt nach Ps 45,4: **„Gürte** dein Schwert!“

H̱oreshim (**חורשים**) (G 13) - Scharonebene; 1955 gegründet; heißt **„Handwerker“** und benannt nach einer Sippe des Stammes Jehuda (Juda) dieses Namens, die in 1.Chr 4,14 erwähnt wird; außerdem auch aufgrund des ähnlich klingenden Namens des ehemaligen arabischen Dorfes H̱oreish in der Nachbarschaft.

Qarne Shomeron (**קרני שמרון**) (H 13) - Schomron (Samaria), 1978 gegründet; heißt **„die Hörner von Schomron (Samaria)“;** zur biblischen Bedeutung der Ortsbezeichnung **„Schomron (Samaria)“** (2.Kön 17,24; Jer 31,5) siehe oben Gan Shomeron (H 10).

Ma'ale Shomeron (**מעלה שמרון**) (H 13) - Schomron (Samaria), 1980 gegründet; heißt **„die Steige von Schomron (Samaria)“;** zur biblischen Bedeutung der Ortsbezeichnung **„Schomron**

(Samaria)“ (2.Kön 17,24; Jer 31,5) siehe oben Gan Shomeron (H10).

Alfe Menashe (**אלפי מנשה**) (H 13) - Schomron (Samaria), 1983 gegründet; heißt **„Tausende von Menasche (Manasse)“** und findet sich in 5.Mose 33,17, wonach der Ort benannt wurde.

Far’ate (**פרעתה**) (J 13) - Schomron (Samaria); arabisches Dorf; vermutlich Ort der biblischen Stadt **Pirathon** (**פרעתון**; Ri 12,15) im Gebiet des Stammes Efraim, Herkunftsort und Begräbnisort des Richters Avdon (Abdon).

‘Immanu’el (**עמנואל**) (J 13) - Schomron (Samaria); 1983 gegründet; heißt **„Gott mit uns“** und benannt nach dem Namen des Messias in Jes 7,14.

Yaqir (**יקיר**) (J 13) - Schomron (Samaria); 1981 gegründet; heißt **„teuer, lieb“;** liegt im Gebiet des Stammes Efraim und benannt nach Jer 31,20, wo dieses Wort das einzige Mal im Alten Testament vorkommt: „Ist mir Efraim nicht ein **teurer** Sohn?“

Berakha (**ברכה**) (K 13) - Schomron (Samaria); 1982 gegründet; heißt **„Segen“;** beim Berg Gerisim gelegen und benannt nach 5.Mose 11,29: „so sollst du den **Segen** erteilen auf dem Berg Gerisim“.

Itamar (**איתמר**) (K 13) - Schomron (Samaria); 1984 gegründet; benannt nach einem der Söhne Aharons (Aarons), von dem sich ein Priestergeschlecht ableitet (2.Mose 28,1)

Tel Aviv (**תל-אביב**) (E 14) - Mittelmeerküste; 1909 gegründet (im Bereich des heutigen Migdal Shalom (Ahuzat Bayit)) mit dem Plan einer Stadtentwicklung; auf dem Gebiet des heutigen Tel Aviv waren zuvor schon Vororte von Jaffa gegründet worden: 1887 Newe Ze-deq (s.u.) und 1890 Newe Shalom (s.u.), 1904 Kerem HaTeimanim und Mahane Yosef; übersetzt heißt „Tel Aviv" **„Hügel des Frühlings"**. Der Name ist eine freie Übersetzung des Titels von Herzls grundlegendem zionistischen Buch „Alt-Neuland" und ist daneben auch wörtlich aus Hes 3,15 genommen, wo es einen Ort bei den verbannten Israeliten in Babylon bezeichnet. Dorthin führte der Heilige Geist Gottes den Propheten Jechesqel (Hesekiel) und zeigte ihm dort zukünftige Offenbarungen, unter anderem, dass einmal das ganze zerstreute Volk Israel nach Erez (Land) Israel zurückgeführt werden wird, dass Gott das Land wieder begrünen wird und dass dies im Zusammenhang mit der Ankunft des Messias geschehen wird (Hes 34 - 39, besonders 34,23-24; 36,8+24+33-36). (Siehe auch das Photo auf dem Buchdeckel.)

Stadtteile (Die kleingedruckten Planquadratangaben richten sich nach dem Carta-Stadtplan. In den Tabellen sind alle Stadtteile unter dem Planquadrat „E 14" geführt.):

Qiryat Sha'ul — *(**קרית שאול**) (H 1) - Norden Tel Avivs; 1924 gegründet; heißt **„Vorort Scha'uls"** und benannt nach Scha'ul Gerschom; **Scha'ul (Saul)"** ist in der Bibel der Name des 1.Königs Israels (ca. 1012 - 1004 v.Chr.) (1.Sam 9 und folgende Kapitel)*

Tel Barukh — *(**תל ברוך**)(G 2) - Norden Tel Avivs; 1947 gegründet; heißt **„Hügel Baruch"** und benannt nach Joseph Marco Baruch. **„Baruch"** heißt **„der Gesegnete"**.*

(Stadtteile Tel Avivs (E 14))

Revivim — (**רביבים**) (H-I 2) - Norden Tel Avivs; 1950 gegründet; heißt **„Regenschauer"** (die „Regen"); benannt nach Micha 5,6: „Und der Überrest Ja'aqovs (Jakobs) wird wie **Regenschauer** aufs Gras sein"; auch Ort im Nordnegev (E 25).

Hadar Yosef — *(**הדר יוסף**) (H 2-3) - Norden Tel Avivs; 1946 gegründet; heißt **„die Pracht Joßefs (Josefs)"** und benannt nach Joseph Elischer; **Joßef (Josef)** bedeutet **„Y(ahwe) (Der Herr) fügt hinzu, vermehrt";** 1. Sohn von Ja'aqov (Jakob) und Rachel (1.Mose 30,24), der später in Ägypten zur Rettung des Volkes Israel beitrug.*

Newe Dan — (**נוה דן**) (H 2-3) - Norden Tel Avivs; 1950 gegründet; heißt **„Wohnsitz Dans";** Dan ist einer der 12 Stämme Israels, dessen 1. Siedlungsgebiet sich hier im Großraum Tel Aviv befand (Jos 19,40-46).

Na<u>h</u>alat Yi<u>zh</u>aq — *(**נחלת יצחק**) (F 6) - Osten Tel Avivs; 1925 gegründet; heißt **„Erbbesitz Jizchaqs (Isa'aks)"** und benannt nach Rabbi Yizhaq Elchanan Spector; **„Jizchaq" (Isa'ak)** ist der Sohn Avrahams (Abrahams) und Stammvater des Volkes Israel (1.Mose 21,3).*

Ramat Yisra'el — *(**רמת ישראל**) (F 7) - Osten Tel Avivs; heißt **„Anhöhe Yißraels (Israels)"** und benannt nach Israel Rokach; **„Yißrael (Israel)"** selbst bedeutet: **„Gott wird kämpfen/siegen."** ; **„Israel"** findet sich in der Bibel das 1. Mal als Beiname für*

Ja'aqov (Jakob), den Stammvater des Volkes Israel: 1.Mose 32,29. ***(Kinder (Volk) Israel****: 1.Mose 32,33; Gottes Name* ***„Gott Israels“****: 1.Mose 33,20)*

Bizaron (**בצרון**) (E 7) – Osten Tel Avivs; heißt **„befestigter Platz, Festung“** und beannt nach der messianischen Verheißung in Sach 9,12: „Kehrt heim zur **Festung**, ihr Gefangenen der Hoffnung!“ (siehe auch den Ort Bizaron (E 17))

Newe Shalom (**נוה שלם**) (C 8) – Zentrum von Tel Aviv; 1890 gegründet; heißt **„Wohnstätte des Friedens“** und benannt nach Jes 32,18 (siehe auch das Dorf Newe Shalom (G 17)).

Newe Zedeq (**נוה צדק**) (C8) - Zentrum von Tel Aviv; 1887 gegründet; heißt **„Wohnstätte der Gerechtigkeit“** und benannt nach Jer 50,7.

Yad Eliyyahu (**יד אליהו**) *(E 8) - Osten Tel Avivs; 1945 gegründet; heißt* ***„Gedenken an Elijahu“*** *und benannt nach Eliyyahu Golomb;* ***„Elijahu (Elia)“*** *bedeutet* ***„Mein Gott ist Yah(we) (der Herr)“****;* ***Elijahu*** *kämpfte als Prophet (1.Könige 17,1) zur Zeit König Achavs (Ahabs) gegen den Baalskult.*

Newe Sha'anan (**נוה שאנן**) (D 8) - Zentrum von Tel Aviv; 1922 gegründet; bedeutet **„ruhiger Wohnort“** und benannt nach Jes 33,20: „Deine Augen werden Jerusalem sehen, einen **ruhigen Wohnort“.** Stadtteil auch von Jerusalem (J-K 16-18) und Haifa (G6).

(Stadtteile Tel Avivs (E 14))

Bet Ya'aqov	(**בית יעקב**) *(F 9) - Süden Tel Avivs; heißt **„Haus Ja'aqovs (Jakobs)"**; benannt nach **Jakob („Ya'aqov")** Rothschild. **„Ja'aqov"** ist der biblische Name eines der Stammväter Israels (1.Mose 25,26).*
Newe Eli'ezer	(**נוה אליעזר**) *(G 10) - Süden Tel Avivs; **„Wohnstätte Eli'esers", „Eli'eser"** heißt übersetzt **„Mein Gott ist Hilfe (ein Helfer)"**; **Eli'eser** ist ein Diener Avrahams (Abrahams) (1.Mose 15,2), der dabei hilft, für Jizchak (Isaak) eine Frau zu finden, nämlich Rivka (Rebekka) (1.Mose 24); auch Name eines Sohnes von Mosche (Mose) (2.Mose 18,4).*
'Ezra	(**עזרא**) (E 10) - Süden Tel Avivs; 1945 gegründet; Beauftragter für die Heimführung der Juden aus der babylonischen Gefangenschaft **(Buch Esra;** (Name z.B. in **Esra 7,1)**
Yafo (Jaffa)	(**יפו**) (E 14) - jetzt Stadtteil von Tel Aviv; Stadt seit biblischen und vorbiblischen Zeiten; Stadt im 1.Siedlungsgebiet des Stammes Dan (Jos 19,46). Hier bestieg der Prophet Jona ein Schiff, um vor Gottes Auftrag zu fliehen (Jona 1,3). Hier wohnte Petrus längere Zeit (Apg 9,38.43; Name für **Jafo** (Yafo) in neutestamentlicher Zeit: **Joppe**), erweckte Tabea von den Toten auf, empfing eine Vision von Gott, die es ihm als Juden erlaubte, mit Nichtjuden Umgang zu haben, und machte sich deshalb von hier aus auf zum Haus des

heidnischen Hauptmanns Cornelius in Cäsarea (Apg 10).

Ende der Stadtteil-Liste Tel Avivs.

Bene Beraq (בני-ברק) (F 14) - Großraum Tel Aviv; 1924 neugegründet; benannt nach einer biblischen Stadt im 1.Gebiet des Stammes Dan (Jos 19,45), die sich vermutlich etwas südlich des modernen Ortes befand. Der Name heißt übersetzt **„Söhne von Beraq“.**

Gat Rimmon (גת רמון) (F 14) - Großraum Tel Aviv; 1926 gegründet; benannt nach biblischem Ort im 1.Gebiet des Stammes Dan (Jos 19,45), der sich vermutlich etwas weiter westlich auf dem Tel Geriza bei der Einmündung des Ayalon- in den Yarkon-Fluss im Norden Tel Avivs befand.

Qiryat Ono (קרית אונו) (F 14) - Großraum Tel Aviv; 1939 gegründet; benannt nach einem Gebiet im Stamm Binjamin (Benjamin) (1.Chr 8,12; Neh 6,2), das sich 4km südlich im Bereich von Newe Efrayim Monosson befand.

Ganne Yehuda (גני יהודה) (F 14) - Großraum Tel Aviv; 1951 gegründet; heißt **„Gärten Jehudas (Judas)“; Jehuda (Juda)** ist ein Sohn Ja'aqovs (Jakobs) und Leas und bedeutet **„Yah(we) (dem Herrn) danken“** (1.Mose 29,35). Er ist Stammvater eines Stammes Israels (1.Mose 49,8), von dem sich die Volksbezeichnung „Juden“ ableitet.

Kefar HaBaptistim (Baptist Village) (כפר הבפטיסטים) (G 14) - Großraum Tel Aviv; 1955 von baptistischen, zionistischen Christen gegründet; damals Waisenhaus, auch für israelische Kinder, deren beide Eltern im Unabhängigkeitskrieg gefallen waren. Heute christliches Rüstzeiten-, Retraite- und Tagungszentrum; im angrenzenden Yarkon-Quellpark Reste eines biblischen Ortes mit Namen Antipatris (Apg 23,31) und vorher Afeq (1.Sam 4,1, wo sich die Philister zum Kampf gegen Israel lagerten; nicht zu verwechseln mit Afeq im Stammesgebiet Ascher (Asser) (Jos 19,30; s.o. J 6) und Afeq auf dem Golan (1.Kön 20,26; s.u. O 6)).

Petah Tiqwa (**פתח תקוה**) (G 14) - Großraum Tel Aviv; 1878/79 1. Gründungsversuch, mit Rosch Pinna erste echte Ortsneugründung im Sinne des Zionismus, beim 1. Versuch allerdings von einheimischen Juden aus Jerusalem; gescheitert durch Malaria und Überschwemmungen; 1882 dann 2., erfolgreiche Gründung, jetzt durch eingewanderte Juden (Olim). Zusammen mit Rishon LeZiyyon (F 15) und der 2., erfolgreichen Gründung von Rosh Pinna (N 4) eine der 3 ersten erfolgreichen Ortsgründungen im vollen Sinne des Zionismus (Ortsneugründung und durch Olim). Es heißt **„Tor der Hoffnung“** (Hos 2,17), das Gott für Israel öffnet.

Stadtteil:

'En-Gannim (**עין גנים**) - liegt südlich der Segula-Kreuzung; 1908 als Moschav wiedergegründet; benannt nach einer Stadt im Gebiet des Stammes Jehuda (Juda) (Jos 15,34), die sich vermutlich weiter südlich befand. (siehe auch „En-Gannim im Gebiet des Stammes Jißachar (Issachar) am Ort der heutigen arabischen Stadt Jenin (K 10))

Ma'as (**מעש**) (G 14) - Großraum Tel Aviv; 1952 gegründet als Zusammenschluss der Orte Be-

Hadraga und **Kefar HaYovel** (**כפר היובל**, 1934 gegründet). **„Kefar HaYovel"** heißt **„Yovel**(jahr)**-Dorf".** Es erinnert an Gottes Gebot, jedes 50.Jahr als ein besonderes **Yovel-/Erlass-Jahr** zu begehen (3.Mose 25,10). Die Namensgebung für diesen Ort bei der Gründung 1934 sollte an den **50. Jahrestag** der Gründung der religiös-zionistischen **Bilubewegung** erinnern. (deren 1.Ortsgründung: Gedera 1884 (s.o. E 17)). Deren Name **Bilu** entsteht durch die hebräischen Anfangsbuchstaben aus Jes 2,5: **B**eit-**I**a'akov **L**echu **U**nelcha („Ihr, Haus Ja'aqov (Jakob), geht und lasst uns gehen!"); (siehe auch unten F 16: Kefar Bilu, auch gegründet zum 50. Jahrestag der Bilu-Bewegung und D21: Moschav Talme Bilu, gegründet zum 70. Jahrestag).

Na<u>h</u>shonim (**נחשונים**) (G 14) - Großraum Tel Aviv; 1949 gegründet; heißt **„die Nachschoniter, die Nachschon-Leute";** gegründet von Einwanderern aus Ägypten, die wie **Nachschon** von Ägypten nach Israel zogen: **Nachschon** wurde als Heeresführer des Stammes Jehuda (Juda) dem Mose auf der Wüstenwanderung an die Seite gestellt (4.Mose 10,14). Gleichzeitig ist **Nachschon** einer der Vorfahren im Stammbaum von Jeschua (Jesus) (Mt 1,4).

Nofekh (**נפך**) (G 14) - Großraum Tel Aviv; 1949 gegründet; Name eines Edelsteins, vermutlich **Karfunkel**, der sich in der Brusttasche des Priesters befand (2.Mose 28,18). (siehe auch Bareqet und Shoham (G 15))

El'ad (**אלעד**) (G 14) - Scharonebene; 1996 gegründet; benannt nach einem Mitglied des Stammes Efraim, dessen Gebiet sich in dieser Gegend befand. (1.Chr 7,21).

Be'erot Yizhaq (**בארות יצחק**) *(G 14) - Großraum Tel Aviv; 1943 direkt südlich von Asa (Gaza) gegründet; 1948 nach arabischen Angriffen dort zerstört und Neubeginn am heutigen Ort; heißt* ***„die Brunnen Jizchaqs (Isaaks)"*** *benannt nach Rabbi* ***Yizhaq*** *(Isaak) Nissenbaum, der den Vornamen des Sohnes Avrahams (Abrahams) und Stammvaters des Volkes Israel trug (1.Mose 21,3).*

'Ez Efrayim (**עץ אפרים**) (H 14) - Schomron (Samaria); 1985 gegründet; heißt **„Holz Efraims"**; benannt nach Hes 37,16, wo Jechesqel (Hesekiel) eine Zeichenhandlung vollzieht, um die von Gott verheißene Wiedervereinigung des ganzen Israel im Zusammenhang mit ihrer Rückkehr aus der ganzen Welt (Hes 37,21) zu verdeutlichen: Auf einem Holz steht der Name „Jehuda (Juda)", die Bezeichnung des Südreiches Israels nach der Spaltung, und auf das andere soll Jechesqel (Hesekiel) eben schreiben: **„Holz Efraims". „Efraim"** ist hier nicht nur der eine Stamm, sondern steht für alle Stämme des Nordreiches Israel. Jechesqel (Hesekiel) soll dann beide Hölzer zusammenfügen als Zeichen für die von Gott versprochene Wiedervereinigung.

Elqana (**אלקנה**) (H 14) - Schomron (Samaria); 1977 gegründet; benannt nach dem Vater des Propheten Schemu'el (Samuel) (1.Sam 1,1).

Pedu'el (**פדואל**) (H 14) - Schomron (Samaria); 1984 gegründet; heißt **„befreit von Gott"** und benannt nach Jes 35,10 und 51,11: "Die **von Gott Befreiten** werden zurückkehren und nach Zion mit Jubel kommen."

Bruchin (**ברוכין**) (H 14) - Schomron (Samaria); 1999 gegründet; heißt **„Gesegnete".**

Deir Ghassana (**דיר ע'סנה**) *(H 14) - Schomron (Samaria); arabisches Dorf mit Ausgrabungen aus biblischer Zeit; vielleicht Ort des bibischen* ***Zereda*** *(***צרדה***) im Gebiet des Stammes Efraim, des Geburtsortes von Jarov'am (Jerobeam) I., des 1.Königs des abgespaltenen Nordreiches Israel (1.Kön 11,26).*

Revava (**רבבה**) (J 14) - Schomron (Samaria); 1991 gegründet; heißt **„große Menge"** und benannt nach Hes 16,7: **„Eine große Menge** wie das Gewächs des Feldes habe ich Dir (Jerusalem) gegeben."

Ari'el (**אריאל**) (J 14) - Schomron (Samaria); 1978 gegründet; der Name bedeutet **„Löwe Gottes"** (Er will sich mit der Energie eines Löwen für Gottes Sache einsetzen.) und ist in der Bibel eine Umschreibung für Jerusalem (Jes 29,1-2+7).

Kefar Tappuah (**כפר תפוח**) (K 14) - Schomron (Samaria); 1978 gegründet; benannt nach dem biblischen Ort an der Grenze zwischen Efraim und Menasche (Manasse) (Jos 17,8), der sich vermutlich 3 km südwestlich des neuen Ortes befand.

'Eli (**עלי**) (K 14) - Schomron (Samaria); 1984 gegründet; benannt nach dem Namen des Hohenpriesters im nahegelegenen Schillo (Silo) (s.u. auch K 14), unter dem der spätere Prophet Schemu'el (Samuel) aufwuchs (z.B. 1.Sam 1,9)

Lubban Sharqiyya (**לבן שרקיה**) *(K 14) - Schomron (Samaria); arabisches Dorf; vielleicht Ort des biblischen* ***Levona****, das in der Nähe von Schillo (Silo) lag (Ri 21,19) (danach auch die Siedlung* ***Ma'ale Levona****, auch K 14 benannt).*

Shillo (**שילה**) (K 14) - Schomron (Samaria); 1979 gegründet; benannt nach der biblischen Stadt Schillo (Silo), die sich im Ausgrabungsgebiet gleich neben der neuen Siedlung befand. Hier verteilte Jehoschua (Josua) den Rest des Landes Israel an die übrigen Stämme (Jos 18,10), hier befand sich einige Zeit die Bundeslade (1.Sam 4,3).

Ma'ale Levona (**מעלה לבונה**) (K 14) - Schomron (Samaria); 1983 gegründet; heißt **„Steige von Levona“** und benannt nach dem biblischen **Levona** (Ri 21,19), das sich vermutlich an der Stelle des heutigen arabischen Dorfes **Lubban Sharqiyya** (auch K 14) befand.

Gittit (**גתית**) (L 14) - Schomron (Samaria); 1973 gegründet; benannt nach einem Musikinstrument aus biblischen Zeiten (Ps 8,1; 81,1 und 84,1), an das die Ortsgründer die umliegende Landschaft erinnerte.

Ma'ale Efrayim (**מעלה אפרים**) (L 14) - Schomron (Samaria); 1978 gegründet; heißt **„Steige (nach) Efraim“**, **„Efraim“** ist einer der 12 Stämme Israels, dessen Stammesgebiet sich hier befand (Jos 16,5).

Miqwe Yisra'el (**מקוה ישראל**) (E 15) - Großraum Tel Aviv (an der Straße 44 nach Ramla); 1870 gegründet; benannt nach Jer 14,8 und Jer 17,13: „Du, Herr, bist die **Hoffnung Israels“.** Juden aus Frankreich gründeten hier eine Landwirtschaftsschule. Schulleiter ist der französische Jude Netter, der im Sinne des späteren Zionismus aus dem Ausland nach Israel geht, um in Israel zu bleiben; aber die zweite Eigenschaft des Zionismus, Gründung einer neuen Siedlung, fehlt bei seiner Aktion.

Holon (**חולון**) (E 15) - Großraum Tel Aviv; 1933 gegründet; Cholon wurde benannt nach dem Sand (hebräisch: **Chol)**, auf dem es gegründet wurde, und gleichzeitig nach einer Stadt im Gebiet des Stammes Jehuda (Juda) (Jos 15,51).

Gan Soreq (**גן שורק**) (E 15) - Großraum Tel Aviv; 1950 gegründet; heißt **„Szoreq-Garten"**, benannt nach dem **Szoreqbach**, der südlich vom Moschav ins Mittelmeer mündet. Im **Szoreqtal** verliebte sich Schimschon (Simson) in Delila (Ri 16,4). (s.u. Nahal Soreq (F 17))

Neta'im (**נטעים**) (E 15) - Großraum Tel Aviv; 1932 gegründet; benannt nach einer Stadt im Gebiet des Stammes Jehuda (Juda) (1.Chr 4,23).

Yehud (**יהוד**) (F 15) - Großraum Tel Aviv; 1948 gegründet; benannt nach einem biblischen Ort des Stammes Dan (Jos 19,45), der sich vermutlich im südlichen Bereich der heutigen Stadt befand.

Or Yehuda (**אור יהודה**) *(F 15) - Großraum Tel Aviv; 1950 gegründet; benannt nach Rabbi* ***Yehuda*** *Alkalai; heißt* ***„Licht Jehudas (Judas)"; Jehuda (Juda)*** *ist ein Sohn Ja'aqovs (Jakobs) und Leas und bedeutet* ***„Yah(we) (dem Herrn) danken"*** *(1.Mose 29,35). Er ist Stammvater eines Stammes Israels (1.Mose 49,8),* von dem sich die Volksbezeichnung „Juden" ableitet.

Newe Efrayim (**נוה אפרים**) *(F 15) - Großraum Tel Aviv; 1953 gegründet; heißt* ***„Wohnsitz Efraims"****; benannt nach* ***Efrayim*** *(Fred) Monosson;* ***Efraim*** *ist einer der 12 Stämme Israels (Jos 16,5).*

Azor (**אזור**) *(F 15) - Großraum Tel Aviv; 1948 gegründet; in der späteren griechischen Übersetzung des*

Alten Testamentes, der Septuaginta, in Jos 19,45 als Ort im Gebiet des Stammes Jehuda (Juda) erwähnt, der sich hier an dieser Stelle befand.

Gannot (**גנות**) (F 15) - Großraum Tel Aviv; 1950 gegründet; heißt **„Gärten“;** benannt nach Am 9,14: Gott spricht: „Ich werde die Gefangenschaft meines Volkes Israel wenden, und sie werden die verwüsteten Städte aufbauen und bewohnen ... und **Gärten** anlegen.“

Hemed (**חמד**) (F 15) - Großraum Tel Aviv; 1950 gegründet; **„Chemed“** heißt zwar „Schönheit“, hier aber benannt nach den Anfangsbuchstaben des Satzes **„religiös-gläubige Veteranen-Soldaten“** (Chajalim meschuchrarim datim) (**חיילים משוחררים דתים**).

Bet Dagan (**בית דגן**) (F 15) - Großraum Tel Aviv; 1949 wiedergegründet; benannt nach **Bet Dagon** von Jos 15,41. Vielleicht befand sich hier das biblische **Bet Dagon**, und sein Name erhielt sich in abgewandelter Weise in dem hier gelegenen, jetzt verlassenen arabischen Ort Beit Dajan.

Yagel (**יגל**) (F 15) - Großraum Tel Aviv; 1950 gegründet; heißt **„wird freudig jubeln“;** benannt nach Ps 14,7: „Ach dass die Rettung Israels aus Zion käme, indem der Herr die Gefangenschaft seines Volkes beendet - so **wird** Ja'aqov (Jakob) **freudig jubeln** und Israel sich freuen.“

Ahi'ezer (**אחיעזר**) (F 15) - Großraum Tel Aviv; 1950 gegründet; benannt nach dem Heeresführer, der auf der Wüstenwanderung des Volkes Israel dem Mose von Gott an die Seite gestellt wurde, und zwar als Anführer des Stammes Dan (4.Mose 10,25), dessen 1. Siedlungsgebiet sich später hier befand.

Zetan (**זיתן**) (F 15) - Großraum Tel Aviv; 1950 gegründet; benannt nach einem Nachkommen Binjamins (Benjamins) (1.Chr 7,10). Gleichzeitig erinnerte der Klang des Ortsnamens an die vielen Oliven(hebräisch:Zejtim)-bäume hier.

Na<u>h</u>alat Yehuda (**נחלת יהודה**) *(F 15) - Großraum Tel Aviv; 1914 gegründet; heißt* ***„Erbbesitz Yehudas (Judas)“****; benannt nach* ***Juda*** *Leib Pinsker;* ***Jehuda (Juda)*** *ist ein Sohn Ja'aqovs (Jakobs) und Leas und bedeutet* ***„Yah(we) (dem Herrn) danken“*** *(1.Mose 29,35). Er ist Stammvater eines Stammes Israels (1.Mose 49,8),* von dem sich die Volksbezeichnung „Juden“ ableitet.

Rishon Le<u>Z</u>iyyon (**ראשון-לציון**) (F 15) - Großraum Tel Aviv; 1882 gegründet; heißt übersetzt **„Erster für Zion“** und benannt nach Jes 41,27, wo es sich auf Gott bezieht, der als erster Zion (Israel) eine Freudenbotschaft sagt: „(Ich sage es) als **Erster für Zion**: ... Ich will Jerusalem einen Freudenboten geben.“ (Die heidnischen Götter können es nicht.). Mit Peta<u>h</u> Tiqwa (G 14) und Rosh Pinna (N 4) eine der 3 ersten erfolgreichen Ortsneugründungen durch eingewanderte Juden (Olim) im vollen Sinne des Zionismus (Ortsneugründung und durch Olim).

Bene 'Atarot (**בני עטרות**) (G 15) - Großraum Tel Aviv; 1948 gegründet; benannt nach dem biblischen **'Atarot** an der Grenze zwischen dem Stamm Binjamin (Benjamin) und Efraim (Jos 16,2), das sich vielleicht am Ort des heutigen arabischen Dorfes 'Atara (J 15) befand. Die 1948 von der Siedlung 'Atarot im Norden Jerusalems (K 16, heute Flughafen) vertriebenen Juden gründeten 1949 diesen neuen Moschav **Bene 'Atarot**.

Bareqet (**ברקת**) (G 15) - Großraum Tel Aviv; 1952 gegründet; heißt **„Smaragd"** und benannt nach einem Edelstein in der Brusttasche des Priesters (2.Mose 28,17). (siehe auch Shoham (G 15) und Nofekh (G 14)) .

Tirat Yehuda (**טירת יהודה**) (G 15) - Großraum Tel Aviv; 1949 gegründet; heißt **„Burg Yehudas (Judas)"; Jehuda (Juda)** ist ein Sohn Ja'aqovs (Jakobs) und Leas und bedeutet **„Yah(we) (dem Herrn) danken"** (1.Mose 29,35). Er ist Stammvater eines Stammes Israels (1.Mose 49,8), von dem sich die Volksbezeichnung „Juden" ableitet.

Shoham (**שהם**) (G 15) - Großraum Tel Aviv; 1992 gegründet; heißt **„Onyx"** und benannt nach einem Edelstein in der Brusttasche des Priesters (2.Mose 28,20). (siehe auch Bareqet (G 15) und Nofekh (G 14)) .

Bet Nehemya (**בית נחמיה**) (G 15) - Nordspitze der Schefela; 1950 gegründet; benannt nach dem **biblischen Nechemia** (Neh 1,1), dem Statthalter Yehudas (Judas) (Neh 5,14), der nach der babylonischen Gefangenschaft den Wiederaufbau der Stadt Jerusalem organisierte und die politischen und wirtschaftlichen Verhältnisse in Jehuda (Juda) neu ordnete. (zur Bedeutung des Namens **„Nechemia"** (Nehemia) siehe oben Sede Nehemya, N 2)

Hadid (**חדיד**) (G 15) - Großraum Tel Aviv; 1950 gegründet; benannt nach einer Stadt im Gebiet des Stammes Binjamin (Benjamin) (Neh 11,34), die sich vermutlich am östlich vom Moschav gelegenen Tel Hadid befand und von deren ehemaligen Einwohnern viele aus der babylonischen Gefangenschaft zurückkehrten (Esra 2,33).

Ginnaton — (**גנתון**) (G 15) - Großraum Tel Aviv; 1949 gegründet; benannt nach einer priesterlichen Familie, die aus der babylonischen Gefangenschaft nach Israel zurückgekehrt war (Neh 12,16).

Lod — (**לוד**) (G 15) - Großraum Tel Aviv; besteht seit biblischen Zeiten; Stadt im Stamm Binjamin (Benjamin) (1.Chr 8,12; Neh 11,35); im neuen Testament **„Lydda“** genannt (Apg 9,32.35.38).

Ben Shemen — (**בן שמן**) (G 15) - Großraum Tel Aviv; 1922 wurde der Moschav gegründet, 1927 das große Jugenddorf (Internat), wo nach 1945 überlebende jüdische Kinder aus Auschwitz und anderen Orten Europas Zuflucht fanden; heißt (wörtlich) **„Sohn des Fettes“** (sinngemäß: **„voller Fett (Fruchtbarkeit)“** das bedeutet hier: **fetter (fruchtbarer) Boden);** benannt nach Jes 5,1 aus dem Weinberglied: „Mein Freund hatte einen Weinberg auf einem Hügel mit **fettem Boden.“**

Nili — (**ניל"י**) (H 15) - südliches Schomron (Samaria); 1981 gegründet; benannt nach der jüdischen Spionageorganisation **„Nili“** im 1. Weltkrieg. Die Buchstaben des Wortes **„ניל"י“ (Nili)** sind die Anfangsbuchstaben eines Teilsatzes aus 1.Sam 15,29: „**N**ezach **Ji**sra'el **l**o **ji**schaker“ (**נצח ישראל לא ישקר**) **(Der Ruhm Israels (damit ist Gott gemeint) lügt nicht.)** (siehe auch Giv'at Nili (H 9))

Na'ale — (**נעלה**) (H 15) - südliches Schomron (Samaria); 1988 gegründet; heißt **„Lasst uns hinaufziehen!“** und benannt nach 4.Mose 13,30, wo Kalev (Kaleb) als einziger der Kundschafter keine Angst hat, sondern auf Gott vertraut und zum Einzug ins Land Israel ermutigt: **„Lasst uns hinaufziehen** und das Land einnehmen!“

H̲allamish | (**חלמיש**) (J 15) - südliches Schomron (Samaria); 1977 gegründet; heißt **„Kiesel"** und benannt nach 5.Mose 32,13: (Gott ernährt Israel,) „er ließ ihn Öl aus dem **Kiesel**felsen saugen."; so benannt auch im Blick auf den felsigen Boden, den die Siedler bei der Ortsgründung vorfanden.

'Atara | *(**עטרה**) (J 15) - südliches Schomron (Samaria), arabisches Dorf; vielleicht Ort des biblischen **'Atarot** an der Grenze zwischen dem Stamm Binjamin (Benjamin) und Efraim (Jos 16,2).*

Burham | *(**ברהם**) (J 15) - südliches Schomron (Samaria); arabisches Dorf; vielleicht Ort des biblischen **Barh̲um** (**ברחם**) (2.Sam 23,31), von wo einer der starken Kämpfer Davids herstammte.*

Nah̲ali'el | *(**נחליאל**) (J 15) - südliches Schomron (Samaria); 1984 gegründet; benannt nach dem Titel eines Buches von Dr. Issac Breuer; on auf der Wüstenwanderung des Volkes Israel (4.Mose 21,19) und heißt **„Mein Tal Gottes"**.*

'Ein Sinya | *(**עין סיניא**) (K 15) - südlichstes Schomron (Samaria); arabisches Dorf; vielleicht Ort des biblischen **Jeschana** (**ישנה**), das Aviah (Abia), König des Südreiches Jehuda (Juda), vom Nordreich Israel unter König Jarov'am (Jerobeam) I. eroberte (2.Chr 13,19).*

'Ofra | (**עפרה**) (K 15) - südlichstes Schomron (Samaria); 1975 gegründet; benannt nach der biblischen Stadt **'Ofra** im Gebiet des Stammes Binjamin (Benjamin) (Jos 18,23) (vielleicht (E) Taiyiba (auch K 15)).

(E) Taiyiba | *(**טיבה (א)**) (K 15) - südlichstes Schomron (Samaria); arabisches Dorf; vielleicht Ort der*

*biblischen Stadt **Efraim** an der Grenze des Stammes Efraim (2.Sam 13,23; Joh 11,54), vielleicht auch die biblische Stadt **'Ofra** im Gebiet des Stammes Binjamin (Benjamin) (Jos 18,23; s.o. den modernen Ort **'Ofra** (auch K 15)). (siehe auch (E) Taiyiba in Untergaliläa (M 8) und in der Scharonebene (H 12))*

Bet El (B) — ((**ב**) **בית אל**) (K 15) - südlichstes Schomron (Samaria); 1978 wiedergegründet; benannt nach dem biblischen **Bet El**, wo Ja'aqov (Jakob) auf seiner Flucht vor Eßaw (Esau) übernachtete und die Engel auf der Himmelsleiter sah (1.Mose 28,19). Das biblische Bet El befand sich im nahegelegenen heutigen **Beitin** (K 16; siehe dort weitere Bibelstellen). (siehe auch das zuerst gegründete Bet El (K 16))

Gilgal — (**גלגל**) (M 15) - unteres Jordantal; 1970 wiedergegründet; benannt nach dem biblischen Ort **Gilgal,** wo die Israeliten nach der Wüstenwanderung zuerst das Land Israel westlich des Jordan betraten und zur Erinnerung ein Denkmal aus 12 Steinen errichteten (Jos 4,19-20) und wo Schemu'el (Samuel) das Königtum Scha'uls (Sauls) erneuerte (1.Sam 11,14).

Bet Hanan — (**בית חנן**) (E 16) - Großraum Tel Aviv; 1930 gegründet; benannt nach dem biblischen Ort **Elon-Bet-Chanan (אילון בית חנן)** (1.Kön 4,9).

Ge'alya — (**גאליה**) (E 16) - Küstenebene; 1948 gegründet. Der Name heißt übersetzt **„Yah(we) (Der Herr) hat erlöst".** Ausgrabungshügel im Moschav ist vermutlich der Ort der Stadt **Elteke** im 1. Siedlungsgebiet des Stammes Dan (Jos 19,44).

Yavne (יבנה) (E 16) - Küstenebene; 1949 gegründet; Ort der biblischen Stadt **Javne** (2.Chr 26,6), die an der Südgrenze des Stammes Jehuda (Juda) lag und zuerst **Javne'el (יבנאל**, Jos 15,11) hieß (Es gab auch die Stadt Yavne'el im Stammesgebiet Naftali, nach der auch ein moderner Ort benannt wurde (M 7)). (siehe unten die nach dem biblischen Javne (Yavne) benannten neuen Orte Kerem Yavne, Qevuzat Yavne und Gan Yavne (alle E 17))

Bet Gamli'el *(בית גמליאל) (E 16) - Küstenebene; 1949 gegründet, benannt nach Rabbi **Gamli'el II.,** der um 100 n.Chr. Präsident des nahegelegenen Sanhedrin in Yavne war. **„Gamli'el"** heißt **„Meine Vergeltung ist Gott",** und so hieß auch ein Heeresführer des Stammes Menasche (Manasse), der auf der Wüstenwanderung des Volkes Israel Mosche (Mose) von Gott an die Seite gestellt wurde (4.Mose 10,23).*

Z̲ofiyya (צופיה) (E 16) - Küstenebene; 1955 gegründet; soziale Einrichtung für junge Frauen in Not; heißt **„sie sieht auf"** und benannt nach Spr 31,27: **„Sie** (die tüchtige Hausfrau) **sieht auf** die Vorgänge in ihrem Haus."

Be'er Ya'aqov *(באר יעקב) (F 16) - Großraum Tel Aviv; 1904 gegründet, benannt nach Rabbi **Ya'aqov** Yizhaqi. **„Ya'aqov"** (Jakob) ist der biblische Name eines der Stammväter Israels (1.Mose 25,26).*

Stadtteil:

H̲oter (חוטר) - Farm, 1951 gegründet; heißt **„Reis, Zweig"** und benannt nach der messianischen Verheißung Jes 11,1: „Und es wird ein **Reis** hervorgehen aus dem Baumstumpf Jischais (Isais)."

Nes Ziyyona (**נס ציונה**) (F 16) - Großraum Tel Aviv; 1883 gegründet; heißt **„Zeichen nach Zion";** benannt nach Jer 4,6: „Erhebt **ein Kampfzeichen in Richtung auf Zion hin."**

Yashresh (**ישרש**) (F 16) - Großraum Tel Aviv; 1950 gegründet; heißt **„wird Wurzeln schlagen"** und benannt nach Jes 27,6: „In kommenden Zeiten **wird** Ja'aqov (Jakob) **Wurzeln schlagen** und Israel wird blühen." (Siehe auch den nahegelegenen Moschav Yaziz (auch F 16), der nach einem anderen Wort aus Jes 27,6 benannt wurde.)

Kefar Aharon (**כפר אהרן**) *(F 16) - Großraum Tel Aviv; 1926 gegründet, benannt nach dem Anführer der jüdischen Nili-Organisation,* ***Aaron (Aharon)*** *Aaronsohn (s.o. Giv'at Nili (H 9)).* ***Aharon*** *ist in der Bibel der Bruder von Mosche (Mose), den Gott Mosche (Mose) als Sprecher gegenüber dem Volk an die Seite gestellt hat zum Ausgleich für Mosches (Moses) Redeschwäche (2.Mose 4,14).*

Rehovot (**רחובות**) (F 16) - Großraum Tel Aviv; 1890 gegründet. **„Rehovot"** heißt **„weite Räume"** (1.Mose 26,22). So nannte Jizchak (Isaak) den Bereich eines von ihm neu gegrabenen Brunnens, wo er weiten Raum hatte und nicht mehr von den Philistern bedrängt wurde.

Stadtteil:

Gibbeton (**גיבתון**) (F 16) - Großraum Tel Aviv; 1933 gegründet; benannt nach gleichnamiger Stadt (Jos 19,44) im 1. Siedlungsgebiet des Stammes Dan, das sich hier befand. Das biblische Gibbeton befand sich vermutlich einige Kilometer weiter südöstlich.

Na'an

(**נען**) (F 16) - Schefela; 1930 gegründet; benannt nach dem benachbarten, verlassenen, ehemaligen arabischen Dorf Ni'ana, neben dem sich ein Ausgrabungshügel befindet, wo vermutlich das biblische **Na'ama** im Gebiet des Stammes Jehuda (Juda) (Jos 15,41) stand und von dessen Namen sich der Name des verlassenen arabischen Dorfes herleitet.

Gan Shelomo

*(**גן שלמה**) (F 16) - Küstenebene; 1927 gegründet; heißt **„Garten Schelomos (Salomos)“**; benannt nach **Shelomo** Schiller; **Schelomo (Salomo)** ist der 3.König Israels (z.B. 1.Kön 2,12) (965-926 v.Chr.).*

Kefar Bilu

(**כפר בילו**) (F 16) - Küstenebene; 1933 gegründet; heißt **„Dorf Bilu“.** Der Name wurde zum 50. Jahrestag der zionistisch-religiösen **Bilu**-Bewegung gewählt (deren 1. Ortsgründung: Gedera 1884 (s.o. E 17)). Deren Name **Bilu** entsteht durch die hebräischen Anfangsbuchstaben aus Jes 2,5: **B**eit-**I**a'akov **L**echu **U**nelcha („Ihr, Haus Ja'aqov (Jakob), geht und lasst uns gehen!“); (siehe auch oben G 14: Kefar HaYovel (im heutigen Ort Ma'as), gegründet zum 50. Jahrestag der Bilu-Bewegung und unten D 21: Moschav Talme Bilu, gegründet zum 70. Jahrestag).

Petahya

(**פתחיה**) (F 16) - Schefela; 1951 gegründet; benannt nach dem Namen einer Priesterfamilie, die eine Dienstgruppe am Tempel bildete (1.Chr 24,16) und deren Name bedeutet **„Yah(we) (Der Herr) schließt auf“.**

Yaziz (יציץ) (F 16) - Schefela; 1950 gegründet; heißt **„es wird blühen“** und benannt nach Jes 27,6: „In kommenden Zeiten wird Ja’aqov (Jakob) Wurzeln schlagen und Israel **wird blühen** ... und die Erde mit Früchten erfüllen.“ Eine Verheißung, die sich auch heute durch den Früchteexport Israels in alle Welt erfüllt. (Siehe auch den nahegelegenen Moschav Yashresh (auch F 16), der nach einem anderen Wort aus Jes 27,6 benannt wurde.)

Qiryat ‘Eqron (קרית עקרון) (F 16) - Küstenebene; 1948 wiedergegründet; heißt **„Stadt Eqron“;** benannt nach dem biblischen **Eqron** (Ekron), eine der 5 Philisterstädte (1.Sam 6,17, siehe auch Revadim (F 17, hier befand sich das biblische Eqron), Ashdod (D 17), Ashqelon (C 18), Gat (Qiryat Gat, E 19 und Gat, F 19) und Asa (Gaza (‘Azza), B 20 und Kefar ‘Azza, C 21)). In Zeph 2,4 ist die heute sichtbare Zerstörung von Eqron vorhergesagt.

Ganne Yohanan (גני יוחנן) *(F 16) - Küstenebene; 1950 gegründet; heißt* ***„Gärten von Jochanan“;*** *benannt nach Johann* ***(Yochanan)*** *Krementzky.* ***„Yochanan“*** *(Johannes) heißt* **„Yah(we) (Der Herr) ist gnädig gewesen“;** *in der Bibel neben anderen der Name eines Hohenpriesters (Neh 12,22).*

Pedaya (פדיה) (F 16) - Schefela; 1951 gegründet; benannt nach dem Großvater mütterlicherseits von König Jehojaqim (König von 608 bis 598 v. Chr. - kurz vor der 1. Verbannung nach Babylon) (2.Kön 23,36). Der Name heißt übersetzt **„Yah(we) (Der Herr) hat befreit“.**

Ahisamakh (אחיסמך) (G 16) - Großraum Tel Aviv; 1950 gegründet; benannt nach dem Mitarbeiter von Bezal’el und Kunsthandwerker für die Stiftshütte, der zum Stamm Dan gehörte (2.Mose 31,6), dessen erstes Siedlungsgebiet sich hier befand.

Kefar Daniyyel (**כפר דניאל**) *(G 16) - nördliche Schefela; 1949 gegründet; von ehemaligen Soldaten der Machal (Mitnadvim chuz la-Arez: Freiwillige aus dem Ausland), die als Ausländer in Israels Unabhängigkeitskrieg 1948/49 gekämpft hatten; benannt nach* ***Daniel*** *Frisch.* ***„Daniel"*** *heißt* ***„Gott ist mein Richter"****. Ein eigenes biblisches Buch berichtet von ihm als Weisem und Propheten (Dan 1,6).*

Gimzo (**גמזו**) (G 16) - nördliche Schefela; 1950 wiedergegründet; benannt nach dem biblischen **Gimso** (Gimzo) (2.Chr 28,18), das sich vermutlich auf dem angrenzenden Ausgrabungshügel befand.

Kefar Shemu'el (**כפר שמואל**) *(G 16) - nördliche Schefela; 1950 gegründet; benannt nach Stephen* ***Samuel (Schemu'el)*** *Wise. Schemu'el (Samuel) war Prophet und Richter in Israel, der später Scha'ul (Saul) (1.Sam 10,1) und David (1.Sam 16,13) zum König salbte. Er wurde seiner Mutter Channa (Hanna) als Gebetserhörung geschenkt (1.Sam 1,20: Deshalb gab sie ihrem Sohn diesen Namen:* ***„Schemu'el (Samuel)"*** *kann bedeuten* ***„Es (mein Gebet) wird erhört von Gott"*** *Von der Buchstabenfolge legt sich aber auch die Bedeutung* ***„Sein Name ist Gott"*** *oder* ***„Name (d.h. Manifestation/Gegenwart) Gottes"*** *nahe.).*

'Azarya (**עזריה**) (G 16) - nördliche Schefela; 1949 gegründet. Der Ortsname heißt übersetzt **„Yah(we) (Der Herr) hat geholfen"** und bezeichnet in der Bibel verschiedene Personen, unter anderem auch einen König in Jehuda (Juda)

(2.Kön 15,1; 787-736 v.Chr.). Vor allem wurde der Ortsname von seinen Bewohnern gewählt, weil die Buchstaben des Ortsnamens Asarja ('Azarya) auch die hebräischen Anfangsbuchstaben des Satzes sind: „Einwanderer (Olei) Sachos (Ort in Kurdistan, aus dem die Gründer dieses Moschav stammten) sahen (ra'u) die Erlösung (jeshua-t) Gottes (HaShem)", auf Hebräisch: **„עולי זכאו ראו ישועת השם"**

Gezer (**גזר**) (G 16) - nördliche Schefela; 1945 wiedergegründet; benannt nach dem biblischen **Geser (Gezer)** auf dem benachbarten Ausgrabungshügel, einer Levitenstadt im Gebiet des Stammes Efraim (Jos 21,21), von Schelomo (Salomo) neu befestigt (1.Kön 9,17).

Mishmar 'Ayyalon (**משמר אילון**) (G 16) - nördliche Schefela; 1949 gegründet; heißt **„die Wache des (am) Ajalon(tal)"** und benannt nach dem in Jos 10,12 genannten Ort, wo Jehoschua (Josua) von Gott für die Zeit des Kampfes gegen die Amoriter einen Zeitstillstand erbat und erhielt: „Sonne, steh still zu Gibeon und Mond, im Tal **Ajalon".**

Sha'alvim (**שעלבים**) (G 16) - Ayalonebene; 1951 wiedergegründet; benannt nach dem biblischen Ort, der sich auf dem angrenzenden Ausgrabungshügel befand: Jos 19,42 (im ersten Wohngebiet des Stammes Dan); 1.Kön 4,9 (zusammen mit Bet Shemesh (G 18) erwähnt).

Bet 'Uzi'el (**בית עוזיאל**) *(G 16) - nördliche Schefela; 1956 gegründet; heißt **„Haus 'Uzi'el"**, benannt nach Rabbi Ben-Zion Meir Hai **'Uzi'el**, einem israelischen sephardischen Oberrabiner; der Name **„'Usi'el (Uzi'el)"** bedeutet **„Meine Stärke ist Gott"** (der Name **„'Usi'el"** wird z.B. auch in*

2.Mose 6,18 (ein Onkel von Mosche (Mose) und Aharon (Aaron)) erwähnt).

Kefar Bin Nun (**כפר בן נון**) (G 16) - nördliche Schefela; 1952 gegründet; heißt **„Dorf Bin Nun“** benannt nach dem Beinamen Jehoschuas (Josuas) **„Bin Nun“ (Sohn des Nun)** (z.B. Jos 1,1), der hier im Ajalontal kämpfte und siegte (Jos 10,12).

Mattityahu *(**מתתיהו**) (H 16) - Nordspitze der Schefela; 1981 gegründet; benannt nach **Mattitjahu**, dem Hasmonäer, der im nahegelegenen Modi'im Priester war und der 167 v.Chr. den Aufstand gegen die Seleukidenherrscher und den von ihnen erzwungenen Götzendienst begann; der Name heißt **„Gabe Yahw(es) (des Herrn)“** (Name auch z.B. in 1.Chr 15,18 erwähnt).*

Beit 'Ur et Tahta (**בית עור א-תחתא**) (H 16) - südlichstes Schomron (Samaria); arabisches Dorf; das **untere Bet Choron** (Bet Horon) der Bibel, das im Gebiet des Stammes Efraim lag (1.Chr7,24). Auf der **Steige von Bet Choron** (Jos 10,10) (auch heute wichtige Straße von Jerusalem nach Westen) jagten die Israeliten unter Jehoschua (Josua) nach dem Sieg bei Giv'on (Gibeon) den Amoritern in Richtung Ajalon hinterher. Der Ort wurde von Schelomo (Salomo) zusammen mit dem oberen Ort ausgebaut (2.Chr8,5). (s.u. das obere Bet Horon (Beit 'Ur el Fauqa, J 16) und die neuen jüdischen Orte Bet Horon (J 16) und Mevo Horon (H 17))

Beit Sira *(**בית סירא**) (H 16) - südlichstes Schomron (Samaria); arabisches Dorf; vielleicht Ort der biblischen Stadt **Usen (Uzen) Sche'era** (**אזן שארה**) im Gebiet des Stammes Efraim (1.Chr7,24).*

Talmon (טלמון) (J 16; nicht auf Standardkarte, genauere Koordinaten: 163:150) - südlichstes Schomron (Samaria); 1989 gegründet; benannt nach einer Familie, die aus der babylonischen Gefangenschaft zurückgekehrt war und das Amt der Torhüter im Tempel hatte (z.B. Neh 7,45).

'Ein 'Arik *(עין עריך) (J 16) - südlichstes Schomron (Samaria); arabisches Dorf; vielleicht der Ort des Landbesitzes der **Arkiter,** der sich an der Südgrenze des Stammes Efraim befand (Jos 16,2).*

Ramallah (רמאלה) (J 16) - an der Grenze zwischen Judäa und Schomron (Samaria) (Gebirge Efraim); arabische Stadt; sehr wahrscheinlich Ort des biblischen **Rama (Ramathaim-zophim)** am Gebirge Efraim, wo der Prophet Schemu'el (Samuel) geboren wurde (1.Sam 1,1+19), wo er als Richter wohnte (1.Sam 7,17) und begraben wurde (1.Sam 25,1). (Nach diesem Ortsnamen wurde ein 1925 gegründeter Moschav „Ramathaim" (רמת"ים) genannt, der heute Teil von Hod HaScharon (G 13) ist.) (Nach einer anderen, unwahrscheinlichen Theorie ist nicht Ramallah, sondern das arabische Dorf Nabi Samwil (J 17) dieses Rama Schemu'els.) (Siehe auch Rama im Stammesgebiet Binjamin (Benjamin) (heute (E) Ram, K 16) und das Rama im Stammesgebiet Naftali (L 4)) Neben den auf das alte Rama hindeutenden Funden in Ramallah gibt es noch einen weiteren Ausgrabungshügel (Ras et Tahuna) im Stadtgebiet, der vermutlich die Stelle eines weiteren biblischen Ortes ist, nämlich von **Zemaraim** (Jos 18,22).

Beit 'Ur el Fauqa (בית עור אל-פוקא) (J 16) - südlichstes Schomron (Samaria); arabisches Dorf; das **obere Bet Choron** (Bet Horon) der Bibel,

Südgrenze des Stammes Efraim (Jos 16,5). Auf der **Steige von Bet Choron** (Jos 10,10) (auch heute wichtige Straße von Jerusalem nach Westen) jagten die Israeliten unter Jehoschua (Josua) nach dem Sieg bei Gibeon den Amoritern in Richtung Ajalon hinterher. Von Schelomo (Salomo) zusammen mit dem unteren Ort ausgebaut (2.Chr 8,5). (Siehe oben das untere Bet Horon (Beit 'Ur et Tahta, H 16) und die neuen jüdische Orte Bet Horon (J 16) und Mevo Horon (H 17))

Bet Horon — (**בית חורון**) (J 16) - nördlichstes Judäa; 1977 gegründet; benannt nach dem biblischem **Bet Choron** (Bet Horon) (Jos 10,10; 2.Chr 8,5), das in der Nähe lag (das obere und das untere Bet Choron; heute die arabischen Orte Beit 'Ur et Tahta (H 16) und Beit 'Ur el Fauqa (auch J 16); die Erklärung der Bibelstellen siehe dort.). (Siehe auch den jüdischen Moschav Mevo Horon (H 17))

Rafat — *(**רפת**) (J 16) - nordwestlich von Jerusalem; arabisches Dorf; vielleicht Ort des biblischen **Jirpe'el** (**ירפאל**) im Stammesgebiet Binjamin (Benjamin) (Jos 18,27).*

Judeira — *(**ג׳דירה**) (J 16) - nordwestlich von Jerusalem; arabisches Dorf, vielleicht Ort des biblischen **Gederah** (**גדרה**), des Herkunftsortes eines Mitkämpfers Davids (1.Chr. 12,5).*

Bet El — (**בית אל**) (K 16) - südlichstes Schomron (Samaria); 1977 wiedergegründet; heißt **„Haus Gottes"** benannt nach dem biblischen **Bet El,** wo Ja'aqov (Jakob) auf seiner Flucht vor Eßaw (Esau) übernachtete und die Engel auf der Himmelsleiter sah (1.Mose 28,19). Das biblische Bet El befand sich im nahegelegenen heutigen **Beitin** (auch K 16; siehe dort weitere

Bibelstellen). (Siehe auch das später gegründete Bet El (B) (K 15).)(Siehe auch das Foto auf dem Buchdeckel.)

Beitin (**ביתין**) (K 16) - südlichstes Schomron (Samaria); arabisches Dorf; höchstwahrscheinlich ist eine im Dorf gelegene Ausgrabung das biblische **Bet El (בית-אל; heißt „Haus Gottes"),** wo Ja'aqov (Jakob) auf seiner Flucht vor Eßaw (Esau) übernachtete und die Engel auf der Himmelsleiter sah (1.Mose 28,19), wo er später einen Altar errichtete (1.Mose 35,7) und wo in der Zeit des Nordkönigreiches Israel das Götzenbild des Stieres stand (1.Kön 12,28-29). (Siehe auch die wiedergegründeten Siedlungen Bet El (auch K 16) und Bet El (B) (K 15))

*Rammun (**רמון**) (K 16) - südlichstes Schomron (Samaria); arabisches Dorf; vielleicht Ort des Felsen von **Rimmon** (Ri 20,45-47), zu dem die Binjaminiter (Benjaminiter) während des Strafgerichtes flohen, das aufgrund sexueller Verfehlungen im nahegelegenen Gibea gegen sie verhängt wurde.*

Deir Dibwan (**דיר דבון**) (K 16) - südlichstes Schomron (Samaria); arabisches Dorf; nördlich vom Ort vermutlich das biblische **Ai** (**עי**) (Et Tell), die zweite (nach Jericho) vom Volk Israel unter Jehoschua (Josua) eroberte Stadt (Jos 7,2).

*(El) Bira (**ביר**ה (**אל**)) (K 16) - nördlichstes Judäa; arabische Stadt; vielleicht Ort der biblischen Stadt Be'eroth (**בארות**) im Gebiet des Stammes Binjamin (Benjamin) (Jos 18,25).*

Ma'ale Mikhmash (**מעלה מכמש**) (K 16) - nördliches Judäa; 1981 gegründet; heißt **„Steige nach**

Michmasch“, benannt nach dem biblischen **Michmasch** (befindet sich im nahegelegenen arabischen Dorf Mukhmas (auch K16), siehe dort die genauere Erklärung der Bibelstellen: Jes 10,28; Esra 2,27).

Kokhav Ya'aqov (**כוכב יעקב**) (K 16; nicht auf Standardkarte, genauere Koordinaten: 172:143) - nordöstlich von Jerusalem; 1985 gegründet; heißt **„Stern Ja'aqovs (Jakobs)“.** Diese Worte finden sich in 4.Mose 24,17, wo eine machtvolle Zeit für Israel verheißen wird: „Es wird ein **Stern aus Ja'aqov (Jakob)** aufgehen.“ Außerdem wurde der Ort zu Ehren von Rabbi Ja'aqov Abu Chazeira so genannt.

Mukhmas (**מח'מס**) (K 16) - nördliches Judäa; arabisches Dorf; vermutlich das biblische **Michmasch** im Gebiet des Stammes Binjamin (Benjamin), wo die Assyrer auf ihrem Feldzug gegen Jerusalem einen Halt einlegten. (Jes 10,28). Es wurde nach dem babylonischen Exil wiederbesiedelt (Esra 2,27). (Der wiedergegründete Ort Ma'ale Mikhmash (Michmasch) (s.o. auch K 16) wurde nach dem biblischen Michmasch benannt.)

(E) Ram *(**רם (א)**) (K 16) - nordöstlich von Jerusalem; arabisches Dorf; vielleicht biblisches **Rama** im Gebiet des Stammes Binjamin (Benjamin) (Jos 18,25). Es wurde nach der babylonischen Gefangenschaft neubesiedelt (Esra 2,26; Neh 11,33). (Siehe auch das Rama Schemu'els (Samuels) am Gebirge Efraim (heute Ramallah, J 16) und Rama im Stammesgebiet Naftali (L 4).)*

No'omi (**נעמי**) (M 16) - südliches Jordantal; 1982 gegründet; benannt nach der Schwiegermutter von Ruth (Ruth 1,2), die nach dem Tod ihres Mannes und ihrer Söhne wieder in ihre Heimatstadt

Bethlechem nach Israel zurückwanderte, wobei ihre moabitische Schwiegertochter sie freiwillig begleitete und den Glauben an den Gott Israels annahm (Ruth 1,16).

Nahal Elisha' (**נח"ל אלישע**) (M 16) - südliches Jordantal; 1982 gegründet; heißt **„Nachalsiedlung Elischa'"** (Erklärung zu „Nachal" s.o. Nahal Ginnat (K 10)), benannt nach dem **Propheten Elischa',** der der Nachfolger des Propheten Eliajahu (Elia) war, im nahegelegenen Jericho wohnte und dort in der Kraft Gottes die Quelle reinigte (2.Kön 2,18-22). **„Elischa'"** heißt übersetzt **„Mein Gott ist Rettung".**

Jericho (Yeriho) (**יריחו**) (M 16) - südliches Jordantal; arabische Stadt; die erste von den Israeliten unter Jehoschua (Josua) eroberte Stadt beim Betreten des Landes Israel nach dem 40jährigen Wüstenzug - durch das von Gott geschenkte Posaunenwunder (Jos 6,2). Hier heilte Jeschua (Jesus) den blinden Bettler Bartimäus (Mk 10,46), und hier bekehrte sich auch der Zöllner Zachäus (Lk 19,1) (siehe auch unten Mizpe Yeriho, L 17 und Wered Yeriho, M 17).

Ashdod (**אשדוד**) (D 17) - südliche Küstenebene; 1957 wiedergegründet; bestand zu biblischen Zeiten am südlichen Rand der heutigen Stadt: 1.Sam 5,1-7; eine der 5 Philisterstädte (1.Sam 6,17; Ashqelon (C 18), Eqron (Revadim, F 17; Qiryat 'Eqron, F 16), Gat (Qiryat Gat, E 19 und Gat, F 19) und Asa (Gaza ('Azza), B 20 und Kefar 'Azza, C 21)); auch im Neuen Testament erwähnt (Apg 8,40).

Benaya (**בניה**) (E 17) - südliche Küstenebene; 1949 gegründet; benannt nach einem Mitglied des Stammes Schim'on (Simeon) (1.Chr 4,36; siehe auch 1.Chr 11,22), dessen Siedlungsgebiet sich etwas weiter südöstlich befand.

Kefar Aviv (**כפר אביב**) (E 17) - südliche Küstenebene; 1951 gegründet; heißt „**Dorf des Monats Aviv**" (dieser Monat heißt im heutigen jüdischen Kalender „Nisan"(März/April)); die Gründer, jüdische Einwanderer aus Ägypten, nannten den Ort nach 2.Mose 34,18: „denn im **Monat Aviv** bist aus Ägypten gezogen."

Kefar Mordekhay (**כפר מרדכי**) *(E 17) - südliche Küstenebene; 1950 gegründet; benannt nach* ***Mordekhay*** *Eliash.* ***Mordechai (Mordekhay)*** *ist der Onkel 2. Grades und Pflegevater Esthers (z.B. Esth 2,5).*

Gedera (**גדרה**) (E 17) - Schefela; 1884 wiedergegründet von religiösen Bilu-Zionisten (benannt nach den hebräischen Anfangsbuchstaben aus Jes 2,5: **B**eit-**I**a'akov **L**echu **U**nelcha („Ihr, Haus Ja'aqov (Jakob), geht und lasst uns gehen (im Licht des Herrn)!"; siehe auch oben G 14: Kefar HaYovel (im heutigen Ort Ma'as) und F 16: Kefar Bilu und unten D 21: Moschav Talme Bilu), denen besonders die Einhaltung des Sabbattages und Sabbatjahres wichtig war. **Gedera** wurde nach einer biblischen Stadt im Stammesgebiet Jehuda (Juda) (Jos 15,36) benannt, die sich wahrscheinlich auf dem Ausgrabungshügel (Tel Qatra) innerhalb des modernen Ortes befand.

Stadtteil:

Uri'el (**אוריאל**) ((E 17) nicht auf Karte eingezeichnet, siehe Gedera) - Schefela; 1949 gegründet als Blindensiedlung und Stadtteil im Süden von Gedera; bedeutet **„Mein Licht ist Gott.";** in der jürdischen Tradition auch Name eines Engels.

Kerem Yavne (כרם יבנה) (E 17) - südliche Küstenebene; jüdische Bibelschule, 1954 gegründet; heißt **„Weinberg von Javne“,** benannt nach der biblischen Stadt **Javne (Yavne)** (2.Chr 26,6) (siehe hier in E 17 die auch nach dem biblischen Javne benannte jüdische Siedlung Qevuzat Yavne und die neue Stadt Gan Yavne). Das biblische Javne selbst befand sich am Ort der **heutigen Stadt Javne** (E 16, siehe dort die Erklärung der Bibelstelle Jos 15,11).

Qevuzat Yavne (קבוצת יבנה) (E 17) - südliche Küstenebene; 1929 gegründet; seit 1941 an diesem Ort; heißt **„die Gemeinschaft von Javne“,** benannt nach der biblischen Stadt **Javne (Yavne)** (2.Chr 26,6) (siehe hier in E 17 die auch nach dem biblischen Javne benannte jüdische Bibelschule Kerem Yavne und die neue Stadt Gan Yavne). Das biblische Javne selbst befand sich am Ort der **heutigen Stadt Javne** (E 16, siehe dort die Erklärung der Bibelstelle Jos 15,11).

Newe Mivtah (נוה מבטח) (E 17) - südliche Küstenebene; 1950 gegründet; heißt **„Wohnstätte der Zuversicht“** und benannt nach Ps 65,6: „Gott unseres Heils, **Zuversicht** aller Enden der Erde.“

Kannot (כנות) (E 17) - südliche Küstenebene; 1952 gegründet; Landwirtschaftsschule; der Ortsname heißt **„Setzlinge“** und benannt nach einem Wort, das nur im Althebräischen vorkommt und dort nur einmal im Alten Testament auftritt: Ps 80,16: Gott, kümmere dich doch „auch um den **Setzling**, den deine rechte Hand gepflanzt hat.“

Kefar Eliyyahu (כפר אליהו) (E 17) - Schefela; 1951 gegründet; benannt nach Dr. ***Eliyyahu*** *Jung;* ***„Elijahu (Elia)“*** *bedeutet* ***„Mein Gott ist***

__Yah(we) (der Herr)__"; __Elijahu__ kämpfte als Prophet (1.Kön 17,1) zur Zeit König Achavs (Ahabs) gegen den Baalskult.

Bizaron (**בצרון**) (E 17) - südliche Küstenebene; 1935 gegründet; heißt **„befestigter Platz, Festung"** und benannt nach der messianischen Verheißung in Sach 9,12: „Kehrt heim zur **Festung**, ihr Gefangenen der Hoffnung!" : (siehe auch den Stadtteil Bizaron (E 7) in Tel Aviv (E 14))

Gan Yavne (**גן יבנה**) (E 17) - südliche Küstenebene; 1932 gegründet; heißt **„Garten von Javne"**, benannt nach der biblischen Stadt **Javne (Yavne)** (2.Chr 26,6). (siehe hier in E 17 die auch nach dem biblischen Javne benannte jüdische Bibelschule Kerem Yavne und neue Siedlung Qevuzat Yavne). Das biblische Javne selbst befand sich am Ort der **heutigen Stadt Javne** (E 16, siehe dort die Erklärung der Bibelstelle Jos 15,11).

Shetulim (**שתולים**) (E 17) - südliche Küstenebene; 1950 gegründet; heißt **„die Gepflanzten"**, benannt nach Ps 92,14: **„Die Gepflanzten** im Hause des Herrn werden in den Vorhöfen unseres Gottes blühen."

Hazor Ashdod (**חצור אשדוד**) (E 17) - südliche Küstenebene; 1937 wiedergegründet; benannt nach dem biblischen **Chazor (Hazor)** im Gebiet des Stammes Jehuda (Juda) (Jos 15,23). (Siehe auch das in Erinnerung an Chazor im Stammesgebiet Naftali wiedergegründete Hazor HaGelilit (N 4).)

Bet El'azari (__בית אלעזר__) (F 17) - Küstenebene; 1948 gegründet; heißt __„Haus El'asaris"__; benannt nach Yizhaq __El'azari__-Volcani; __„El'asar"__

*(El'azar) bedeutet **„Gott hat geholfen"** und ist in der Bibel z.B. ein Sohn Aharons (Aarons) (2.Mose 6,23) und der Bruder Mirjams (Marias) und Marthas, dessen Name im Griechisch-Lateinischen „Lazarus" (Joh 11,1) heißt.*

Na<u>h</u>al Soreq (**נחל שורק**) (F 17) - Schefela; heißt **„Soreqtal";** Bahnstation, 1914 im 1. Weltkrieg von den Türken aus militärischen Gründen errichtet; liegt auf der Strecke „Jerusalem - Tel Aviv" im gleichnamigen Soreqtal; Ort, wo sich Schimschon (Simson) in Delila verliebte (Richter 16,4). (s.o. Gan Soreq (E 15))

Yad Binyamin (**יד בנימין** *) (F 17) - Schefela; 1962 gegründet; religiöses Schulzentrum; heißt **„Gedenken an Binjamin (Benjamin)"**; benannt nach Rabbi **Benjamin** Minz; **Binjamin (Benjamin)** ist der jüngere Sohn von Ja'aqov (Jakob) und Rachel (1.Mose 35,18) und der Ahnherr einer der 12 Stämme Israels (1.Mose 49,27).*

Bet <u>H</u>ilqiyya (**בית חלקיה**) (F 17) - Schefela; 1953 gegründet; heißt **„Haus <u>H</u>ilqiyyas"**, benannt nach **Chilqija**, dem Vater des Propheten Jirmejahu (Jeremia) (Jer 1,1).

Revadim (**רבדים**) (F 17) - Schefela; 1948 gegründet; Kibbuz neben den ausgegrabenen Ruinen von **Eqron**, das eine der 5 Philisterstädte war (1.Sam 6,17; siehe auch Qiryat 'Eqron (F 16), Ashdod (D 17), Ashqelon (C 18), Gat (Qiryat Gat, E 19 und Gat, F 19) und Asa (Gaza ('Azza), B 20 und Kefar 'Azza, C 21)). In Zef 2,4 ist die heute sichtbare Zerstörung von Eqron vorhergesagt.

Karme Yosef (**כרמי יוסף**) *(G 17) - Schefela; 1984 gegründet; heißt **„Weinberge Joßefs (Josefs)";***

*benannt nach **Yosef** Sappir; **Joßef (Josef)** bedeutet **„Yah(we) (der Herr) fügt hinzu, vermehrt“;** 1. Sohn von Ja’aqov (Jakob) und Rachel (1.Mose 30,24), der später in Ägypten zur Rettung des Volkes Israel beitrug.*

Na<u>h</u>shon (**נחשון**) (G 17) - Schefela; 1950 gegründet; benannt nach der militärischen Operation zur Durchbrechung der Belagerung Jerusalems im Unabhängigkeitskrieg 1948, die wiederum direkt nach **Nachschon** benannt wurde, dem Heeresführer des Stammes Jehuda (Juda), der dem Mose auf der Wüstenwanderung an die Seite gestellt wurde (4.Mose 10,14). Gleichzeitig ist **Nachschon** einer der Vorfahren im Stammbaum von Jeschua (Jesus) (Mt 1,4).

*Mishmar Dawid (**משמר דוד**) (G 17) - Schefela; 1949 gegründet; heißt **„die Wache Davids“;** benannt nach **David** Marcus, der ein berühmter Machal-Kämpfer (freiwillige Soldaten aus dem Ausland, die die kleine israelische Armee unterstützten) im Unabhängigkeitskrieg war. **„David“** war der 2. König Israels (2.Sam 5,3).*

Newe Shalom/Wahad as-Salam (**נוה שלם**) (G 17) – Schefela; 1969 gegründet; heißt **„Wohnstätte des Friedens“** und benannt nach Jes 32,18; besonderes Projekt eines gemischten jüdisch-arabischen Dorfs (siehe auch den alten Stadtteil Newe Shalom (C 8) in Tel Aviv (E 14)).

Gizo (**גיזו**) (G 17) – Schefela; 1960 gegründet; benannt nach einem biblischen Ort (1.Chr 11,34).

Har’el (**הראל**) (G 17)- Schefela; 1948 gegründet; heißt **„Berg Gottes“;** benannt nach der **Har’el-Brigade,** deren Kampfgebiet oft hier in den

Bergen um Jerusalem lag. Der **Berg Gottes** ist nach der Bibel der Berg Zion in Jerusalem (Jes 2,3; Mi 4,2).

Ta'oz

(**תעוז**) (G 17) - Schefela; 1950 gegründet; heißt: **„Sie** (Gottes Hand) **wird stark sein."** (Ps 89,14)

Kefar Uriyya

*(**כפר אוריה**) (G 17) - Schefela; 1949 letzte, erfolgreiche Gründung nach mehrfacher Zerstörung durch Araber; nach der benachbarten Ruine mit dem Namen „Kafrurieh" benannt und umgeformt zu einem Namen, der auch in der Bibel zu finden ist (z.B. Mann der Bathscheva (Bathseba): 2.Sam 11,3). **„Uriyya"** bedeutet **„Mein Licht ist Yah(we) (der Herr)."***

Tarum

(**תרום**)(G 17) - Schefela; 1950 gegründet; heißt: **„Sie** (Gottes rechte Hand) **wird hoch erhoben sein."** (Ps 89,14)

Zor'a

(**צרעה**) (G 17) - Schefela; 1948 wiedergegründet; benannt nach einem biblischen Ort im Gebiet des Stammes Dan (Jos 19,41), wo der Richter Schimschon (Simson) geboren wurde (Ri 13,2), aufwuchs und von Gottes Geist erfüllt wurde (Ri 13,25) (siehe auch Eshta'ol (H 17)) und der sich auf dem Ausgrabungshügel 2 km nordöstlich vom modernen Ort befand.

Mevo Horon

(**מבוא חורון**) (H 17) - nördliches Judäa; 1970 gegründet; seit 1974 an der gegenwärtigen Stelle; heißt **„Zugang nach Choron",** weil die Straße hier zum nahegelegenen biblischen **Bet Choron (Bet Horon)** (Jos 10,10, 2.Chr 8,5) führt (das obere und das untere Bet Choron; heute die arabischen Orte Beit 'Ur et Tahta (H 16) und Beit 'Ur el Fauqa (J 16); die Erklärung der Bibelstellen siehe dort.) (Siehe oben die auch nach dem biblischen **Bet Choron** benannte jüdische Siedlung Bet Horon (J 16)).

Nataf (**נטף**) (H 17) - nördliches Judäa; 1982 gegründet; heißt **„wohlriechendes Harz, Balsam“,** benannt nach 2.Mose 30,34, wo dieses und andere Zutaten aufgezählt werden, die zu Räucherwerk gemischt werden sollen - in der Stiftshütte vor der Bundeslade.

Qiryat Ye'arim (**קרית יערים**) (H 17) - nördliches Judäa; 1952 wiedergegründet; heißt **„Stadt der Wälder“;** Jugenddorf und pädagogisches Institut; nach einem in der Nähe gelegenen biblischen Ort benannt: Jos 18,14-15 (gehört schon zu Jehuda (Juda), an der Grenze zum Stamm Binjamin (Benjamin)). Die Bundeslade wird aus dem Philistergebiet wieder hierhergebracht (1.Sam 6,21-7,2) und bleibt dort 20 Jahre. Dann holt sie David von hier (1.Chr 13,5-14 (vgl. 2.Sam 6,1-16)).

Mesillat Ziyyon (**מסלת-ציון**) (H 17) - nördliches Judäa; 1950 gegründet. Der Name fasst die Botschaft von Jes 62 zusammen: **„Mesilla(t)“** bedeutet **„gebahnter Weg“** (Jes 62,10). In Jes 62,1 und 62,11 wird **Zion** erwähnt, zu deren Rettung ein gebahnter Weg errichtet wird.

Shoresh (**שרש**) (H 17) - nördliches Judäa; 1948 gegründet; benannt nach einer Stadt im Gebiet des Stammes Jehuda (Juda), die allerdings nur in der griechischen Bibelübersetzung „Septuaginta“ ergänzt ist (Jos 15,59). Der Name erinnert auch noch an den ähnlich klingenden Namen „Saris“ eines verlassenen benachbarten arabischen Dorfes.

Giv'at Ye'arim (**גבעת יערים**) (H 17) - nördliches Judäa; 1950 gegründet; heißt **„Hügel der Wälder“,** benannt nach dem hier oder in der Nähe gelegenen Ort **Giv’at Qiryat Ye’arim** („Hügel der Stadt der Wälder“) (Jos 18,28), vielleicht auch der Ort des **Hügels,** auf dem die Leute von Qiryat Ye’arim die Bundeslade aufstellten (1.Sam 7,1).

Eshta’ol — (**אשתאול**) (H 17) - nördliches Judäa; 1949 wiedergegründet; benannt nach einer biblischen Stadt im 1. Gebiet des Stammes Dan (Jos 19,41), die sich hier befand und wo der Richter Schimschon (Simson) von Gottes Geist erfüllt wurde (Ri 13,25). (siehe auch Zor’a (G 17))

Etanim — (**איתנים**) (H 17) - nördliches Judäa; 1952 gegründet; Wald-Krankenhaus; heißt **„die festen“,** benannt nach Mi 6,2: „Höret, ihr Berge, die Anklage des Herrn, ihr Berge und ihr **feste** Fundamente der Erde!“

Kesalon — (**כסלון**) (H 17) - nördliches Judäa; 1952 wiedergegründet; benannt nach der in der Nachbarschaft gelegenen biblischen Stadt an der Grenze der Stämme Jehuda (Juda) und Binjamin (Benjamin) (Jos 15,10).

Naham — (**נחם**) (H 17) - nördliches Judäa; 1950 gegründet; benannt nach einem Verwandten des Stammes Jehuda (Juda) (1.Chr 4,19).

Giv’on Hadasha — (**גבעון חדשה**) (J 17) - nordwestlich von Jerusalem; 1895-1905: 1. Gründung; 1924-1929: 2. Gründung; 1980 3., endgültige Gründung; heißt **„neues Giv’on (Gibeon)“** und benannt nach dem benachbarten biblischen **Giv’on (Gibeon)** (Jos 10,10+12, heute arabisches Dorf Jib (s.u. auch J 17)).

(El) Jib — (**ג'יב (אל)**) (J 17) - nordwestlich von Jerusalem; arabisches Dorf; Ort des biblischen **Giv’on**

(Gibeon), wo Jehoschua (Josua) die Amoriter besiegte (Jos 10,10) und von Gott für die Zeit des Kampfes einen Zeitstillstand erbat und erhielt: „Sonne, steh still zu **Giv'on (Gibeon)".** (Jos 10,12) (Danach wurde die neue Siedlung „Giv'on Chadascha" benannt (auch J 17).)

(E) Nabi Samwil (**נבי צמויל** (**א**)) (J 17) - nordwestlich von Jerusalem; arabisches Dorf; heißt **„Prophet Samuel (Schemu'el)";** vermutlich Ort des biblischen **Mizpe/Mizpa** im Gebiet des Stammes Binjamin (Benjamin) (Jos 18,26), wo Schemu'el (Samuel) vor dem Volk Scha'ul (Saul) zum 1. König Israels ausrief (1.Sam 10,17). Nach einer anderen Theorie ist es das Rama Schemu'els, das sich aber eher in Ramallah befand (J 16).

Har Adar (**הר אדר**) (J 17) - nördliches Judäa; 1986 gegründet; heißt **„Berg von Adar"** und benannt nach Jos 18,13, wo die Nordgrenze des Stammes Binjamin (Benjamin) bei einem **Berg** in der Nähe von **„'Atarot Adar"** entlangläuft: „Und die Grenze stieg hinab nach **'Atarot Adar** bei dem **Berg".** (Das biblische 'Atarot (Jos 16,2) befindet sich vielleicht am Ort des heutigen arabischen Dorfes 'Atara (J 15).)

Mevasseret Ziyyon (**מבשרת-ציון**) (J 17) - westlich von Jerusalem; **Mevaßeret Zion (Mevasseret Ziyyon)** wurde 1964 durch den Zusammenschluss von 2 Orten gebildet: **Ma'os Zion (Ma'oz Ziyyon),** 1951 gegründet, und **Mevaßeret Jeruschalajim (Mevasseret Yerushalayim),** 1956 gegründet. Die Worte **„Mevaßeret Zion"** und **„Mevaßeret Jeruschalajim"** stammen aus Jes 40,9 und bedeuten: **„Zion/Jerusalem - Überbringerin einer frohen Botschaft". Ma'os Zion** bedeutet **„Festung Zion",** wobei

Zion in der Bibel ein anderes Wort für Jerusalem ist (z.B. Jes 2,3c. „Denn von **Zion** wird Weisung ausgehen und das Wort des Herrn von **Jerusalem.“)** In diesem Fall erinnert der Name an die Kämpfe bei der im heutigen Gebiet von Ma'os Zion gelegenen Festung **Qastel**, die im Unabhängigkeitskrieg stattfanden. Bei diesen Kämpfen ging es darum, die für das Überleben Jerusalems wichtige Verbindungsstraße offenzuhalten. **Qastel** wiederum liegt auf dem in der Bibel erwähnten Berg **Efron** (Jos 15,9).

Moza (....'Illit) ((**עלית**...) **מוצא**) (J 17) - westlich von Jerusalem; Moza 1894, Moza 'Illit 1933 wiedergegründet; benannt nach einem Ort im Gebiet des Stammes Binjamin (Benjamin) (Jos 18,26), der sich hier in der Nähe befand.

Zova (**צובה**) (J 17) - westlich von Jerusalem; 1948 wiedergegründet; Herkunftsort eines starken Kämpfers Davids (2.Sam 23,36).

Jerusalem (**ירושלים**) (J-K 16-18) - **(hebr: Yerushalayim/Jeruschaljim)** auf dem Kamm am nördlichen Rand des judäischen Berglandes; wird in der Bibel ca. 700x erwähnt, das 1. Mal in Ri 19,10. Im Jahre 1005 v.Chr (andere Berechnung 997 v.Chr.) eroberte David Jerusalem und machte es zur Hauptstadt Israels (2.Sam 5,6-9). Ab 1967 ist wieder das ganze, vereinigte Jerusalem die Hauptstadt des modernen Staates Israel.

Stadtteile Jerusalems (Die kleingedruckte Planquadrat-Angabe richtet sich nach dem Carta-Stadtplan. In den Tabellen sind alle Stadtteile unter dem Planquadrat „K 17“ der Israelkarte geführt.):

(Stadtteile Jerusalems (J-K 16-18))

'Atarot (עטרות) (K 16; A7) - äußerster Norden Jerusalems; 1914 1. Gründungsversuch; 1922 erfolgreiche Gründung; 1948 von den Arabern erobert und zerstört; nach dem 6-Tage-Krieg 1967 wurde von den Israelis hier der neue Flughafen von Jerusalem und ein Industriegebiet aufgebaut. Der moderne Ort wurde benannt nach dem biblischen **'Atarot** an der Grenze zwischen dem Stamm Binjamin (Benjamin) und Efraim (Jos 16,2), das sich vermutlich am Ort des heutigen arabischen Dorfes 'Atara (J 15) befand. Die 1948 von diesem Ort vertriebenen Juden gründeten 1949 den neuen Moschav **Bene 'Atarot** (G 15), auch nach Jos 16,2 benannt.

*Newe Ya'aqov (נוה יעקוב) (K 17; B 9) - Norden Jerusalems; 1924 gegründet; 1948 im Unabhängigkeitskrieg von den Jordaniern erobert und vernichtet; 1972 wiedergegründet; heißt **„Wohnstätte Ja'aqovs (Jakobs)"**; benannt nach Rabbi Isaac Jacob Reines, dessen Vorname von einem der Stammväter Israels (1.Mose 25,26) abstammt.*

Shu'afat (שועפאת) (K 17; E7) - Norden Jerusalems; arabischer Stadtteil; vermutlich Ort des biblischen **Nov (Nob),** wo David und seine Mannschaft auf der Flucht vor König Scha'ul (Saul) die heiligen Schaubrote aßen (1.Sam 21,2-7; Mk 2,26), auch in Jes 10,32 erwähnt. (Manche halten dagegen den etwas weiter südlich gelegenen Stadtteil Isawiya (**עיסאוויה**) für

Nob und den Stadtteil Shu'afat für den biblischen Ort Zuf (1.Sam 9,5).)

Me Nefto'ah (**מי נפתוח**) (J 17; G 4) - Nordwesten Jerusalems; 1950 gegründet; übersetzt **„Wasser von Neftoach"**; benannt nach dem in Jos 15,9 erwähnten Ort, der sich hier in der Gegend befand.

Mahanayim (**מחנים**) (G 6) - Norden Jerusalems; 1926 gegründet; heißt übersetzt **„2 Heerlager"**; benannt nach dem Ort östlich des Jordan, an dem Ja'aqov (Jakob) vor der Wiederbegegnung mit Eßaw (Esau) Gottes Engel sieht (1.Mose 32,3); deshalb hält er den Ort für **Heerlager** Gottes. (Siehe unten den Ort gleichen Namens in Untergaliläa (N 4).)

Giv'at Sha'ul (***גבעת שאול***) *(J 17; H 4) - Westen Jerusalems; 1914 gegründet; bedeutet **„Hügel Scha'uls (Sauls)"**; benannt nach Rabbi Jacob Saul Elyashar; dessen Vorname **Saul (Scha'ul)** ist in der Bibel der Name des 1. Königs Israels (ca. 1012 - 1004 v.Chr.) (1.Sam 9 und folgende Kapitel).*

Qiryat Moshe (***קרית משה***) *(H 4) - Westen Jerusalems; 1923 gegründet; bedeutet **„Vorort von Mosche (Mose)"** und benannt nach **Moses** Montefiore, mit dem 1860 die Vorläufer der zionistischen Bewegung in Jerusalem begannen; **Mosche (Mose)** ist der in Ägypten geborenen Anführer der Israeliten bei der Wanderung aus*

Ägypten durch die Wüste Szinai (Sinai) bis zum gelobten Land Israel (2.Mose 2,10 und folgende).

Romema (**רוממה**) (H5) - Norden Jerusalems; 1921 gegründet; bedeutet **„erhöht"**; Ps 118,16: „Die Rechte des Herrn ist **erhöht"**. Stadtteil gleichen Namens auch in Haifa. (G6)

Kerem Avraham (**כרם אברהם**) (H6) - Norden Jerusalems; 1933 gegründet; heißt **„Weinberg Avrahams (Abrahams)"**; benannt nach Avraham (Abraham), dem Stammvater des jüdischen Volkes, der aus Ur am Euphrat nach Israel zog, das Gott ihm und seinen Nachkommen als dauerndes Erbe versprochen hatte (1.Mose 12; 13,15; 17,5).

Meqor Barukh (**מקר ברוך**) (H6) - Norden Jerusalems; 1924 gegründet; bedeutet **„gesegnete Quelle"**, diese Worte finden sich auch in Spr 5,18.

Bet Ya'aqov (**בית יעקוב**) (H 6) – Zentrum Jerusalems; 1877 gegründet; heißt „Haus Ja'aqovs (Jakobs)"; 70 Häuser waren bei der Gründung geplant und deshalb wurde es nach den 70 biblischen Personen des Hauses Jakob, die nach Ägypten gegangen waren, benannt (1.Mose 46,27; 2.Mose 1,5).

Mahane Yehuda (**מחנה יהודה**) (H6) - Zentrum Jerusalems; 1887 gegründet; bedeutet

„Lager Yehudas (Judas)“ und findet sich in 4.Mose 2,3+9. Daneben soll der Name auch an Jehuda Navon erinnern. (Zu **Jehuda (Juda)** s.o. Bene Yehuda (O6).)

Na<u>h</u>alat Shim'on *(**נחלת שמעון**) (H7) - Norden Jerusalems; 1891 gegründet; bedeutet **„Erbbesitz Schim'ons (Simons)“** benannt nach Shim'on HaZadiq; **Schim'on (Simon)** ist ein biblischer Name; zuerst Name eines der Söhne Ja'aqovs (Jakobs) und Leas (1.Mose 29,33); auch Name des wichtigsten Jüngers Jeshuas (Jesu) (z.B. Lk 5,10).*

Bet Yisra'el (**בית ישראל**) (H7) - Norden Jerusalems; 1887 gegründet; bedeutet **„Haus Jißraels (Israels)“; „Haus Jißrael (Israel)“** ist eine in der Bibel häufig vorkommende Bezeichnung für das Volk Israel. Es findet sich das 1. Mal in 2.Mose 16,31. **„Jißrael (Israel)“** selbst bedeutet: **„Gott wird kämpfen/siegen.“. „Jißrael (Israel)“** findet sich in der Bibel das 1. Mal als Beiname für Ja'aqov (Jakob), den Stammvater des Volkes Israel: 1.Mose 32,29;

Me'a She'arim (**מאה שערים**) (H7) - Zentrum Jerusalems; 1874 gegründet; Viertel schwarzgekleideter ultraorthodoxer Juden; hat in diesem Fall nicht die normale Bedeutung „hundert Tore“, wie viele meinen, sondern heißt nach einer Sonderbedeutung aus 1.Mose 26,12 **„hundertfach“:** „Und Jizchak (Isaak) säte in dem Land (Israel) und erntete in jenem Jahr **hundertfach.“**

Bet HaKerem (**בית הכרם**) (I4) - Westen Jerusalems; Ort bestand schon in biblischer Zeit bei Jerusalem (Neh 3,14; Jer 6,1; vermutlich am Ort des heutigen 'En Kerem (J 17; F 2 auf Stadtplan)); 1923 wiedergegründet; heißt **„Haus des Weinberges".**

Mishkenot (**משכנות**) (I6) - Zentrum Jerusalems; 1875 gegründet; heißt **„Wohnungen"** und benannt nach 4.Mose 24,5: „Wie fein sind ... deine **Wohnungen**, Israel!"

*Zikhron Yosef (**זכרון יוסף**) (I6) - Zentrum Jerusalems; 1931 gegründet; bedeutet **„Gedenken an Joßef (Josef)"** und benannt nach Rabbi Josef Levi; **Joßef (Josef)** bedeutet **„Yah(we) (Der Herr) fügt hinzu, vermehrt";** 1. Sohn von Ja'aqov (Jakob) und Rachel (1.Mose 30,24), der später in Ägypten zur Rettung des Volkes Israel beitrug.*

Giv'at Bet HaKerem (**גבעת בית הכרם**) (J4) - Westen Jerusalems; 1963 gegründet; bedeutet **„Hügel vom Haus des Weinberges"** und direkt südlich von Bet HaKerem (D 4 auf Stadtplan) gelegen, wovon sich der Name und seine biblische Bedeutung ableiten (Neh 3,14; Jer 6,1).

Newe Sha'anan (**נוה שאנן**) (J5) - Westen Jerusalems; 1925 gegründet; bedeutet **„ruhiger Wohnort"** und benannt nach Jes 33,20: „Deine Augen werden Jerusalem sehen, einen **ruhigen Wohnort".** Auch: Stadtteil Tel Avivs (E 14) und Vorort Haifas (G 6).

(Stadtteile Jerusalems (J-K 16-18))

Nayot **(ניות)** (J5) - Westen Jerusalems; 1962 wiedergegründet; benannt nach einem biblischen Ort, an dem Schemu'el (Samuel) wohnte, zu dem David vor Scha'ul (Saul) floh (1.Sam 19,22)

Re<u>h</u>avya **(רחביה)** (J6) - Zentrum Jerusalems; 1921 gegründet; bedeutet **„weiter Platz Yah(wes) (des Herrn)“** und ist als Eigenname eines Leviten auch in der Bibel erwähnt (1.Chr 23,17)

Qiryat Shemu'el ***(קרית שמואל)*** *(J6) - Süden Jerusalems; 1928 gegründet; bedeutet* ***„Vorort Schmu'els (Samuels)“****; benannt nach Rabbi Samuel Salant. Schemu'el (Samuel) war Prophet und Richter in Israel, der später Scha'ul (Saul) (1.Sam 10,1) und David (1.Sam 16,13) zu Königen salbte. Er wurde seiner Mutter Channa (Hanna) als Gebetserhörung geschenkt (1.Sam 1,20: Deshalb gab sie ihrem Sohn diesen Namen:* ***„Schemu'el (Samuel)“*** *kann bedeuten* ***„Es (mein Gebet) wurde erhört von Gott“*** *Von der Buchstabenfolge legt sich aber auch die Bedeutung* ***„Sein Name ist Gott“*** *oder* ***„Name (d.h. Manifestation/ Gegenwart) Gottes“*** *nahe.*

Yemin Moshe ***(ימין משה)*** *(J7) - Zentrum Jerusalems; 1860-1870 und 1892 gebaut; benannt nach dem Gründer* ***Moses*** *Montefiore. (Zum biblischen Bezug des Namens Mosche (Mose) (2.Mose 2,10 und andere) siehe oben den Jerusalemer Stadtteil Qiryat Mosche (Stadtplan H 4).)*

(Stadtteile Jerusalems (J-K 16-18))

Silwan **(סילואן)** (K 17; J 8) - Osten Jerusalems; arabischer Stadtteil; am Ort der Davidstadt, des ältesten biblischen Jerusalem. Der Name entwickelte sich aus dem biblisch-jüdischen Stadtteil **Shiloah (Schiloach)** (**שילוח** (Jes 8,6)/**שלח** (Neh 3,15)), der seinen Namen von der dortigen Wasserleitung hat.

'En Kerem **(עין כרם)** (J 17; K 2) - äußerster Westen Jerusalems; jüdische Siedlung 1949 gegründet, daneben altes arabisches Dorf, vielleicht aus biblischer Zeit; Name bedeutet **„Quelle des Weinberges"** und bezieht sich auf das biblische **Bet HaKerem** (Neh 3,14; Jer 6,1), das sich hier vermutlich befand. Nach der Überlieferung ist dies hier die **„Stadt in Jehuda (Juda)"** (Lk 1,39), wo Jochanan (Johannes) der Täufer aufwuchs. (Siehe auch die nach dem biblischen Ort benannten neuen Stadtteile Bet HaKerem (D 4 auf Stadtplan) und Giv'at Bet HaKerem (E 4 auf Stadtplan).)

Giv'at Mordekhay ***(גבעת מרדכי)*** *(K 5) - Süden Jerusalems; 1955 gegründet; bedeutet **„Hügel Mordechais";** benannt nach Mordechai Abel aus den USA; **„Mordechai"** ist der Onkel 2. Grades und Pflegevater Esthers (z.B. Esth 2,5).*

'Emeq Refa'im **(עמק רפאים)** (K 6) - Süden Jerusalems; 1880 gegründet; heißt **„Tal Refaim";** benannt nach dem hier gelegenen Tal, wo die Philister sich gegen Israel sammelten und von David geschlagen wurden (2.Sam 5,18+22).

Giv'at Hananya (**גבעת חנניה**) *(K 7) - Süden Jerusalems; bedeutet* ***„Hügel Chananjas"*** *und benannt nach dem hier gelegenen Grab des Hohenpriesters Chananja aus der Zeit nach der babylonischen Gefangenschaft;* ***„Chananja (Hananya)"*** *bedeutet* ***„Yah(we) (Der Herr) ist gnädig gewesen"****. So hieß unter anderem einer der Gefährten Daniels in der babylonischen Gefangenschaft, wo sie sich - als Zeichen ihrer Glaubenstreue - auch am Königshof an die biblischen Speisegesetze hielten (Daniel 1,6; 2,17).*

Qiryat Hadassah (**קרית הדסה**) (J 17) - Westen Jerusalems; 1960 gegründet (Medizinzentrum); bedeutet **„Vorort Hadassahs"; Hadassah** ist nach Esth 2,7 ein anderer Name für **Esther**, die sich von Gott zur Rettung des erwählten jüdischen Volkes gebrauchen ließ.

Qiryat Menahem (**קרית מנחם**) *(L 2) - Süden Jerusalems; 1958 gegründet; bedeutet* ***„Vorort Menachems"****; benannt nach dem Zionisten Menachem Bressler; in der Bibel ist* ***Menachem*** *einer der letzten Könige (747-738 v.Chr.) des Nordreiches Israel kurz vor der Eroberung durch die Assyrer (2.Könige 15,14-23).*

Manahat (**מנחת**) (L 3) - Süden Jerusalems; 1949 gegründet; benannt nach einem Ort, der sich hier befand und wohin in der Richterzeit einige Sippen des Stammes Binjamin (Benjamin) verbannt wurden (1.Chr. 8,6). Der Name hatte sich vielleicht auch in dem hier früher gelegenen arabischen Dorf Malcha erhalten.

Talpiyyot (**תלפיות**) (K 18; L7) - Süden Jerusalems; 1922 gegründet, 1935 das nördlich angrenzende Z̲efon Talpiyyot, 1972 das östlich angrenzende Talpiyyot Miszrah̲; heißt **„Brustwehr"**, ein Vergleich für den Schmuck, der an Hals und Brust der Freundin hängt (Hld 4,4).

Gilo (**גִלֹה**) (J 18; O4) - Süden Jerusalems; 1972 gegründet; benannt nach einem Ort im Gebiet des Stammes Jehuda (Juda) (Jos 15,51), aus dem Achithofel, einer der Mitverschwörer Avschaloms (Absaloms) gegen David, kam (2.Sam 15,12) und der sich hier in der Nähe befand (Beit Jala (J 18)) (siehe auch die neue Siedlung Har Gilo (J 18) neben Beit Jala).

Ende der Stadtteil-Liste Jerusalems.

Geva' Binyamin (**גבע בנימין**) (K 17; nicht auf Standardkarte, genauere Koordinaten: 175:140) - nordöstlich von Jerusalem; 1984 wiedergegründet; vermutlich Ort der Stadt **Geva'** im Gebiet des Stammes Binjamin (Benjamin) (Jos 18,24)

H̲izma (**חזמא**) *(K 17) - nordöstlich von Jerusalem; arabisches Dorf; vielleicht Ort des biblischen* ***Beth-Asmawet*** *im Gebiet des Stammes Benjamin, das nach der babylonischen Gefangenschaft wiederbesiedelt wurde (Neh 7,28).*

'Almon (עלמון) (K 17) - Judäa; 1982 wiedergegründet; benannt nach einer Levitenstadt im Gebiet des hier gelegenen Stammes Binjamin (Benjamin) (Jos 21,18), die sich bei den Ausgrabungen etwas westlich des modernen Ortes befand.

'Anata (ענתא) (K 17) - nordöstlich von Jerusalem; arabischer Ort; vermutlich Ort des biblischen **'Anatot,** Levitenstadt im Gebiet des Stammes Binjamin (Benjamin) (Jos 21,18) und Geburtsort des Propheten Jirmejahu (Jeremia) (Jer 1,1).

Ma'ale Adummim (מעלה אדומים) (K 17) - östlich von Jerusalem; 1975 gegründet (Siedlungsstadt); heißt **„die Steige von Adummim"** und benannt nach Jos 18,17 (Grenze zwischen den Stämmen Jehuda (Juda) und Binjamin (Benjamin)). (siehe unten Kefar Adummim (L 17).)

(El) 'Eizariya (עיזריה (אל)) (K 17) - östlich von Jerusalem; arabischer Ort; vermutlich das biblische **Bethanien,** wo Jeschua (Jesus) den Lazarus von den Toten auferweckte (Joh 11,1), von wo er 2 Jünger aussandte, um das Eselsfüllen für seinen Einzug in Jerusalem zu holen (Mk 11,1), und wo Jeschua (Jesus) im Haus Simons des Aussätzigen von einer Frau mit teurer Salbe im voraus für sein Begräbnis gesalbt wurde (Mk 14,3).

Kefar Adummim (כפר אדומים) (L 17) - östlich von Jerusalem; 1979 gegründet; so genannt wegen der nahegelegenen **„Steige von Adummim"** (Ma'ale Adummim), die in Jos 18,17 (Grenze zwischen den Stämmen Jehuda (Juda) und Binjamin (Benjamin)) erwähnt wird. (siehe unten Ma'ale Adummim (K 17).)

Mizpe Yeriho (**מצפה יריחו**) (L 17) - Judäa; 1978 gegründet; heißt **„Aussichtspunkt (nach) Jericho“** und benannt nach der benachbarten biblischen Stadt **Jericho** (s.o. M 16 mit Erklärungen zu den Bibelstellen Jos 6,2; Mk 10,46 und Lk 19,1; siehe auch unten Wered Yeriho, M 17).

Wered Yeriho (**ורד יריחו**) (M 17) - Judäa; 1980 gegründet; heißt **„Rose Jerichos“** und benannt nach dem apokryphen (an das Alte Testament angehängten) Sirachbuch 24,18: „Ich bin aufgewachsen wie die **Rosen**stöcke in **Jericho“.** Zu der im Ortsnamen enthaltenen biblischen Stadt **Jericho** siehe oben M 16 mit Erklärungen zu den Bibelstellen Jos 6,2; Mk 10,46 und Lk 19,1; siehe auch oben Mizpe Yeriho, M 17).

Ashqelon (**אשקלון**) (C 18) - südliche Küstenebene; 1948 1.Gründungszelle, 1951 Ortschaft Migdal Ashqelon gegründet, 1955 wurden verschiedene Orte zur Stadt Aschqelon zusammengeschlossen; so wurde das biblische Aschqelon an seinem früheren Platz wiedergegründet, das eine der 5 Philisterstädte war (1.Sam 6,17; siehe auch Ashdod (D 17), Eqron (Revadim, F 17; Qiryat ‘Eqron, F 16), Gat (Qiryat Gat, E 19 und Gat, F 19) und Asa (Gaza (‘Azza), B 20 und Kefar ‘Azza, C 21)) und das jetzt bei der Rückkehr der Juden nach Israel zum Staat Israel gehören soll (Zef 2,7)

Sede ‘Uziyyahu (**שדה עוזיהו**) (D 18) - südliche Küstenebene; 1950 gegründet; heißt **„Feld ‘Usijahus (‘Uziyyahus)“;** benannt nach dem König **Usijahu (Usia;** auch ‘Azarya genannt; 787-736 v. Chr.) von Jehuda (Juda) (2.Chr 26,1), weil er die Mauern der nahegelegenen Philisterstadt Aschdod einriss und im Bereich von Aschdod Städte baute (2.Chr 26,6).

Emunim (**אמונים**) (D 18) - südliche Küstenebene; 1950 gegründet; heißt **„die Gläubigen“** und benannt nach Ps 31,24: „Der Herr behütet **die Gläubigen“.**

Bet ‘Ezra (**בית עזרא**) (D 18) - südliche Küstenebene; 1950 gegründet; heißt **„Haus Esras“,** benannt nach dem biblischem **Esra** (Esra), dem Priester und Schreiber des Gesetzes Gottes (Esra 7,12), der die jüdische Gemeinde in Israel nach der Rückkehr aus der babylonischen Gefangenschaft neu organisierte.

Nir Yisra’el *(**ניר ישראל**) (D 18) - südliche Küstenebene; 1949 gegründet; heißt **„Neuland Jißraels (Israels)“;** benannt nach **Israel** Taiber. **„Jißrael (Israel)“** selbst bedeutet: **„Gott wird kämpfen/ siegen.“**; **„Israel“** findet sich in der Bibel das 1. Mal als Beiname für Ja’aqov (Jakob), den Stammvater des Volkes Israel: 1.Mose 32,29; **Kinder (Volk) Israel**: 1.Mose 32,33; Gottes Name **„Gott Israels“**: 1.Mose 33,20.*

Mashmia’ Shalom (**משמיע-שלום**) (E 18) - Schefela; 1949 gegründet, heute Teil des Moschav Bene Re’em (F 17); benannt nach Jes 52,7 und heißt dort **„Friedensbote“.**

Talme Ye<u>h</u>i’el *(**תלמי יחיאל**) (E 18) - südliche Küstenebene; 1949 gegründet; heißt **„die Ackerfurchen Yechi’els“**; benannt nach **Ye<u>h</u>i’el** Tschlenow. **„Yechi’el“** bedeutet **„Gott wird leben“** und ist in der Bibel z.B. Name eines Leviten (1.Chr 23,8).*

‘Azriqam (**עזריקם**) (E 18) - südliche Küstenebene; 1950 gegründet; benannt nach **‘Asriqam (‘Azriqam)** (1.Chr 3,23), einem Nachkommen Serubabels (1.Chr 3,19), des Statthalters in Jerusalem, der dort nach der babylonischen Gefangenschaft den Wiederaufbau des Tempels organisierte.

Yinnon (**ינון**) (E 18) - Schefela; 1952 gegründet; heißt **„Er wird blühen.“,** benannt nach Ps 72,17: „Sein (Gottes) Name **wird blühen** (bestehen).“

Orot (**אורות**) (E 18) - südliche Küstenebene; 1952 gegründet; heißt **„Lichter“,** benannt nach Jes 26,19: „Deine (Gottes) Toten werden leben... Denn ein Tau der **Lichter** ist dein Tau.“ (Nach dieser Bibelstelle ist auch die Farm „Tal Or“ (Tau des Lichtes) (C 22) benannt.)

‘Arugot (**ערוגות**) (E 18) - Schefela; 1949 gegründet; heißt **„Terrassenbeete“** und benannt nach Hld 6,2: „Mein Freund ist hinabgegangen in seinen Garten, zu den Balsam-**Terrassenbeeten.“**

Qiryat Mal’akhi (**קרית מלאכי**) (E 18) - Schefela; 1951 gegründet; heißt **„Stadt Mal’achi (=meines** (Gottes) **Boten, Engels)“** und benannt zum einen nach dem Propheten mit dem Namen **Mal’achi** (Mal 1,1) und nach der Stadt Los Angeles (deutsch: die Engel; hebräisch: **Mal’achim**), deren jüdische Gemeinde viel für den Aufbau Israels spendete.

Timmorim (**תמורים**) (E 18) - Schefela; 1954 gegründet; heißt **„geschnitzte Palmen“,** und benannt nach 1.Kön 6,29: „An allen Wänden des Hauses (Allerheiligstes des Tempels) ließ er (Schelomo (Salomo)) **Schnitzwerk von Palmen** anbringen.“

Massu’ot Yizhaq (**משואות יצחק**) *(E 18) - südliche Küstenebene; 1949 gegründet; heißt **„leuchtende Fackeln Jizchaqs (Isa’aks)“;** benannt* *nach Rabbi **Yizhaq** Halevi Herzog ; **„Jizchaq“ (Isa'ak)** ist der Sohn Avrahams (Abrahams) und Stammvater des Volkes Israel (1.Mose 21,3).*

Shafir (**שפיר**) (E 18) - Schefela; 1949 wiedergegründet; benannt nach einem hier gelegenen Ort, der in der Gerichtspredigt Mi 1,11 erwähnt wird.

Zera<u>h</u>ya (**זרחיה**) (E 18) - Schefela; 1950 gegründet; benannt nach einem Leviten (1.Chr 5,32) und direkten Vorfahren Esras (Esra 7,4).

Gefen (**גפן**) (F 18) - Schefela; 1955 gegründet; heißt **„Weinstock“** und benannt nach Ps 80,15, wo der ins Land Israel gepflanzte **Weinstock** ein Bild für das Volk Israel ist: „Gott Zebaoth, ...bitte ... nimm dich dieses **Weinstocks** an.“

*Kefar Menahem (**כפר מנחם**) (F 18) - Schefela; 1937 gegründet; benannt nach **Menachem** Ussishkin. In der Bibel ist **„Menachem“** einer der letzten Könige (747-738 v.Chr.) des Nordreiches Israel kurz vor der Eroberung durch die Assyrer (2.Könige 15,14-23).*

Yish'i (**ישעי**) (G 18) - Schefela; 1950 gegründet; heißt **„mein Heil“** und benannt nach Ps 27,1: „Der Herr ist mein Licht und **mein Heil.“**

Bet Shemesh (**בית שמש**) (G 18) - Schefela; 1950 wiedergegründet; benannt nach einer Stadt an der Nordgrenze des Stammes Jehuda (Juda) (Jos 15,10), die sich auf dem Ausgrabungshügel direkt westlich neben der modernen Stadt befand. Die Philister sahen darin, dass säugende Kühe von ihren Kälbern fortgingen und einen Wagen mit der Bundeslade ohne Führer direkt nach Bet Shemesh zogen (1.Sam 6,12), ein Zeichen Gottes, dass Gott es war, der sie für den Raub der Bundeslade zuvor gestraft hatte.

(Region) ‘Adullam (**עדלם**) (G 18) - Schefela; Region südlich von Bet Shemesh (bis Bet Guvrin (G 19)); Entwicklungsgebiet, dessen Besiedlung 1957 begann; benannt nach dem biblischen Ort **‘Adullam** (Jos 15,35), der in der Gegend gefunden wurde (Hurvot ‘Adullam (H 19)) und im Gebiet des Stammes Jehuda (Juda) lag.

Sedot Mikha *(**שדות מיכה**) (G 18) - Schefela; 1955 gegründet; benannt nach **Micha** Josef Berdyczewski.* Der Name **„Mikha“ (Micha)** ist die Abkürzung des Namens „Michael“ (*heißt übersetzt **„Wer wie Gott?“** (d.h.: Keiner ist wie Gott. Gott ist der größte.)) und ist der Name eines Propheten (Mi 1,1).*

Zekharya (**זכריה**) (G 18) - Schefela; 1950 gegründet; benannt nach dem **Propheten Secharja (Zekharya, Sacharja)** (Sach 1,1). Der Name heißt übersetzt **„Yah(we) (Der Herr) hat gedacht“** (an uns/an mich).

Giv’at Yesha’yahu *(**גבעת ישעיהו**) (G 18) - Schefela; 1958 gegründet; benannt nach **Yesha’yahu** Press. **„Jeshajahu“** heißt **„Rettung Yah(wes) (des Herrn)“** und ist der Name eines Propheten (Jes 1,1).*

Mahseya (**מחסיה**) (H 18) - Judäa; 1950 gegründet; benannt nach dem Großvater von Jirmejahus (Jeremias) Schreiber Baruch (Jer 32,12)

Nes Harim (**נס הרים**) (H 18) - Judäa; 1950 gegründet; heißt **„Bergzeichen“** und benannt nach Jes 18,3: Alle Völker sollen Gott sehen und ihn hören, „wenn man das **Bergzeichen** (Zeichen auf den Bergen Israels) aufrichtet".

Zanoah (**זנוח**) (H 18) - Judäa; 1950 wiedergegründet; benannt nach dem Ort im Gebiet des Stammes Jehuda (Juda) (Jos 15,34), der sich auf dem angrenzenden Ausgrabungshügel befand; nach der babylonischen Gefangenschaft wiederbesiedelt (Neh 3,13).

Zur Hadassah (**צור הדסה**) (H 18) - Judäa; 1960 gegründet; Ortsname erinnert an die jüdische Frauen-Hilfsorganisation **„Hadassah",** die ihren Namen aus der Bibel ableitet: **Hadassah** ist nämlich nach Esth 2,7 ein anderer Name für **Esther**, die sich von Gott zur Rettung des erwählten jüdischen Volkes gebrauchen ließ. Der ganze Ortsname heißt übersetzt: **„Fels Esthers".**

Matta' (**מטע**) (H 18) - Judäa; 1950 gegründet; heißt **„Pflanzung"** und benannt nach Hes 34,29 im Zusammenhang mit Verheißungen von der Rückkehr der Juden nach Israel: Gott spricht: „Ich werde für sie eine **Pflanzung** errichten zum Ruhm."

Avi'ezer *(**אביעזר**) (H 18) - Judäa; 1958 gegründet; benannt nach **Avi'ezer** Sigmund Gestetner; **Avi'eser (Avi'ezer)** ist in der Bibel als Sohn Menasches (Manasses) und Sippenoberhaupt in diesem Stamm (Jos 17,2) erwähnt.*

Ora (**אורה**) (J 18) - südwestlich von Jerusalem; 1950 gegründet; heißt **„Licht"** und benannt nach Esth 8,16: „Den Juden war **Licht** und Freude und Wonne und Ehre zuteil geworden."

'Amminadav (**עמינדב**) (J 18) - südwestlich von Jerusalem; 1950 gegründet; benannt nach dem Vorfahren

König Davids und Jeschuas (Jesu) (Mt 1,4), dessen Sohn Nachschon auf der Wüstenwanderung des Volkes Israel als Heeresführer des Stammes Jehuda (Juda) dem Mose von Gott an die Seite gestellt wurde (4.Mose 10,14).

Har Gilo — (**הר גלה**) (J 18) - Judäa; gleich nach 1967 wurde hier eine Feldschule der Naturschutzvereinigung errichtet, die Ortschaft wurde 1978 gegründet; hier befindet sich auch eine israelische Militärakademie und Polizeistation; benannt nach einem Ort im Gebiet des Stammes Jehuda (Juda) (Jos 15,51), aus dem Achitofel, einer der Mitverschwörer Avschaloms (Absaloms) gegen David, kam (2.Sam 15,12) und der sich hier in der Nähe befand (Beit Jala (auch J 18))(siehe auch den neuen Stadtteil „Gilo“ im Süden Jerusalems (dort auch J 18)).

Beit Jala — (**בית ג'לא**) (J 18) - Judäa; arabische Stadt; vermutlich der Ort der biblischen Stadt **Gilo** im Gebiet des Stammes Jehuda (Juda) (Jos 15,51), aus der Achitofel, einer der Mitverschwörer Avschaloms (Absaloms) gegen David kam (2.Sam 15,12). Mit diesem biblischen Ortsnamen wurde auch ein neuer Stadtteil im Süden Jerusalems benannt (s.o. Jerusalem, ebenfalls J 18) und eine Siedlung auf dem sich westlich anschließenden Berg (Har Gilo, auch J 18).

Husan — (**חוסן**) (J 18) - Judäa; arabisches Dorf, vermutlich Ort des biblischen Chuschah (**חושה**), des Ortes, aus dem Sibbechai, einer der starken Kämpfer Davids, herstammte (2.Sam 23,27).

Bethlehem - (Bet Lehem) (**בית לחם**) (J 18) - Judäa; arabische Stadt; Bethlechem im Gebiet des Stammes Jehuda (Juda), wo David von

Schemu'el (Samuel) zum König gesalbt wurde (1.Sam 16,4), wo schon nach der Prophezeiung Michas der Messias geboren werden wird (Mi 5,1) und wo der Messias (Christus) Jeschua (Jesus) dann auch wirklich geboren wurde (Lk 2,15) (s.o. auch Bethlechem im Stammesgebiet Sevulon (Sebulon) (J 7)).

Nahhalin (**נחאלין**) (J 18) - Judäa; arabisches Dorf, vermutlich Ort des biblischen **Nechelam (נחלם)**, Herkunftsort des Lügenpropheten Schemaja zur Zeit Jirmejahus (Jeremias) (Jer 29,31).

Nahal Geva'ot (**נח"ל גבעות**) (J 18) - Judäa; 1983 gegründet; heißt **„Nachal(siedlung) der Hügel“** (Erklärung zu „Nachal“ s.o. Nahal Ginnat (K 10)), benannt nach 4.Mose 23,9, wo es Bileam unmöglich ist, das Volk Israel zu verfluchen, das er von den **Hügeln** aus sieht: Bileam sagt zu Balak: „(23,8:)Wie soll ich fluchen, dem Gott nicht flucht? ... (23,9:)... Denn vom Gipfel der Felsen sehe ich es (das Volk Israel), und von **den Hügeln** schaue ich es.“ (Nach diesem Vers ist auch der benachbarte Kibbuz „Rosh Zurim“ (J 19) benannt.)

*Newe Daniyyel (**נוה דניאל**) (J 18) - Judäa; 1982 gegründet; heißt **„Wohnsitz Daniels“,** benannt nach dem Nebi-Daniel-Konvoi, der als letzter noch Nachschub in den belagerten Gusch Ezion brachte und auf der Rückfahrt nach Jerusalem von Arabern bei Bethlechem angegriffen wurde. Nach einem 30-stündigen Kampf waren 14 Israelis gefallen. **„Daniel“** heißt **„Mein Richter ist Gott“**. Ein eigenes biblisches Buch berichtet von ihm als Weisem und Propheten (Dan 1,6).*

Qedar (**קדר**) (K 18) - Judäa; 1985 gegründet; benannt nach Hld 1,5: Der Liebhaber spricht: „Ich bin schwarz, aber anmutig, ihr Töchter Jerusalems, wie die Zelte **Qedars"; Qedar** war ein Nomadenstamm.

Ramat Rahel **(רמת רחל)** (K 18) - südlich von Jerusalem; 1926 gegründet; mehrfach durch arabischen Beschuss zerstört (bis 1967) und immer wieder aufgebaut; bedeutet **„Rama (Anhöhe) Rachels"** wegen der Nähe zum Grab **Rachels** bei Bethlechem (1.Mose 35,19); dazu Jer 31,15 (Mt 2,18): Man hört ... Weinen in **Rama: „Rachel** weint über ihre Kinder und will sich nicht trösten lassen." Das Grab liegt aber nicht direkt bei Rama, der Stadt Schemu'els (Samuels), heute Ramallah (J 16): 1.Sam 10,2.

Berekhya **(ברכיה)** (D 19) - südliche Küstenebene; 1950 gegründet; benannt nach einem biblischen Namen (z.B. 1.Chr 3,20). Der Name bedeutet **„Yah(we) (Der Herr) segnet".**

Mash'en **(משען)** (D 19) - südliche Küstenebene; 1950 gegründet; heißt **„Stütze"** und benannt nach Jes 3,1: „Der Herr ... nimmt weg **Stütze** und Stab".

Sede Yo'av *(**שדה יואב**) (D 19) - südliche Küstenebene; 1956 gegründet; benannt nach dem Decknamen **„Yo'av"** des Kommandanten Yizhaq Dubno im Kibbuz Negba im Unabhängigkeitskrieg. **Jo'av (Yo'av)** ist ein biblischer Eigenname, am bekanntesten ist der Feldherr König Davids (1.Chr 11,6). Der Name **„Yo'av"** bedeutet **„Y(ahwe) (Der Herr) ist Vater".***

*Kokhav Michael (Sobell) (**כוכב מיכאל (שבל)**) (D 19) - südliche Küstenebene; 1950 gegründet; heißt **„Stern Michael Szobells";** benannt nach **Michael** Sobell. **„Michael"** ist ein Engelsfürst (Dan 12,1)* *und der Name heißt übersetzt **„Wer wie Gott?“** (d.h.: Keiner ist wie Gott. Gott ist der größte.)*

Segula (**סגולה**) (E 19) - Schefela; 1953 gegründet; heißt **„Eigentum“;** benannt nach 2.Mose 19,5, wo Gott zu Israel sagt: „Werdet ihr nun meiner Stimme gehorchen und meinen Bund halten, so sollt ihr mein **Eigentum** sein“.

Negba (**נגבה**) (E 19) - südliche Küstenebene; 1939 gegründet; bedeutet **„nach Süden“** und stammt aus 1.Mose 13,14, wo Gott Avraham (Abraham) die Richtungen des ihm und seinen Nachkommen verheißenen Landes zeigt.

Qomemiyyut (**קוממיות**) (E 19) - Schefela; 1950 gegründet; heißt **„aufrecht“** und benannt nach 3.Mose 26,13: Gott spricht: „Ich habe die Stäbe eures Joches zerbrochen und euch (wieder) **aufrecht** gehen lassen.“

Menu<u>h</u>a (**מנוחה**) (E 19) - Schefela; 1953 gegründet; heißt **„Ruhe“** und benannt nach 1.Kön 8,56: „Gelobt sei der Herr, der seinem Volk Israel **Ruhe** gegeben hat“.

Zavdi’el (**זבדיאל**) (E 19) - Schefela; 1950 gegründet; benannt nach einem Priester, der zur Zeit Jirmejahus (Jeremias) aus Babylon nach Jerusalem zurückkehrte (Neh 11,14). Der Name selbst bedeutet **„Gott ist mein Geschenk. (Geschenk für mich)“.**

Yad Natan (**יד נתן**) *(E 19) - Schefela; 1953 gegründet; heißt **„Gedenken an Natan“;** benannt nach Otto **(Natan)** Komoly; **Natan** ist in der Bibel unter anderen ein Prophet zur Zeit der Könige David und Schelomo (Salomo) (2.Sam 7,2).*

Nogah — (נגה) (E 19) - Schefela; 1955 gegründet; heißt „**Glanz**“ und benannt nach Spr 4,18: „Der Pfad des Gerechten ist wie das Licht des kommenden **Glanzes** (des Sonnenaufgangs).“

Mivhor — (מִבחור) (E 19) - Schefela; Farm zur Zucht und Auslese von Samen, 1955 gegründet; heißt **„beste Auslese“** und benannt nach 2.Kön 19,23: **„die beste Auslese** seiner Zypressen“.

Qiryat Gat — (קרית גת) (E 19) - Schefela; 1954 gegründet; heißt **„Stadt Gat“,** benannt nach **Gat,** einer der 5 Philisterstädte, die sich vermutlich auf dem angrenzenden Tel ‘Errani befand (1.Sam 6,17, siehe auch Ashdod (D 17), Ashqelon (C 18), Eqron (Revadim, F 17; Qiryat ‘Eqron, F 16), Gat (auch Gat, F 19) und Asa (Gaza (‘Azza), B 20 und Kefar ‘Azza, C 21)); 1.Chr 18,1)

‘Uza — (עוזה) (E 19) - Schefela; 1950 gegründet; heißt **„Erweise dich mächtig!“** und benannt nach Ps 68,29, wo es eine Aufforderung an Gott ist.

Nahala — (נחלה) (F 19) - Schefela; 1953 gegründet; heißt **„Besitz, Erbe“** und benannt nach Ps 135,12: Gott „gab deren Land zum **Erbe**, zum **Erbe** seinem Volk Israel.“

Gat — (גת)(F 19) - Schefela; 1942 gegründet; benannt nach einer der 5 Philisterstädte (1.Sam 6,17; siehe auch Ashdod (D 17), Ashqelon (C 18), Eqron (Revadim, F 17; Qiryat ‘Eqron, F 16), Gat (auch Qiryat Gat, E 19, wo sich das biblische Gat vermutlich auf dem angrenzenden Tel ‘Errani befand) und Asa (Gaza (‘Azza), B 20 und Kefar ‘Azza, C 21); 1.Chr 18,1).

Sede Moshe *(**שדה משה**) (F 19) - Schefela; 1956 gegründet; heißt **„Moses Feld“**; benannt nach Baron Maurice **(Mosche)** de Hirsch. **Mosche (Mose)** ist der in Ägypten geborene Anführer der Israeliten bei der Wanderung aus Ägypten durch die Wüste Szinai (Sinai) bis zum gelobten Land Israel (2.Mose 2,10 und folgende).*

Adderet (**אדרת**) (G 19) - Schefela; 1963 letzte, erfolgreiche Gründung; heißt **„herrlich“.** Es ist eine sprachliche Sonderform, die sich nur hier in Hes 17,8 findet und im Zusammenhang von Hes 17,8 heißt: „um ein **herrlicher** Weinstock zu werden.“

Nehusha (**נחושה**) (G 19) - Schefela; 1955 gegründet, 1982 letzte, erfolgreiche Gründung; heißt **„Erz“** und benannt nach Ps 18,35: Gott „lehrt meinen Arm, den Bogen aus **Eisenerz** zu spannen.“ Der Name wurde auch gewählt wegen des ähnlichen Klangs zum nahegelegenen biblischen Ort Nachash **(נחש)** im Gebiet des Stammes Jehuda (Juda) (1.Chr 4,12).

Newe Mikha'el *(**נוה מיכאל**) (H 19) - Judäa; 1958 gegründet; heißt **„Wohnsitz Michaels“;** benannt nach **Michael** Weiss. **„Michael“** ist ein Engelsfürst (Dan 12,1) und der Name heißt übersetzt **„Wer wie Gott?“** (d.h.: Keiner ist wie Gott. Gott ist der größte.)*

Bat 'Ayin (**בת עין**) (H 19) - Judäa, Gusch Ezion; 1989 gegründet; heißt **„Augapfel“** und benannt nach Sach 2,12, wo Gott Israel seinen **Augapfel** nennt und damit zeigt, wie nah ihm Israel ist: „Wer euch antastet, der tastet meinen **Augapfel** an.“

Jadur (**ג'דור**) (H 19; nicht auf Standardkarte, genauere Koordinaten: 158:116) - Judäa; arabischer Dorfflecken; am angrenzenden Ausgrabungshügel befand sich vermutlich der biblische Ort **Gedor (גדור)** im Gebiet des Stammes Jehuda (Juda) (Jos 15,58).

Qila — (קילא) (H 19; nicht auf Standardkarte, genauere Koordinaten: 150:113) - Judäa; arabisches Dorf; auf dem angrenzenden Ausgrabungshügel befand sich vermutlich die Stadt **Qe'ila (קעילה)** im Gebiet des Stammes Jehuda (Juda) (Jos 15,44). David rettete die Stadt **Qe'ila** vor den eingefallenen Philistern (1.Sam 23,2) und mußte nach seinem Sieg doch vor König Scha'ul (Saul) fliehen.

Kharas — *(ח'רם) (H 19) - Judäa; arabisches Dorf; vielleicht Ort des biblischen **Hereth** (1.Sam 22,5)*

Karme Zur — (כרמי צור) (H 19) - Judäa; 1984 gegründet; heißt **„Felsen-Weinberge"** und benannt nach dem nahegelegenen biblischen Ort **Bet Zur** (Jos 15,58).

Rosh Zurim — (ראש צורים) (J 19) - Judäa, Gusch Ezion; 1969 gegründet; heißt **„Gipfel der Felsen"** und benannt nach 4.Mose 23,9, wo es Bileam unmöglich ist, das Volk Israel zu verfluchen, das er vom **Gipfel der Felsen** aus sieht: Bileam sagt zu Balak: „(23,8:) Wie soll ich fluchen, dem Gott nicht flucht? ... (23,9:)... Denn vom **Gipfel der Felsen** sehe ich es (das Volk Israel), und von den Hügeln schaue ich es." (Nach diesem Vers ist auch die benachbarte Siedlung „Nahal Geva'ot" (J 18) benannt.)

El'azar — *(אלעזר) (J 19) - Judäa; 1975 gegründet; benannt nach dem Hasmonäer **El'asar**; **„El'asar" (El'azar)** bedeutet **„Gott hat geholfen"** und ist in der Bibel z.B. ein Sohn Aharons (Aarons)*

(2.Mose 6,23) und der Bruder Mirjams (Marias) und Marthas, dessen Name im Griechisch-Lateinischen ***„Lazarus“*** *(Joh 11,1) heißt.*

Efrata (**אפרתא**) (J 19) - Judäa; 1983 gegründet; benannt nach dem zweiten biblischen Namen des in der Nähe gelegenen **Bethlechem** (z.B. 1. Mose 35,19; Mi 5,1).

Migdal ‘Oz (**מגדל עז**) (J 19) - Judäa; 1977 von einer religiösen Jugendgruppe gegründet an der Stelle, wo die 1927 gegründete erste jüdische Siedlung **Migdal ‘Eder** (Dieser frühere Name wurde aus 1.Mose 35,21 genommen, nämlich von dem Ort bei Bethlechem auf der Wanderung Ja’aqovs (Jakobs) von Bet-El nach Chevron (Hebron). Auch der heutige Name wurde zur Erinnerung daran gewählt.) im Jahr 1929 von Arabern zerstört wurde. Der heutige Name **Migdal Os (‘Oz)** heißt **„Turm der Stärke, starker Turm“** und ist benannt nach dem biblischen Gebrauch dieses Namens für Gott als Beschützer, z.B. in Ps 61,4 („Denn du (Gott) bist mir eine Zuflucht gewesen, ein **starker Turm.“)** und in Spr 18,10 („Der Name des Herrn ist ein **starker Turm;** der Gerechte läuft dahin und ist in Sicherheit.“).

Si’ir (**סעיר**) (J 19) - Judäa; arabisches Dorf; vermutlich Ort der biblischen Stadt **Zior** (**ציער**) im Gebiet des Stammes Jehuda (Juda) (Jos 15,54).

Kefar Eldad (**כפר אלדד**) (K 19) - Judäa; 1999 gegründet; benannt nach **Eldad;** der auf der Wüstenwanderung zusammen mit Medad unerwartet vom Geist Gottes erfüllt wurde (4.Mose 11,26). Entgegen dem Rat Jehoschuas (Josuas) freute sich Mosche (Mose) darüber (4.Mose 11,28-29).

Noqdim (נוקדים) (K 19) - Judäa; 1982 gegründet; heißt **„die Schafzüchter"** und benannt nach Amos 1,1 im Zusammenhang mit dem nahegelegenen Teqoa (s.u. auch K 19): „Worte des Amos, der unter den **Schafzüchtern** von Teqoa war". (Die Siedlung hat auch den Namen „El Dawid".)

Teqoa' (תקוע) (K 19) - Judäa; 1970 gegründet; benannt nach dem biblischen **Teqoa'** (Neh 3,5.27; Am 1,1) das sich beim nahegelegenen arabischen Ort **Tequ'** (s.u.) befand.

Tequ' (תקוע) (K 19) - Judäa; arabisches Dorf; Ort liegt etwas nördlich vom biblischen **Teqoa**' (Hirbet E-Tequ'), wo der Prophet Amos als einer der örtlichen Schafzüchter (s.o. auch K 19 Noqdim) wohnte (Am 1,1). Bewohner **Teqoas** bauten auch nach der Rückkehr aus dem babylonischen Exil die Stadtmauern Jerusalems mit auf (Neh 3,5.27).

Ma'ale 'Amos (מעלה עמוס) (K 19) - Judäa; 1981 gegründet; heißt **„Amoß-Steige"** und benannt nach dem Propheten **Amoß (Amos)** (Am 1,1), der aus dem benachbarten Ort Teqoa'/Tequ' (s.o. auch K 19) stammte.

'Azza (Gaza) (עזה) (B 20) - südliche Küstenebene; **Asa ('Azza; Gaza)** besteht seit biblischer Zeit; arabische Stadt; eine der 5 Philisterstädte (1.Sam 6,17; siehe auch Kefar 'Azza (C 21), Ashdod (D 17), Ashqelon (C 18), Eqron (Revadim, F 17; Qiryat 'Eqron, F 16), Gat (Qiryat Gat, E 19 und Gat, F 19)). Auf der Straße vor Asa (Gaza) traf Philippus den Finanzminister aus Äthiopien (Apg 8,26), den er dann taufte.

Helez (חלץ) (D 20) - südliche Schefela; 1950 gegründet; benannt nach einem der der stärksten Mitkämpfer König Davids (2.Sam 23,26).

Telamim (תלמים) (D 20) - südliche Schefela; 1950 gegründet; heißt „**(Acker-)Furchen**" und benannt nach Ps 65,11: „Du (Gott) tränkst seine (des Landes) **Furchen**."

Ibbim (אבים) (D 20) - Nordspitze des Negev; 1953 gegründet; heißt **„Baumknospen"** und benannt nach Hld 6,11: Der Freund ist auf dem Weg zu seiner Freundin: „Ich bin zum Nussgarten hinuntergegangen, um die **Baumknospen** im Tal zu sehen."

---

*Sede Dawid (שדה דוד) (E 20) - südliche Schefela; 1955 gegründet; heißt **„Feld Davids"**; benannt nach Zalman **David** Levontin. **„David"** war der 2. König Israels (2.Sam 5,3).*

*Even Shemu'el (אבן שמואל) (E 20) - südliche Schefela; 1957 gegründet; heißt **„Stein Samuels"**; nach **Samuel** Bronfman. Schemu'el (Samuel) war Prophet und Richter in Israel, der später Scha'ul (Saul) (1.Sam 10,1) und David (1.Sam 16,13) zu Königen salbte. Er wurde seiner Mutter Channa (Hanna) als Gebetserhörung geschenkt (1.Sam 1,20: Deshalb gab sie ihrem Sohn diesen Namen: **„Schemu'el (Samuel)"** kann bedeuten **„Es (mein Gebet) wird erhört von Gott"**. Von der Buchstabenfolge legt sich aber auch die Bedeutung **„Sein Name ist Gott"** oder **„Name (d.h. Manifestation/Gegenwart) Gottes"** nahe.*

Etan (איתן) (E 20) - südliche Schefela; 1955 gegründet; heißt **„dauerhaft, immerfließend"** und benannt nach Am 5,24: „Es soll Gerechtigkeit strömen wie ein **immerfließender** Bach."

Shalwa

(שלוה) (E 20) - südliche Schefela; 1952 gegründet; heißt **„Sicherheit“** und benannt nach Ps 122,7: Jerusalem - „Es soll Frieden in deinen Mauern sein und **Sicherheit** in deinen Palästen.“

Ahuzzam

(אחוזם) (E 20) - südliche Schefela; 1950 gegründet; benannt nach einem Mitglied des Stammes Jehuda (Juda) (1.Chr 4,6).

Ruhama

(רוחמה) (E 20) - südliche Schefela; gegründet das 1. Mal 1911, seitdem dreimal aufgegeben; 1944 entstand die bis heute existierende Neugründung; heißt **„Erbarmen“** und benannt nach Hosea 2: Israel wird ins Land hinaufziehen. Zeichenhaft verkündigt Gott: „Sagt euren Brüdern (den Männern): ‘Sie sind mein Volk!’ und euren Schwestern (den Frauen): ‘**Erbarmen**!’“ (Hosea 2,3)

No’am

(נעם) (F 20) - Schefela; 1955 gegründet; heißt **„Lieblichkeit“** und benannt nach Spr 3,17: „Ihre (der Weisheit) Wege sind Wege der **Lieblichkeit** ....“ (siehe unten zum zweiten Teil des Satzes die Stadt Netivot (D 21)).

Lakhish

(לכיש) (F 20) - Schefela; 1955 wiedergegründet; benannt nach dem hier liegenden biblischen **Lachisch (Lakhish)** (Ort im Gebiet des Stammes Jehuda (Juda): Jos 15,39). Der Assyrerkönig Sanherib eroberte die Festung im Jahre 701 v.Chr. Er hatte hier ein Lager aufgeschlagen (2.Kön 18,13-14). Beim Feldzug des neubabylonischen Königs Nebukadnezar gegen Israel hielt **Lachisch** neben Jerusalem und Aseka den Angriffen am längsten stand (Jer 34,7), wurde aber 588 v.Chr. erobert.

Idna (אדנא) (G 20) - Judäa; arabisches Dorf; vermutlich Ort des biblischen **Aschnah (אשנה)** (Jos 15,43).

Amazya (אמציה) (G 20) - Schefela; 1955 gegründet; benannt nach dem König **Amazja (Amazya)** im Südreich Jehuda (Juda) (2.Kön 14,1-2: 801-773 v.Chr. König), der im nahegelegenen Lachisch (F 20) ermordet wurde (2.Chr 25,27). Das geistliche Urteil der Bibel über seinen Dienst als König ist eingeschränkt positiv (2.Kön 14,3-4; 2.Chr 25,2). **„Amazja“** heißt **„Yah(we) (Der Herr) hat gestärkt“.**

Nahal Negohot (נח"ל נגוהות) (H 20) - Judäa; 1982 gegründet; heißt **„Nachalsiedlung Negohot“, „Negohot“** heißt übersetzt **„Aufstrahlen von Lichtern“** und wird nur im Althebräischen und nur 1x in der Bibel verwendet: Jes 59,9: „... wir hoffen ... auf **das Aufstrahlen von Lichtern.“** (Erklärung zu **„Nachal“** s.o. Nahal Ginnat (K 10))

Adora (אדורה) (H 20) - Judäa; 1984 gegründet; benannt nach dem biblischen Ort **Adorayim** (**אדורים**; 2.Chr 11,9) im Gebiet des Stammes Jehuda (Juda), der sich an der Stelle des heutigen arabischen Dorfes Dura (s.u. auch H 20) befand.

Taffuh (תפוח) (H 20) - Judäa; arabisches Dorf; Ort des biblischen **Bet-Tappuach (בית-תפוח)** im Gebiet des Stammes Jehuda (Juda) (Jos 15,53).

Hebron (Hevron) (חברון) (H 20) - Judäa; Stadt mit überwiegend arabischer Bevölkerung; **Chevron (Hebron)** bestand schon in biblischer

Zeit: 1.Mose 13,18; 23,2; 23,14-19; hier liegt auch das biblische **Mamre (ממרא)** (1.Mose 13,18; 18,1; 23,19; 35,27). Juden wohnten dort mit kurzen Unterbrechungen seit Avraham (Abraham). 1929 wurden bei einem arabischen Angriff 67 Juden ermordet. Seitdem gab es kein jüdisches Viertel in Chevron (Hebron) mehr. Ein Teil des zerstörten jüdischen Viertels wird seit 1980 wieder von Juden bewohnt. Unter moslemischer Verwaltung war es Juden und Christen seit 1266 verboten, die Grabstätte der für ihren Glauben wichtigen Patriarchen Avraham, Jizchak und Ja'aqov (Abraham, Isaak und Jakob) und deren Frauen Szara (Sara), Rivka (Rebekka) und Lea zu besuchen. Erst seit der israelischen Verwaltung nach dem 6-Tage-Krieg im Juni 1967 ist es allen, jedem Moslem, Juden und Christen, erlaubt, die heilige Stätte zu besuchen.

Dura

(**דורא**) (H 20) - Judäa; arabisches Dorf; Ort des biblischen **Adorajim (אדורים**; 2.Chr 11,9) (s.o. auch H 20 die jüdische Siedlung Adora).

H̲alh̲ul

(**חלחול**) (J 20) - Judäa; arabische Stadt; Ort des biblischen **Chalchul** im Gebiet des Stammes Jehuda (Juda) (Jos 15,58).

Qiryat Arba'

(**קרית ארבע**) (J 20) - Judäa; 1971 neben Chevron wiedergegründet; benannt nach dem zweiten biblischen Ortsnamen für Chevron (Hebron) (1.Mose 23,2; im Stammesgebiet Jehuda (Juda): Jos 15,54).

Kefar 'Azza

(**כפר עזה**) (C 21) - Nordspitze des Negev; 1951 gegründet; heißt **„Dorf von Asa (Gaza)"** und benannt nach dem nahegelegenen biblischen Ort **Asa ('Azza, Gaza)** (B 20; auf der Straße vor Asa (Gaza) traf Philippus den Finanzminister aus Äthiopien (Apg 8,26), den er dann taufte), eine der 5 Philisterstädte (1.Sam 6,17; siehe auch Ashdod (D 17), Ashqelon (C 18), Eqron (Revadim, F 17; Qiryat 'Eqron, F 16), Gat (Qiryat Gat, E 19 und Gat, F 19)).

Shuva (**שובה**) (C 21) - Nordspitze des Negev; 1950 gegründet; heißt **„bringe doch zurück"; be**nannt nach Ps 126,4: „Herr, **bringe doch zurück** unsere Gefangenen".

Zimrat (**זמרת**) (C 21) - Nordspitze des Negev; 1957 gegründet; heißt **„Lobgesang"** und benannt nach 2.Mose 15,2: „Der Herr ist meine Stärke und mein **Lobgesang."**

Tushiyya (**תושיה**) (C 21) - Nordspitze des Negev; 1958 gegründet; heißt **„kluger Rat"** und benannt nach Spr 2,7: „Er (Gott) bewahrt **klugen Rat** für die Aufrichtigen auf."

Yakhini (**יכיני**) (D 21) - Nordspitze des Negev; 1950 gegründet; heißt **„Jachiniter, jachinitisch";** benannt nach einem Sohn Schim'ons (Simeons) und dessen Sippe im Stamm Schim'on (Simeon): „von Jachin die **jachinitische** Sippe" (4.Mose 26,12).

Nir Moshe *(**ניר משה**) (D 21) - Nordspitze des Negev; 1953 gegründet; benannt nach **Moshe** Smilansky; heißt **„Mosches (Moses) Neuland"**; **Mosche (Mose)** ist der in Ägypten geborene Anführer der Israeliten bei der Wanderung aus Ägypten durch die Wüste Szinai (Sinai) bis zum gelobten Land Israel (2.Mose 2,10 und folgende).*

Zeru'a

(**זרועה**) (D 21) - Nordspitze des Negev; 1953 gegründet; heißt **„gesät“** und benannt nach Jer 2,2: Gott erinnert sich an Jirmejahus (Jeremias) Glaubenstreue: „Ich habe mich erinnert, wie du mir nachgefolgt bist in der Wüste, im Land, das nicht **gesät** wird.“

Mabbu'im

(**מבועים**) (D 21) - Nordspitze des Negev; 1958 gegründet; heißt **„Quellen“** und ist benannt nach Jes 35,7: „das dürre Land soll zu Wasser**quellen** werden.“

Yoshivya

(**יושביה**) (D 21) - Nordspitze des Negev; 1950 gegründet; benannt nach einem Mitglied des Stammes Schim'on (Simeon) (1.Chr 4,35). Der Name Joschivja (Yoshivya) heißt **„Yah(we) (Der Herr) gibt Wohnung.“**

Talme Bilu

(**תלמי ביל"ו**) (D 21) - Nordspitze des Negev; 1953 gegründet; heißt **„Ackerfurchen des Bilu“.** Der Name wurde zum 70. Jahrestag der zionistisch-religiösen **Bilu**-Bewegung gewählt (deren 1. Ortsgründung: Gedera 1884 (s.o. E 17); zum 50. Jahrestag wurden die Moschavim Kefar HaYovel (im heutigen Ort Ma'as) (s.o. G 14) und Kefar Bilu (s.o. F 16) gegründet). Der Name **„Bilu“** entsteht aus den hebräischen Anfangsbuchstaben der Worte aus Jes 2,5: **B**eit-**I**a'akov **L**echu **U**nelcha („Ihr, Haus Ja'aqov (Jakob), geht und lasst uns gehen!“).

Netivot

(**נתיבות**) (D 21) - Nordspitze des Negev; 1956 gegründet; heißt **„Pfade“** und ist benannt nach Spr 3,17: „... und ihre (der Weisheit) **Pfade** sind Frieden.“ (siehe oben zum ersten Teil des Verses den Moschav No'am (F 20))

Bet Qama (בית קמה) (E 21) - südliche Schefela; 1949 gegründet; heißt **„Haus des aufrecht stehenden** (noch nicht geernteten) **Getreides". „Qama"** kommt nur im Althebräisch der Bibel vor, und dieser Ort wurde benannt nach Jes 17,5: Gottes Gericht über Syrien (Damaskus) und das Nordreich Israel wegen ihrer Gottlosigkeit ist, „als wenn der Schnitter **das aufrecht stehende Getreide** fasst und sein Arm die Ähren abmäht."

Devira (דבירה) (F 21) - südliche Schefela; 1951 gegründet; heißt: **„nach Devir** (Debir)", weil der Kibbuz auf dem Weg zum biblischen **Devir** (Debir) (Jos 21,15: Levitenstadt im Stammesgebiet Jehuda (Juda)) liegt, das sich beim Ort Rabud (s.u. H 21) befindet.

Duma (דומא) (G 21) - Judäa; arabisches Dorf; Ort aus biblischer Zeit (hebräisch: דומה (Jos 15,52)).

Ḫaggay (חגי) (H 21) - Judäa; 1984 gegründet; benannt nach dem Propheten **Chaggai (Haggay)** des gleichnamigen biblischen Buches (Hagg 1,1).

Yatta (יטא) (H 21) - Judäa; arabische Stadt; Ort des biblischen **Jutta** im Gebiet des Stammes Jehuda (Juda) (Jos 15,55).

'Otni'el (עתניאל) (H 21) - Judäa; 1983 gegründet; benannt nach einem Richter (von Gott bevollmächtigter Leiter des Volkes) (Ri 3,9). Der Name **„'Otni'el"** bedeutet wahrscheinlich **„Mein Schutz ist Gott."**, vielleicht auch **„Meine Stärke ist Gott."**

Rabud (רבוד) (H 21) - Judäa; arabisches Dorf; unter und neben dem Dorf Überreste des biblischen

Ortes **Devir** (Debir) (Jos21,15), einer Levitenstadt im Stammesgebiet Jehuda (Juda), wonach auch der moderne Ort „Devira“ (F21) benannt wurde.

Karmel (**כרמל**) (J21) - Judäa; 1981 neugegründet; benannt nach einem Ort im Gebiet des Stammes Jehuda (Juda) (Jos 15,55), der sich an der Stelle des arabischen Dorffleckens **El Karmil** (auch J21) befand.

(El) Karmil (**אל כרמל**) (J21) - Judäa; arabischer Dorfflecken; auf dem angrenzenden Ausgrabungshügel befand sich der Ort **Karmel (כרמל)** im Gebiet des Stammes Jehuda (Juda) (Jos 15,55) (danach wurde der Moschav **Karmel** (auch J21) benannt).

Ma’on (**מעון**) (J21) - Judäa; 1981 wiedergegründet; benannt nach einem Ort im Gebiet des Stammes Jehuda (Juda) (Jos 15,55), der sich auf dem Ausgrabungshügel ungefähr 3 km westlich des heutigen Moschav befand.

‘En Gedi (**עין גדי**) (L21) - Ufer des Toten Meeres; 1953 wiedergegründet; Ort, wo sich David vor König Scha’ul (Saul) in einer Höhle versteckte und trotz der Gelegenheit Scha’ul (Saul) nicht tötete (1.Sam24,1). In Hld1,14 vergleicht die Freundin den Freund mit den schönen Blumen in der Oase **‘En Gedi**.

Tal Or (**טל-אור**) (C22) - nördlicher Negev; Farm 1957 gegründet; heißt **„Tau des Lichtes“** und benannt nach Jes 26,19: „Deine (Gottes) Toten werden leben....Denn ein **Tau der Lichter** ist dein Tau.“ (Hiernach ist auch der Moschav „Orot“ (Lichter) (E18) benannt.)

Ma'galim (**מעגלים**) (D 22) - nördlicher Negev; 1958 gegründet; heißt **„Pfade"** und ist benannt nach Ps 65,12: „und deine (Gottes) **Pfade** triefen von Fett (Segen)."

Melilot (**מלילות**) (D 22) - nördlicher Negev; 1953 gegründet; heißt **„Ähren"** und ist benannt nach 5.Mose 23,26: „Wenn du in das Feld deines Nächsten gehst, so darfst du mit der Hand **Ähren** abrupfen."

Tidhar (**תדהר**) (D 22) - nördlicher Negev; 1953 gegründet; ist ein Baumname, vermutlich **„Ulme"** und benannt nach Jes 41,19: Gott spricht „Ich werde pflanzen ... in der Steppe miteinander Zypresse(n), **Ulme(n)** und Schirbinzeder(n)."

Te'ashur (**תאשור**)(D 22) - nördlicher Negev; 1953 gegründet; heißt **„Scherbinzeder"** und benannt nach Jes 41,19: Gott spricht „Ich werde pflanzen ... in der Steppe miteinander Zypresse(n), Ulme(n) und **Scherbinzeder(n)."**

Berosh (**ברוש**) (D 22) - nördlicher Negev; 1953 gegründet; heißt **„Zypresse"** nach Jes 41,19: Gott spricht „Ich werde pflanzen ... in der Steppe miteinander **Zypresse(n)**, Ulme(n) und Schirbinzeder(n)."

Rannen (**רנן**) (D 22) - nördlicher Negev; 1950 gegründet; heißt **„das Jubeln"**, und benannt nach Jes 35,2: „Sie (die Wüste/Steppe) wird kräftig blühen und frohlocken, sogar mit Jauchzen und **Jubeln".**

Bit<u>h</u>a (**בטחה**) (D 22) - nördlicher Negev; 1956 gegründet; heißt **„Vertrauen"** und benannt nach

Jes 30,15: „In der Ruhe und im **Vertrauen** soll eure Stärke liegen."

Peduyyim (**פדויים**) (D 22) - nördlicher Negev; 1950 gegründet; heißt **„Erlöste, Befreite"** und benannt nach Jes 35,10: „Die **Befreiten** des Herrn werden zurückkehren und nach Zion kommen mit Jubelgesang".

Gilat (**גילת**) (D 22) - nördlicher Negev; 1949 gegründet; heißt **„das Frohlocken, das Jauchzen"** (von Gila) und benannt nach Jes 35,2: „Sie (die Wüste/Steppe) wird kräftig blühen und frohlocken, sogar mit **Jauchzen** und Jubeln".

Maslul (**מסלול**) (D 22) - nördlicher Negev; 1950 gegründet; heißt **„Bahn"** und benannt nach Jes 35, 8: „Und es wird dort (in der begrünten Wüste) eine **Bahn** geben".

Tifrah (**תפרח**) (D 22) - nördlicher Negev; 1949 gegründet; bedeutet: **„Sie** (die Wüste/Steppe) **wird .. blühen..."** (Jes 35,2)

Mishmar HaNegev (**משמר הנגב**) (E 22) - nördlicher Negev; 1946 gegründet; heißt **„die Wache des Negev"** und benannt nach der biblischen Bezeichnung für den trockenen, südlichen Teil Israels (z.B. 1.Mose 13,1; 4.Mose 13,17).

Eshel HaNasi (**אשל הנשיא**) (E 22) - nördlicher Negev in der Nähe von Be'er Sheva'; Landwirtschaftsschule, 1952 gegründet; heißt **„die Tamariske des Präsidenten"** und benannt nach dem 1. israelischen **Staatspräsidenten** Weizmann und der **Tamariske**, die Avraham (Abraham) hier in der Nähe in Be'er Scheva pflanzte (1.Mose 21,33).

Lahav (להב) (F 22) - südliche Schefela; 1952 gegründet; hieß anfangs **Ziqlag**; ist wahrscheinlich Stelle des biblischen Ortes **Ziqlag** (Ziklag) (Ausgrabung (Tel Halif) direkt neben dem Kibbuz), der zunächst zum Gebiet des Stammes Schim'on (Simeon) gehörte (Jos 19,5). Später erhielt David, während er von König Scha'ul (Saul) verfolgt wurde, diesen Ort vom Philisterfürsten von Gat (1.Sam 27,6).

Nahal Sansana (**נח"ל סנסנה**) (G 22; genaue Koordinaten: 140:086) - südliches Judäa; 1998 gegründet; heißt „**Nachalsiedlung Szanßana**" (Erklärung zu „Nachal" s.o. Nahal Ginnat (K 10)); benannt nach **Szanßana**, Ort im Gebiet des Stammes Jehuda (Juda) (Jos 15,31), ungefähr 2 km südlich vom modernen Ort gelegen.

(E) Sammu' (**סמוע (א)**) (H 22) - südliches Judäa; arabischer Ort; Ort des biblischen **Eshtemoa'**, einer Levitenstadt im Gebiet des Stammes Jehuda (Juda) (**אשתמוע**; Jos 21,14; 1.Sam 30,28).

Shim'a (**שמעה**) (H 22; genaue Koordinaten: 150:088) - südliches Judäa; 1985 gegründet; benannt nach einem Bruder von König David (z.B. 2.Sam 13,3).

Nahal Yatir (**נח"ל יתיר**) (H 22; genaue Koordinaten: 151:084) - südliches Judäa; 1998 gegründet; heißt **„Nachalsiedlung Yatir"** (Erklärung zu „Nachal" s.o. Nahal Ginnat (K 10)); benannt nach **Yatir,** Ort im Gebiet des Stammes Jehuda (Juda) (Jos 15,48), ungefähr 2 km südlich vom modernen Ort gelegen.

Mahane Yatir (**מחנה יתיר**) (H 22) - südliches Judäa; 1979 gegründet; heißt **„Lager Yatirs"**; benannt nach **Yatir,** Ort im Gebiet des Stammes Jehuda (Juda) (Jos 15,48), ungefähr 5 km westlich vom modernen Ort gelegen.

Har ‘Amasa — (**הר עמשא**) (H 22) - südliches Judäa; 1983 gegründet; heißt **„Berg Amaßa (‘Amasa)“** und benannt nach **Amaßa (‘Amasa)**, einem Neffen Davids (1.Chr 2,17).

Mezadot Yehuda - (Bet Yatir) (**מצדות יהודה**) (J 22) - südliches Judäa; 1979 gegründet; heißt **„Burgfestungen Yehudas (Judas)“; Jehuda (Juda)** ist ein Sohn Ja’aqovs (Jakobs) und Leas, und sein Name bedeutet **„Yah(we) (dem Herrn) danken“** (1.Mose 29,35). Er ist Stammvater eines Stammes Israels (1.Mose 49,8), von dem sich die Volksbezeichnung „Juden“ ableitet.

Nir Yizhaq — *(**ניר יצחק**) (A 23) - nördlicher Negev; 1949 gegründet; heißt **„Neuland Jizchaqs (Isa’aks)“;** benannt nach **Yizhaq** Sadeh; **„Jizchaq“ (Isa’ak)** ist der Sohn Avrahams (Abrahams) und Stammvater des Volkes Israel (1.Mose 21,3).*

Magen — (**מגן**) (B 23) - nördlicher Negev; 1949 gegründet; heißt **„Schutzschild“;** so genannt nach 1.Mose 15,1: Gott spricht: „Fürchte dich nicht, Avram (Abram)! Ich bin dein **Schutzschild“** und wegen der Schutzfunktion dieser vorgeschobenen Negevsiedlung für die Verteidigung Israels im Unabhängigkeitskrieg. Manche (schon einige Kirchenväter) vermuten, dass die Ruinen innerhalb des Kibbuz von der biblischen Stadt Bethul (Jos 19,4) / Bethu’el (1.Chr 4,30) im Gebiet des Stammes Schim’on (Simeon) herstammen.

‘En HaBesor (**עין הבשור**) (B 23) - nördlicher Negev; 1982 gegründet; heißt **„Quelle des Beßor“** und benannt nach dem nahegelegenen **Beßortal,** einer Station auf Davids Feldzug gegen die Amalekiter (1.Sam 30,9).

Yesha’ (**ישע**) (B 23) - nördlicher Negev; 1957 gegründet; Name bedeutet **„Rettung“** und benannt nach Ps 20,7 „gewaltige **Rettung** bringt seine (Gottes) rechte Hand“

Mivtahim (**מבטחים**) (B 23) - nördlicher Negev; 1947 gegründet; heißt wörtlich **„Sicherheiten“** und benannt nach Jes 32,18: Gott spricht: „Und mein Volk wird wohnen ... in Wohnungen der **Sicherheit“.** (s.o. nach demselben Bibelvers benannt: Newe Mivtah, E 17)

Zohar (**צחר**) (B 23) - nördlicher Negev; 1973 gegründet; benannt nach einem der Söhne Schim’ons (Simeons) (1.Mose 46,10), dessen Stammesgebiet in dieser Gegend lag.

Ohad (**אוהד**) (B 23) - nördlicher Negev; 1969 gegründet; benannt nach einem der Söhne Schim’ons (Simeons) (1.Mose 46,10), dessen Sippenwohngebiet in dieser Gegend lag.

*Talme Eliyyahu (**תלמי אליהו**) (B 23) - nördlicher Negev; 1970 gegründet; heißt **„Ackerfurchen Elijahus“;** benannt nach **Eliyyahu** Krause; **„Elijahu (Elia)“** bedeutet **„Mein Gott ist Yah(we) (Der Herr)“; Elijahu** kämpfte als Prophet (1.Könige 17,1) zur Zeit König Achavs (Ahabs) gegen den Baalskult.*

Hazerim (**חצרים**) (E 23) - nördlicher Negev; 1946 gegründet; benannt nach 5.Mose 2,23, wo es

„Höfe, Gehöfte“ bedeutet und genau die Gegend des heutigen Kibbuz (nördlicher Negev bis Asa (Gaza)) bezeichnet: „die Awwiter, die in **Gehöften** wohnten bis nach Asa (Gaza)“. Es kann aber auch **„Vorhöfe“** bedeuten, woran Ps 84,11 erinnert: „Denn 1 Tag in deinen **Vorhöfen** ist besser als sonst 1000.“

Be'er Sheva' (**באר-שבע**) (E 23) - nördlicher Negev; bestand schon in biblischer Zeit; in arabischer Zeit verlassen, 1880 vom Osmanischen Reich als kleiner Beduinenort errichtet. Nach der Gründung Israels gewaltiges Wachstum auf 135.000 Einwohner; viertgrößte Stadt Israels. Der Name **„Beer Scheva“** wird 2x in der Bibel als „Schwör-Brunnen“ erklärt: 1. In 1.Mose 21,31, weil Avimelech und Avraham (Abraham) dort einen Bund schlossen und schworen, dass Avraham (Abraham) den dortigen Brunnen für seine Viehherde benutzen darf. 2. In 1.Mose 26,33, weil Jizchak (Isaak) und Avimelech dort einander schworen, in Frieden zu leben.

'Arad (**ערד**) (K 23) - nördlicher Negev; 1961 erfolgreiche Wiedergründung; benannt nach einer biblischen Stadt (Jos 12,14; Ri 1,16), die sich auf dem Ausgrabungshügel ca. 10 km westlich der modernen Stadt befand.

---

*Sedei Avraham (**שדי אברהם**) (A 24) - nördlicher Negev; 1981 gegründet; heißt **„Feld Avrahams“**; benannt nach **Avraham** Herzfeld. **Avraham (Abraham),** der Stammvater des jüdischen Volkes, zog aus Ur am Euphrat nach Israel, das Gott ihm und seinen Nachkommen als dauerndes Erbe versprochen hatte (1.Mose 12; 13,15; 17,5). Schon zu Anfang hielt Avraham*

(Abraham) sich auch hier im Negev (Südland) auf (1.Mose 12,9).

Talme Yosef	*(תלמי יוסף) (A 24) - nördlicher Negev; 1982 an diesem Ort gegründet; heißt **„Akkerfurchen Joßefs (Josefs)"; Joßef (Josef)** bedeutet **„Yah(we) (Der Herr) fügt hinzu, vermehrt";** 1. Sohn von Ja'aqov (Jakob) und Rachel (1.Mose 30,24), der später in Ägypten zur Rettung des Volkes Israel beitrug.*
Revivim	(**רביבים**) (E 25) - nördlicher Negev; 1943 gegründet; heißt **„Regenschauer"** (die „Regen"); benannt nach Micha 5,6: „Und der Überrest Ja'aqovs (Jakobs) wird wie **Regenschauer** aufs Gras sein." (auch Stadtteil Tel Avivs (E 14)).
Dimona	(**דימונה**) (H 25) - nördlicher Negev; 1955 wiedergegründet; benannt nach einem Ort im Gebiet des Stammes Jehuda (Juda) (Jos 15,22).
Sedom	(**סדום**) (L 25) - Ufer des Toten Meeres; chemische Fabrik zur Verarbeitung der Mineralien des Toten Meeres; 1934 gegründet; benannt nach der biblischen Stadt Szedom (Sedom, Sodom), die Gott wegen ihrer Sünde vernichtete (1.Mose 19,1; Hes 16,55).
'En Tamar	(**עין-תמר**) (L 26) - nördliches Aravatal; 1982 wiedergegründet; der Ort **Tamar** befand sich wahrscheinlich bei den Ausgrabungen im nahegelegenen Kibbuz 'Ir Ovot (K 28), war im Stammesgebiet Jehuda (Juda) von Schelomo (Salomo) aufgebaut worden (1.Kön 9,18) und soll nach der Verheißung Teil der Ostgrenze Israels auch in der Endzeit (Hes 47,19) sein.

Kadesh Barnea'(**קדש ברנע**) (B 27) - mittlerer Negev an der ägyptischen Grenze; (Nizzane Sinai) 1977 im Szinai (Sinai) gegründet, seit 1986 an gegenwärtiger Stelle; benannt nach **Kadesch Barnea**, dem Wohnort Avrahams (Abrahams) (1.Mose 20,1) und langem Aufenthaltsort der Israeliten auf der Wüstenwanderung (5.Mose 1,46), von wo aus sie das erste Mal das Land Israel erkundeten (4.Mose 13,26).

Qezi'ot (**קציעות**) (B 27) - mittlerer Negev an der ägyptischen Grenze; 1953 als Siedlung gegründet, heute Lager der Gadna-Jugendorganisation, wo ältere Jugendliche sich auf den Militärdienst vorbereiten können; heißt **„Kassiapflanzen"** und benannt nach Ps 45,9: „Myrrhe, Aloeholz und **Kassiapflanzen** sind alle deine Kleider."

Ezuz ***(עזוז)*** *(B 28) – mittlerer Negev; 1985 gegründet; heißt wegen der 2 ausgegrabenen antiken Brunnen Be'erotayim und wird mit den 2 Brunnen (Be'erot) aus 5.Mose 10,6 identifiziert.*

'Ir Ovot (**עיר אובות**) (K 28) - nördliches Aravatal; 1966 gegründet; der Name stammt vom Ort **Ovot** in dieser Gegend, auf dem die Israeliten während der Wüstenwanderung kurz vor dem Betreten des Moabitergebietes Station machten (4.Mose 21,10-11; 33,43). Die Ausgrabungen im Kibbuz sind vermutlich der biblische Ort **Tamar** (1.Kön 9,18; Hes 47,19).

Zofar (**צופר**) (J 31) - mittleres Aravatal; 1970 gegründet; benannt nach einem der 3 Freunde Hiobs (Hiob 2,11). (Siehe unten die nach den 2 anderen der 3 Freunde benannten Orte Mahane Bildad (J 32) und Elifaz (H 39).) Außerdem gibt es in der Nähe einen Nachal Zofar.

Mahane Bildad (מחנה בלדד) (J 32) - mittleres Aravatal; 1983 gegründet; benannt nach einem der 3 Freunde Hiobs (Hiob 2,11). (Siehe die nach den 2 anderen der 3 Freunde benannten Orte Zofar (J 31) und Elifaz (H 39).)

Paran (פארן) (J 33) - mittleres Aravatal; 1972 gegründet; benannt nach einem biblischen Wüsten- und Bergnamen: 4.Mose 13,3; 5.Mose 33,2.

Yahel (יהל) (J 36) - mittleres Aravatal; 1976 gegründet; heißt **„Er wird ein Zelt aufschlagen."** und benannt nach Jes 13,20.

Lotan (לוטן) (H 37) - südliches Aravatal; 1983 gegründet; benannt nach einem Sohn von Sze'ir (Se'ir) und späteren Fürsten im Land Edom, wo auch Eßaw (Esau) wohnte (z.B. 1.Mose 36,20).

Qetura (קטורה) (H 37) - südliches Aravatal; 1970 gegründet; benannt nach der 2. Frau Avrahams (Abrahams) (1.Mose 25,1).

Yotvata (יטבתה) (H 38) - südliches Aravatal; 1951 wiedergegründet; benannt nach einem Ort auf der Wüstenwanderung der Israeliten (4.Mose 33,34 und 5.Mose 10,7), der sich vermutlich beim heutigen Taba am Roten Meer neben der israelisch-ägyptischen Grenze befand.

Elifaz (אליפז) (H 39) - südliches Aravatal; 1982 gegründet; benannt nach einem der 3 Freunde Hiobs (Hiob 2,11) (sprich den Namen: Elifas). (Siehe die nach den 2 anderen der 3 Freunde benannten Orte Zofar (J 31) und Mahane Bildad (J 32).)

Timna' (**תמנע**) (G 40) - südliches Aravatal; 1955 gegründete Kupferminen am Ort von Bergwerken aus biblischer Zeit; benannt nach einem in der Bibel erwähnten Fürsten eines Stammes aus dem angrenzenden Edomiterreich (1.Mose 36,40).

Elot (**אילות**) (G 42) - südliches Aravatal nahe beim Roten Meer; 1956 wiedergegründet; benannt nach einem Ort aus biblischer Zeit bei Elat: 1.Kön 9,26.

Elat (**אילת**) (G 42) - Rotes Meer; wurde 1951 aus Lehmhütten, die eine Polizeistation beherbergten, wiedergegründet; benannt nach einem hier in biblischer Zeit gelegenen Ort, den die Israeliten schon auf der Wüstenwanderung durchzogen: 5.Mose 2,8 (der Ausgrabungshügel des in diesem Bibelvers auch erwähnten Ezion-Geber bei Elat liegt heute direkt hinter der jordanischen Grenze); Hafen zur Zeit Schelomos (Salomos): 2.Kön 14,22.

3. Verwendete Literatur

Becker,Claus Stefan, Kibbuz, Moschav und Freiwilligendienste - Israel, Freiburg 1997

Ben Gurion,David, Israel. Die Geschichte eines Staates, Frankfurt/M 1973

Bitan, Hanna, 1948-1998. Fifty Years of „Hityashvut". Atlas of Names of Settlements and Localities in Israel, Jerusalem 1999 (hebräisch geschrieben)

Carta's Official Guide to Israel and Complete Gazetteer to all Sites in the Holy Land, Jerusalem 1993, 3.Aufl.

Hareouveni, Emanouel (Hareuveni,'Immanu'el), Eretz-Israel. Lexicon, Tel Aviv 1999 (hebräisch geschrieben)

Hareouveni, Emanouel, The Settlements of Israel and their archeological Sites, Ramat Gan 1979 (hebräisch geschrieben)

Kadmon, Naftali, Toponomasticon. Geographical Gazetteer of Israel, Jerusalem 1994

Keel, Othmar / Küchler, Max, Orte und Landschaften der Bibel; Bd. 2: Der Süden, Göttingen 1982

Matthiesen, Jens / Lipinski, Ari, Kibbuz konkret, Freiburg 1991

Negev,Avraham/Gibson,Shimon, Archaeological Encyclopedia of the Holy Land, New York/London 2001

Place Names in Israel, A Compendium of Place Names in Israel compiled from various sources. Translated from Hebrew, Jerusalem 1962 (The Israeli Program for Scientific Translations)

Studienatlas zur Bibel. Historische Geographie der Biblischen Länder (deutsch bearbeitet von Nagy, B.T.), Neuhausen-Stuttgart 1983

Vilnay, Zev, Israel. Kunst- und Reiseführer mit Landeskunde, Stuttgart / Berlin / Köln / Mainz 1987, 2. Aufl.

Yesha, Communities in Yesha and Jordan Valley (Liste aller jüdischen Siedlungen in Judäa, Schomron (Samaria) (einschließlich Jordantal) und im Gazastreifen) (aus dem Internet von der Adresse „http://www.geocities.com/m_yericho/yishuvim.htm" heruntergeladen)

Yizhaqi, Arie (Hrsg.), אריה יצחקי (עורך),
(Israel Guide), מדריך ישראל
אנציקלופדיה שימושית לידיעת הארץ,
(Band 1-11) כרך: א - יא ,
(Jerusalem 1978) ירושלים 1978

4. Tabellarisches Ortslexikon, sortiert nach Bibelstellen

Bibl. Buch	Kap.	Vers	Ortsname	Plan-quadrat	Grün-dungsjahr
1.Mose	2	15	Hawwat 'Eden	M 10	1956
1.Mose	4	22	Tuval	K 5	1980
1.Mose	11	31	Newe Ur	N 8	1949
1.Mose	12	6	Elon More	L 12	1979
1.Mose	12	6	Nablus (Shekhem, Sichem)	K 12	bibl.Zeit
1.Mose	13	1	Mishmar HaNegev	E 22	1946
1.Mose	13	14	Negba	E 19	1939
1.Mose	13	18	Hebron (Hevron)	H 20	bibl.Zeit
1.Mose	15	1	Magen	B 23	1949
1.Mose	17	5	Kerem Avraham (Jerusalem)	K 17	1933
1.Mose	19	1	Sedom	L 25	1934
1.Mose	20	1	Kadesh Barnea' (Nizzane Sinai)	B 27	1977
1.Mose	21	31	Be'er Sheva'	E 23	bibl.Zeit
1.Mose	21	33	Eshel HaNasi	E 22	1952
1.Mose	23	2	Qiryat Arba'	J 20	1971
1.Mose	23	19	Hebron (Hevron)	H 20	bibl.Zeit
1.Mose	25	1	Qetura	H 37	1970
1.Mose	26	12	Me'a She'arim (Jerusalem)	K 17	1874
1.Mose	26	22	Rehovot	F 16	1890
1.Mose	26	33	Be'er Sheva'	E 23	bibl.Zeit
1.Mose	28	19	Beitin	K 16	bibl.Zeit
1.Mose	28	19	Bet El	K 16	1977
1.Mose	28	19	Bet El B	K 15	1978
1.Mose	29	35	Bene Yehuda	O 6	1972 (2.)
1.Mose	29	35	Ganne Yehuda	F 14	1951
1.Mose	29	35	Mezadot Yehuda (Bet Yatir)	J 22	1979
1.Mose	29	35	Tirat Yehuda	G 15	1949
1.Mose	32	3	Mahanayim	N 4	1898
1.Mose	32	3	Mahanayim (Jerusalem)	K 17	1926
1.Mose	35	19	Efrata	J 19	1983
1.Mose	35	19	Ramat Rahel	K 18	1926
1.Mose	35	21	Migdal 'Oz	J 19	1977
1.Mose	36	20	Lotan	H 37	1983
1.Mose	36	40	Timna'	G 40	1955
1.Mose	36	43	Magdi'el (Hod HaSharon)	G 13	1924
1.Mose	37	17	Mevo Dotan	J 10	1981

Bibl. Buch	Kap.	Vers	Ortsname	Plan-quadrat	Gründungsjahr
1.Mose	46	10	Ohad	B 23	1969
1.Mose	46	10	Zohar	B 23	1973
1.Mose	46	27	Bet Ya'aqov (Jerusalem)	K 17	1877
1.Mose	47	11	Metav	K 9	1954
1.Mose	49	8	Bene Yehuda	O 6	1886 (1.)
1.Mose	49	8	Ganne Yehuda	F 14	1951
1.Mose	49	8	Mezadot Yehuda (Bet Yatir)	J 22	1979
1.Mose	49	8	Tirat Yehuda	G 15	1949
1.Mose	49	21	Ahuzzat Naftali	M 6	1949
1.Mose	49	21	Ramot Naftali	N 3	1945
1.Mose	49	21	Shefer	M 4	1950
1.Mose	49	22	Porat	G 12	1950
2.Mose	1	5	Bet Ya'aqov (Jerusalem)	K 17	1877
2.Mose	15	2	Zimrat	C 21	1957
2.Mose	16	31	Bet Yisra'el (Jerusalem)	K 17	1887
2.Mose	19	5	Segula	E 19	1953
2.Mose	28	1	Itamar	K 13	1984
2.Mose	28	17	Bareqet	G 15	1952
2.Mose	28	18	Nofekh	G 14	1949
2.Mose	28	20	Shoham	G 15	1992
2.Mose	30	34	Nataf	H 17	1982
2.Mose	31	6	Ahisamakh	G 16	1950
2.Mose	34	18	Kefar Aviv	E 17	1951
3.Mose	25	10	Kefar HaYovel (Ma'as)	G 14	1934
3.Mose	26	13	Qomemiyyut	E 19	1950
4.Mose	2	3	Mahane Yehuda (Jerusalem)	K 17	1887
4.Mose	3	35	Zuri'el	K 4	1950
4.Mose	10	14	'Aminadav	J 18	1950
4.Mose	10	14	Nahshon	G 17	1950
4.Mose	10	14	Nahshonim	G 14	1949
4.Mose	10	22	Elishama'	G 13	1951
4.Mose	10	25	Ahi'ezer	F 15	1950
4.Mose	11	26	Kefar Eldad	K 19	1999
4.Mose	13	3	Paran	J 33	1972
4.Mose	13	17	Mishmar HaNegev	E 22	1946
4.Mose	13	26	Kadesh Barnea' (Nizzane Sinai)	B 27	1977
4.Mose	13	30	Na'ale	H 15	1988
4.Mose	21	10	'Ir Ovot	K 28	1966
4.Mose	*21*	*19*	*Nahali'el*	*J 15*	*1984*
4.Mose	23	9	Nahal Geva'ot	J 18	1983
4.Mose	23	9	Rosh Zurim	J 19	1969
4.Mose	24	5	Mishkenot (Jerusalem)	K 17	1875
4.Mose	24	17	Kokhav Ya'aqov	K 16	1985

Bibl. Buch	Kap.	Vers	Ortsname	Plan-quadrat	Gründungsjahr
4.Mose	26	12	Yakhini	D 21	1950
4.Mose	33	34	Yotvata	H 38	1951
5.Mose	*10*	*6*	*Ezuz*	*B 28*	*1985*
4.Mose	34	23	Hanni'el	G 11	1950
4.Mose	34	27	Ahihud	J 5	1950
4.Mose	34	27	Shelomi	J 3	1950
5.Mose	2	8	Elat	G 42	1951
5.Mose	2	23	Hazerim	E 23	1946
5.Mose	3	9	Senir	O 1	1967
5.Mose	4	43	Lahavot HaBashan	O 2	1945
5.Mose	10	7	Yotvata	H 38	1951
5.Mose	11	29	Berakha	K 13	1982
5.Mose	12	20	Yarhiv	G 13	1949
5.Mose	22	9	Mele'a	K 9	1956
5.Mose	23	26	Melilot	D 22	1953
5.Mose	32	13	Hallamish	J 15	1977
5.Mose	32	13	Tenuvot	G 11	1952
5.Mose	33	2	Paran	J 33	1972
5.Mose	33	13	Megadim	G 7	1949
5.Mose	33	17	Alfe Menashe	H 13	1983
5.Mose	33	24	Osherat	J 4	1983
5.Mose	33	27	Me'ona	K 4	1949
5.Mose	33	28	'En Ya'aqov	K 4	1950
Jos	1	1	Kefar Bin Nun	G 16	1952
Jos	4	19	Gilgal	M 15	1970
Jos	6	2	Jericho (Yeriho)	M 16	bibl.Zeit
Jos	6	2	Mizpe Yeriho	L 17	1978
Jos	6	2	Wered Yeriho	M 17	1980
Jos	7	2	Deir Dibwan	K 16	bibl.Zeit
Jos	10	10	Beit 'Ur el Fauqa (obere Bet Horon)	J 16	bibl.Zeit
Jos	10	10	Beit 'Ur et Tahta (untere Bet Horon)	H 16	bibl.Zeit
Jos	10	10	Bet Horon	J 16	1977
Jos	10	10	Mevo Horon	H 17	1974
Jos	10	12	El - Jib	J 17	bibl.Zeit
Jos	10	12	Giv'on Hadasha	J 17	1980
Jos	10	12	Mishmar Ayyalon	G 16	1949
Jos	12	14	'Arad	K 23	1961
Jos	*12*	*23*	*Jaljulya*	*G 13*	*bibl.Zeit*
Jos	13	13	Geshur	O 6	1971

Bibl. Buch	Kap.	Vers	Ortsname	Plan-quadrat	Gründungsjahr
Jos	15	9	Ma'oz Ziyyon (Mevasseret Ziyyon)	J 17	1951
Jos	15	9	Me Nefto'ah (Jerusalem)	K 17	1950
Jos	15	10	Bet Shemesh	G 18	1950
Jos	15	10	Kesalon	H 17	1952
Jos	15	11	Gan Yavne	E 17	1932
Jos	15	11	Kerem Yavne	E 17	1954
Jos	15	11	Qevuzat Yavne	E 17	1941
Jos	15	11	Yavne	E 16	1949
Jos	15	21	Yagur	H 7	1922
Jos	15	22	Dimona	H 25	1955
Jos	15	23	Hazor Ashdod	E 17	1937
Jos	15	31	Nahal Sansana	G 22	1998
Jos	15	34	En Gannim (Petah Tiqwa)	G 14	1908
Jos	15	34	Zanoah	H 18	1950
Jos	15	35	'Adullam (Siedlungs-Region)	G 18	1957
Jos	15	36	Gedera	E 17	1884
Jos	15	39	Lakhish	F 20	1955
Jos	15	41	Bet Dagan	F 15	1949
Jos	15	41	Na'an	F 16	1930
Jos	15	43	Idna	G 20	bibl.Zeit
Jos	15	44	Qila	H 19	bibl.Zeit
Jos	15	48	Mahane Yatir	H 22	1979
Jos	15	48	Nahal Yatir	H 22	1998
Jos	15	48	Shamir	O 2	1944
Jos	15	51	Beit Jala	J 18	bibl.Zeit
Jos	15	51	Gilo (Jerusalem)	K 17	1972
Jos	15	51	Har Gilo	J 18	1978
Jos	15	51	Holon	E 15	1933
Jos	15	52	Duma	G 21	bibl.Zeit
Jos	15	53	Taffuh	H 20	bibl.Zeit
Jos	15	54	Qiryat Arba'	J 20	1971
Jos	15	54	Si'ir	J 19	bibl.Zeit
Jos	15	55	El Karmil	J 21	bibl.Zeit
Jos	15	55	Karmel	J 21	1981
Jos	15	55	Ma'on	J 21	1981
Jos	15	55	Yatta	H 21	bibl.Zeit
Jos	15	58	Halhul	J 20	bibl.Zeit
Jos	15	58	Jadur	H 19	bibl.Zeit
Jos	15	58	Karme Zur	H 19	1984
Jos	15	59	Shoresh	H 17	1948
Jos	*16*	*2*	*'Atara*	*J 15*	*bibl.Zeit*
Jos	*16*	*2*	*'Ein 'Arik*	*J 16*	*bibl.Zeit*

Bibl. Buch	Kap.	Vers	Ortsname	Plan-quadrat	Gründungsjahr
Jos	16	2	'Atarot (Jerusalem)	K 17	1922
Jos	16	2	Bene 'Atarot	G 15	1948
Jos	16	5	Beit 'Ur el Fauqa (obere Bet Horon)	J 16	bibl.Zeit
Jos	16	5	Ma'ale Efrayim	L 14	1978
Jos	16	5	Sha'ar Efrayim	H 12	1953
Jos	17	1	Ramot Menashe	H 8	1948
Jos	17	1	Sha'ar Menashe	H 10	1949
Jos	17	3	Hogla	G 11	1933
Jos	17	8	Kefar Tappuah	K 14	1978
Jos	17	11	'En Dor	L 8	1948
Jos	18	10	Shillo	K 14	1979
Jos	18	13	Har Adar	J 17	1986
Jos	18	14	Qiryat Ye'arim	H 17	1952
Jos	18	17	Kefar Adummim	L 17	1979
Jos	18	17	Ma'ale Adummim	K 17	1975
Jos	18	22	Ramallah (Zemaraim)	J 16	bibl.Zeit
Jos	18	23	'Ofra	K 15	1975
Jos	18	24	Geva' Binyamin	K 17	1984
Jos	*18*	*25*	*(El) Bira*	*K 16*	*bibl.Zeit*
Jos	*18*	*25*	*(E) Ram*	*K 16*	*bibl.Zeit*
Jos	18	26	En - Nabi Samwil	J 17	bibl.Zeit
Jos	18	26	Moza	J 17	1894
Jos	18	26	Moza 'Illit	J 17	1933
Jos	*18*	*27*	*Rafat*	*J 16*	*bibl.Zeit*
Jos	18	28	Giv'at Ye'arim	H 17	1950
Jos	19	5	Lahav	F 22	1952
Jos	19	10	Sarid	K 8	1926
Jos	19	12	Iksal (Kislot Tavor)	L 7	bibl.Zeit
Jos	19	12	Yafa	K 7	bibl.Zeit
Jos	19	13	Rummana	K 6	bibl.Zeit
Jos	19	13	Bet Rimmon	L 6	1977
Jos	19	13	Mash-had	L 7	bibl.Zeit
Jos	19	14	Hannaton	K 6	1984
Jos	19	15	Beth Lehem HaGelilit	J 7	1948
Jos	19	15	Nahalal	J 7	1921
Jos	19	18	Sulam (Shunem)	L 8	bibl.Zeit
Jos	19	18	Yizre'el	L 9	1948
Jos	*19*	*19*	*(E)Taiyiba*	*M 8*	*bibl.Zeit*
Jos	19	24	Osherat	J 4	1983
Jos	19	25	'Adi	J 6	1980
Jos	*19*	*25*	*Ibtin*	*J 6*	*bibl.Zeit*
Jos	19	27	Bet Ha'Emeq	J 4	1949

Bibl. Buch	Kap.	Vers	Ortsname	Plan-quadrat	Gründungsjahr
Jos	19	27	Kabul (Kavul)	K 5	bibl.Zeit
Jos	19	28	'Evron	H 4	1945
Jos	19	30	Afeq	J 6	1939
Jos	19	33	Yavne'el	M 7	1901
Jos	19	34	Huqoq	M 5	1945
Jos	19	35	Kinneret (Kibbuz)	N 7	1913
Jos	19	35	Kinneret (Moshava)	N 7	1909
Jos	19	35	Tiberias	N 6	bibl.Zeit
Jos	19	36	Hazor HaGelilit	N 4	1953
Jos	19	36	Rama (Obergaliläa)	L 4	bibl.Zeit
Jos	19	38	Yir'on	M 3	1949
Jos	19	40	Newe Dan (Tel Aviv)	E 14	1950
Jos	19	41	Eshta'ol	H 17	1949
Jos	19	41	Zor'a	G 17	1948
Jos	19	42	Sha'alvim	G 16	1951
Jos	19	44	Ge'alya	E 16	1948
Jos	19	44	Gibbeton (Rehovot)	F 16	1933
Jos	*19*	*45*	*Azor*	*F 15*	*1948*
Jos	19	45	Bene Beraq	F 14	1924
Jos	19	45	Gat Rimmon	F 14	1926
Jos	19	45	Yehud	F 15	1948
Jos	19	46	Yafo (Tel Aviv)	E 14	bibl.Zeit
Jos	19	47	Dan	O 1	1939
Jos	21	14	Sammu'	H 22	bibl.Zeit
Jos	21	15	Devira	F 21	1951
Jos	21	15	Rabud	H 21	bibl.Zeit
Jos	21	18	'Almon	K 17	1982
Jos	21	18	'Anata	K 17	bibl.Zeit
Jos	21	21	Gezer	G 16	1945
Jos	21	28	Dabburiya	L 7	bibl.Zeit
Jos	21	28	Daverat	L 8	1946
Jos	21	29	Jenin	K 10	bibl.Zeit
Jos	21	30	'Avdon	J 3	1952
Jos	21	34	Yoqne'am	J 8	1935
Jos	21	34	Yoqne'am Illit	J 8	1950
Jos	21	35	Nahalal	J 7	1921
Jos	24	25	Nablus (Shekhem, Sichem)	K 12	bibl.Zeit
Ri	1	16	'Arad	K 23	1961
Ri	1	27	Bet She'an	M 9	bibl.Zeit
Ri	1	31	'Akko	H 5	bibl.Zeit
Ri	2	9	Ga'ash	F 12	1951
Ri	3	9	'Otni'el	H 21	1983

Bibl. Buch	Kap.	Vers	Ortsname	Plan-quadrat	Gründungsjahr
Ri	4	2	Qiryat Haroshet	J 7	1935
Ri	4	4	Devora	K 9	1956
Ri	4	6	Ahuzzat Baraq	L 8	1998
Ri	4	6	Baraq	K 9	1956
Ri	4	14	Shadmot Devora	M 7	1939
Ri	4	17	Hever	K 9	1950
Ri	4	17	Ya'el	K 9	1960
Ri	5	7	Perazon	K 9	1953
Ri	5	13	Addirim	K 9	1956
Ri	5	21	Midrakh 'Oz	J 8	1952
Ri	*6*	*11*	*(E)Taiyiba*	*H12*	*bibl.Zeit*
Ri	7	1	Zor'a	L 9	1921
Ri	7	1	Gid'ona	L 9	1949
Ri	7	1	Kefar Gid'on	K 8	1923
Ri	7	22	Bet HaShitta	M 9	1935
Ri	*9*	*50*	*Tubas*	*L 11*	*bibl. Zeit*
Ri	11	1	Yiftah	N 2	1948
Ri	12	15	Far'ate	J 13	bibl.Zeit
Ri	13	25	Eshta'ol	H 17	1949
Ri	13	25	Zor'a	G 17	1948
Ri	16	4	Gan Soreq	E 15	1950
Ri	16	4	Nahal Soreq	F 17	1914
Ri	*20*	*45*	*Rammun*	*K 16*	*bibl.Zeit*
Ri	*21*	*19*	*Lubban Sharqiyya*	*K 14*	*bibl.Zeit*
Ri	21	19	Ma'ale Levona	K 14	1983
Ruth	1	2	No'omi	M 16	1982
1.Sam	1	1	Elqana	H 14	1977
1.Sam	1	1	Ramathaim (Hod HaSharon)	G 13	1925
1.Sam	1	9	'Eli	K 14	1984
1.Sam	1	19	Ramallah	J 16	bibl.Zeit
1.Sam	4	3	Shillo	K 14	1979
1.Sam	5	1	Ashdod	D 17	1957
1.Sam	6	12	Bet Shemesh	G 18	1950
1.Sam	6	17	Ashdod	D 17	1957
1.Sam	6	17	Ashqelon	C 18	1951
1.Sam	6	17	Gat	F 19	1942
1.Sam	6	17	Gaza ('Azza)	B 20	bibl.Zeit
1.Sam	6	17	Kefar 'Azza (Gaza)	C 21	1951
1.Sam	6	17	Qiryat 'Eqron	F 16	1948
1.Sam	6	17	Qiryat Gat	E 19	1954
1.Sam	6	17	Revadim	F 17	1948
1.Sam	7	1	Qiryat Ye'arim	H 17	1952

Bibl. Buch	Kap.	Vers	Ortsname	Plan-quadrat	Gründungsjahr
1.Sam	7	17	Ramallah	J 16	bibl.Zeit
1.Sam	10	2	Ramat Rahel	K 18	1926
1.Sam	10	17	En - Nabi Samwil	J 17	bibl.Zeit
1.Sam	11	14	Gilgal	M 15	1970
1.Sam	14	3	Ahituv	G 11	1951
1.Sam	14	49	Merav	M 10	1987
1.Sam	15	29	Giv'at Nili	H 9	1953
1.Sam	15	29	Nili	H 15	1981
1.Sam	16	4	Bethlehem (Bet Lehem)	J 18	bibl.Zeit
1.Sam	19	22	Nayot (Jerusalem)	K 17	1962
1.Sam	21	2	Shu'afat (Jerusalem)	K 17	bibl.Zeit
1.Sam	*22*	*5*	*Kharas*	*H 19*	*bibl.Zeit*
1.Sam	23	2	Qila	H 19	bibl.Zeit
1.Sam	24	1	'En Gedi	L 21	1953
1.Sam	25	1	Ramallah	J 16	bibl.Zeit
1.Sam	27	6	Lahav	F 22	1952
1.Sam	28	7	'En Dor	L 8	1948
1.Sam	30	9	'En HaBesor	B 23	1982
1.Sam	30	28	Sammu'	H 22	bibl.Zeit
1.Sam	31	1	Ma'ale Gilboa'	L 10	1962
1.Sam	31	2	Nahal Malkishu'a	L 10	1976
1.Sam	31	10	Bet She'an	M 9	bibl.Zeit
2.Sam	1	18	Bet Qeshet	L 7	1944
2.Sam	1	21	Avital	K 9	1953
2.Sam	1	21	Magen Sha'ul	K 9	1976
2.Sam	1	21	Sedei Terumot	M 10	1951
2.Sam	2	29	Nahal Bitronot	N 11	1983
2.Sam	5	6	Jerusalem (Yerushalayim)	K 17	bibl.Zeit
2.Sam	5	16	Elifelet	N 4	1949
2.Sam	5	18	'Emeq Refa'im (Jerusalem)	K 17	1880
2.Sam	13	3	Shim'a	H 22	1985
2.Sam	*13*	*23*	*(E)Taiyiba*	*K 15*	*bibl.Zeit*
2.Sam	15	12	Beit Jala	J 18	bibl.Zeit
2.Sam	15	12	Gilo (Jerusalem)	K 17	1972
2.Sam	15	12	Har Gilo	J 18	1978
2.Sam	23	26	Helez	D 20	1950
2.Sam	23	27	Husan	J 18	bibl.Zeit
2.Sam	*23*	*31*	*Burham*	*J 15*	*bibl.Zeit*
2.Sam	23	36	Zova	J 17	1948
1.Kön	4	9	Bet Hanan	E 16	1930
1.Kön	4	9	Sha'alvim	G 16	1951

Bibl. Buch	Kap.	Vers	Ortsname	Planquadrat	Gründungsjahr
1.Kön	4	10	Bat Hefer	H 11	1996
1.Kön	4	10	Sha'ar Hefer	F 11	1940
1.Kön	6	29	Timmorim	E 18	1954
1.Kön	7	9	Massad	L 6	1983
1.Kön	8	56	Menuha	E 19	1953
1.Kön	9	17	Gezer	G 16	1945
1.Kön	9	18	'En Tamar	L 26	1982
1.Kön	9	18	'Ir Ovot	K 28	1966
1.Kön	9	26	Elot	G 42	1956
1.Kön	*11*	*26*	*Deir Ghassana*	*H 14*	*bibl.Zeit*
1.Kön	16	21	Nahal Ginnat	K 10	1982
1.Kön	16	24	'En Shemer	H 10	1927
1.Kön	17	1	Qiryat Eliyahu (Haifa)	G 6	1950
1.Kön	19	16	Mehola	M 11	1968
1.Kön	19	16	Shadmot Mehola	M 11	1979
1.Kön	20	26	Afiq	O 6	1967
1.Kön	21	1	Yizre'el	L 9	1948
2.Kön	2	18	Nahal Elisha	M 16	1982
2.Kön	4	8	Sulam (Shunem)	L 8	bibl.Zeit
2.Kön	*10*	*12*	*Beit Quad*	*L 10*	*bibl.Zeit*
2.Kön	14	22	Elat	G 42	1951
2.Kön	14	25	Mash-had	L 7	bibl.Zeit
2.Kön	15	1	'Azarya	G 16	1949
2.Kön	15	29	Yanuah	K 4	bibl.Zeit
2.Kön	17	24	Gan Shomeron	H 10	1934
2.Kön	17	24	Ma'ale Shomeron	H 13	1980
2.Kön	17	24	Qarne Shomeron	H 13	1978
2.Kön	17	24	Shave Shomeron	J 12	1977
2.Kön	18	14	Lakhish	F 20	1955
2.Kön	19	23	Mivhor	E 19	1955
2.Kön	21	19	Yodefat	K 6	1960
2.Kön	23	29	Megiddo	J 8	1949
2.Kön	*23*	*34*	*Elyakim*	*H 8*	*1949*
2.Kön	23	36	Pedaya	F 16	1951
1.Chr	2	17	Har 'Amas'a	H 22	1983
1.Chr	3	20	Berekhya	D 19	1950
1.Chr	3	23	'Azriqam	E 18	1950
1.Chr	4	6	Ahuzzam	E 20	1950
1.Chr	4	12	Nehusha	G 19	1955
1.Chr	4	14	Horeshim	G 13	1955
1.Chr	4	19	Naham	H 17	1950

Bibl. Buch	Kap.	Vers	Ortsname	Plan-quadrat	Gründungsjahr
1.Chr	4	23	Neta'im	E 15	1932
1.Chr	4	35	Yoshivya	D 21	1950
1.Chr	4	36	Benaya	E 17	1949
1.Chr	7	10	Zetan	F 15	1950
1.Chr	7	19	Ani'am	O 4	1978
1.Chr	7	21	El'ad	G 14	1996
1.Chr	*7*	*24*	*Beit Sira*	*H 16*	*bibl.Zeit*
1.Chr	7	24	Beit 'Ur et Tahta (untere Bet Horon)	H 16	bibl.Zeit
1.Chr	7	29	Dor	G 8	1949
1.Chr	7	29	Megiddo	J 8	1949
1.Chr	8	6	Manahat (Jerusalem)	K 17	1949
1.Chr	8	12	Lod	G 15	bibl.Zeit
1.Chr	8	12	Qiryat Ono	F 14	1939
1.Chr	11	34	Gizo	G 17	1960
1.Chr	*12*	*5*	*Judeira*	*J 16*	*bibl.Zeit*
1.Chr	13	5	Qiryat Ye'arim	H 17	1952
1.Chr	18	1	Gat	F 19	1942
1.Chr	18	1	Qiryat Gat	E 19	1954
1.Chr	23	17	Rehavya (Jerusalem)	K 17	1921
1.Chr	*24*	*8*	*'Illut*	*K 7*	*bibl.Zeit*
1.Chr	24	9	Malkiyya	M 3	1949
1.Chr	24	11	Shekhanya	K 5	1980
1.Chr	24	16	Petahya	F 16	1951
2.Chr	8	5	Beit 'Ur el Fauqa (obere Bet Horon)	J 16	bibl.Zeit
2.Chr	8	5	Beit 'Ur et Tahta (untere Bet Horon)	H 16	bibl.Zeit
2.Chr	8	5	Bet Horon	J 16	1977
2.Chr	8	5	Mevo Horon	H 17	1974
2.Chr	11	9	Adora	H 20	1984
2.Chr	11	9	Dura	H 20	bibl.Zeit
2.Chr	*13*	*19*	*'Ein Sinya*	*K 15*	*bibl.Zeit*
2.Chr	25	27	Amazya	G 20	1955
2.Chr	26	6	Gan Yavne	E 17	1932
2.Chr	26	6	Kerem Yavne	E 17	1954
2.Chr	26	6	Qevuzat Yavne	E 17	1941
2.Chr	26	6	Sede 'Uziyyahu	D 18	1950
2.Chr	26	6	Yavne	E 16	1949
2.Chr	28	18	Gimzo	G 16	1950
Esra	2	27	Ma'ale Mikhmash	K 16	1981

Bibl. Buch	Kap.	Vers	Ortsname	Plan-quadrat	Gründungsjahr
Esra	2	27	Mukhmas	K 16	bibl.Zeit
Esra	2	33	Hadid	G 15	1950
Esra	7	1	'Ezra (Tel Aviv)	E 14	1945
Esra	7	4	Zerahya	E 18	1950
Esra	7	9	Yesud HaMa'ala	N 3	1883
Esra	7	12	Bet 'Ezra	D 18	1950
Esra	8	13	Elifelet	N 4	1949
Neh	1	1	Bet Nehemya	G 15	1950
Neh	3	1	Elyashiv	G 11	1933
Neh	3	5	Teqoa'	K 19	1970
Neh	3	5	Tequ'	K 19	bibl.Zeit
Neh	3	13	Zanoah	H 18	1950
Neh	3	14	Bet HaKerem (Jerusalem)	K 17	1923
Neh	3	14	'En Kerem (Jerusalem)	K 17	1949
Neh	3	14	Givat Bet HaKerem (Jerusalem)	K 17	1963
Neh	3	15	Silwan (Jerusalem)	K 17	bibl.Zeit
Neh	6	2	Qiryat Ono	F 14	1939
Neh	*7*	*28*	*Hizma*	*K 17*	*bibl.Zeit*
Neh	7	45	Talmon	J 16	1989
Neh	10	4	Malkiyya	M 3	1949
Neh	11	14	Zavdi'el	E 19	1950
Neh	12	16	Ginnaton	G 15	1949
Esth	2	7	Hadassim	F 12	1947
Esth	2	7	Newe Hadassah	F 12	1949
Esth	2	7	Qiryat Hadassah (Jerusalem)	K 17	1960
Esth	2	7	Ramat Hadassah	J 7	1948
Esth	2	7	Zur Hadassah	H 18	1960
Esth	8	16	Ora	J 18	1950
Hiob	2	11	Elifaz	H 39	1982
Hiob	2	11	Mahane Bildad	J 32	1983
Hiob	2	11	Zofar	J 31	1970
Ps	8	1	Gittit	L 14	1973
Ps	14	7	Yagel	F 15	1950
Ps	18	35	Nehusha	G 19	1955
Ps	20	7	Yesha	B 23	1957
Ps	*22*	*1*	*Ayyelet Hashahar*	*N4*	*1916*
Ps	23	1	Ro'i	M 12	1976
Ps	27	1	Yish'i	F 18	1950
Ps	31	24	Emunim	D 18	1950
Ps	36	9	'Adanim	G 13	1950
Ps	45	4	Hagor	G 13	1949

Bibl. Buch	Kap.	Vers	Ortsname	Plan-quadrat	Gründungsjahr
Ps	45	9	Qezi'ot	B 27	1953
Ps	48	14	Hela	M 6	1952
Ps	61	4	Migdal 'Oz	J 19	1977
Ps	65	6	Newe Mivtah	E 17	1950
Ps	65	11	Telamim	D 20	1950
Ps	65	12	Ma'galim	D 22	1958
Ps	68	29	'Uza	E 19	1950
Ps	72	17	Yinnon	E 18	1952
Ps	*78*	*69*	*Menara (Ramim)*	*N 2*	*1943*
Ps	80	15	Gefen	F 18	1955
Ps	80	16	Kannot	E 17	1952
Ps	84	11	Hazerim	E 23	1946
Ps	89	14	Ta'oz	G 17	1950
Ps	89	14	Tarum	G 17	1950
Ps	92	14	Shetulim	E 17	1950
Ps	102	29	Yikkon	G 11	1951
Ps	118	5	Merhavya (Kibbuz)	K 8	1911
Ps	118	5	Merhavya (Moshav)	K 8	1922
Ps	118	15	Newe Yamin	G 13	1949
Ps	118	16	Romema (Haifa)	G 6	1970
Ps	118	16	Romema (Jerusalem)	K 17	1921
Ps	118	22	Rosh Pinna	N 4	1879
Ps	122	7	Shalwa	E 20	1952
Ps	126	4	Shuva	C 21	1950
Ps	135	12	Nahala	F 19	1953
Spr	2	7	Tushiyya	C 21	1958
Spr	3	17	Netivot	D 21	1956
Spr	3	17	No'am	F 20	1955
Spr	4	18	Nogah	E 19	1955
Spr	5	18	Meqor Barukh (Jerusalem)	K 17	1924
Spr	10	4	Haruzim	F 12	1951
Spr	18	10	Migdal 'Oz	J 19	1977
Spr	18	16	Matan	G 13	1997
Spr	25	11	Nahal Maskiyot	M 11	1986
Spr	31	19	Kishor	K 4	1976
Spr	31	19	Pelekh	K 4	1980
Spr	31	27	Zofiyya	E 16	1955
Hld	1	5	Qedar	K 18	1984
Hld	1	6	Notera	N 3	1958
Hld	1	14	'En Gedi	L 21	1953
Hld	2	1	Shoshanat Ha'Amaqim	F 11	1951

Bibl. Buch	Kap.	Vers	Ortsname	Plan-quadrat	Grün-dungsjahr
Hld	4	4	Talpiyyot (Jerusalem)	K 17	1922
Hld	6	2	‘Arugot	E 18	1949
Hld	6	11	Ibbim	D 20	1953
Hld	8	6	Reshafim	M 10	1948
Jes	1	27	Shave Ziyyon	H 4	1938
Jes	2	3	Ma’oz Ziyyon		
			(Mevasseret Ziyyon)	J 17	1951
Jes	2	4	Herev Le’et	G 10	1947
Jes	2	5	Kefar Bilu	F 16	1933
Jes	2	5	Talme Bilu	D 21	1953
Jes	2	13	Allone HaBashan	P 3	1981
Jes	3	1	Mash’en	D 19	1950
Jes	5	1	Ben Shemen	G 15	1922
Jes	7	3	She’ar Yashuv	O 1	1940
Jes	7	14	‘Immanu’el	J 13	1983
Jes	8	6	Silwan (Jerusalem)	K 17	bibl.Zeit
Jes	10	21	She’ar Yashuv	O 1	1940
Jes	10	28	Ma’ale Mikhmash	K 16	1981
Jes	10	28	Mukhmas	K 16	bibl.Zeit
Jes	10	32	Shu’afat (Jerusalem)	K 17	bibl.Zeit
Jes	11	1	Hoter (Be’er Ya’aqov)	F 16	1951
Jes	11	10	Nes ‘Ammim	J 4	1963
Jes	13	20	Yahel	J 36	1976
Jes	17	5	Bet Qama	E 21	1949
Jes	18	3	Nes Harim	H 18	1950
Jes	26	19	Orot	E 18	1952
Jes	26	19	Tal Or	C 22	1957
Jes	27	6	Yashresh	F 16	1950
Jes	27	6	Yaziz	F 16	1950
Jes	29	1	Ariel	J 14	1978
Jes	30	15	Bitha	D 22	1956
Jes	32	12	Sedei Hemed	G 13	1952
Jes	32	14	Bahan	H 11	1953
Jes	32	18	Mivtahim	B 23	1947
Jes	32	18	Newe Shalom (Tel Aviv)	E 14	1890
Jes	32	18	Newe Shalom	G 17	1969
Jes	33	20	Newe Sha’anan (Tel Aviv)	E 14	1922
Jes	33	20	Newe Sha’anan	H 6	1922
Jes	33	20	Newe Sha’anan (Jerusalem)	K 17	1925
Jes	35	2	Gilat	D 22	1949
Jes	35	2	Hadar HaKarmel (Haifa)	G 6	1912

Bibl. Buch	Kap.	Vers	Ortsname	Plan-quadrat	Gründungsjahr
Jes	35	2	Hod HaSharon	G 13	1964
Jes	35	2	Mishmar HaSharon	G 11	1933
Jes	35	2	Ramat HaSharon	F 13	1923
Jes	35	2	Rannen	D 22	1950
Jes	35	2	Tifrah	D 22	1949
Jes	35	7	Mabbu'im	D 21	1958
Jes	35	8	Maslul	D 22	1950
Jes	35	10	Hibbat Ziyyon	G 10	1933
Jes	35	10	Pedu'el	H 14	1984
Jes	35	10	Peduyyim	D 22	1950
Jes	37	2	Elyakim	H 8	1949
Jes	40	9	Mevasseret Yerushalayim		
			(Mevass.Ziyyon)	J 17	1956
Jes	40	9	Mevasseret Ziyyon	J 17	1964
Jes	41	18	Shefayim	F 12	1935
Jes	41	19	Berosh	D 22	1953
Jes	41	19	Te'ashur	D 22	1953
Jes	41	19	Tidhar	D 22	1953
Jes	41	27	Rishon LeZiyyon	F 15	1882
Jes	52	7	Mashmia' Shalom (Bene Re'em)	E 18	1949
Jes	54	12	Avne Hefez	H 12	1990
Jes	59	9	Nahal Negohot	G 20	1982
Jes	62	4	Hefzi Bah	M 9	1922
Jes	62	4	Hefzi Bah	G 10	1908
Jes	62	10	Mesillat Ziyyon	H 17	1950
Jes	62	12	Ge'ulle Teman	G 11	1949
Jer	1	1	'Anata	K 17	bibl.Zeit
Jer	1	1	Bet Hilqiyya	F 17	1953
Jer	2	2	Zeru'a	D 21	1953
Jer	4	6	Nes Ziyyona	F 16	1883
Jer	6	1	Bet HaKerem (Jerusalem)	K 17	1923
Jer	6	1	'En Kerem (Jerusalem)	K 17	1949
Jer	6	1	Givat Bet HaKerem (Jerusalem)	K 17	1963
Jer	14	8	Miqwe Yisra'el	E 15	1870
Jer	17	8	Yuval	N 1	1952
Jer	17	13	Miqwe Yisra'el	E 15	1870
Jer	29	31	Nahhalin	J 18	bibl.Zeit
Jer	30	3	Shevut 'Am	G 11	1950
Jer	31	5	Gan Shomeron	H 10	1934
Jer	31	5	Ma'ale Shomeron	H 13	1980
Jer	31	5	Qarne Shomeron	H 13	1978

Bibl. Buch	Kap.	Vers	Ortsname	Plan-quadrat	Grün-dungsjahr
Jer	31	5	Shave Shomeron	J 12	1977
Jer	31	15	Ramat Rahel	K 18	1926
Jer	31	20	Yaqir	J 13	1981
Jer	32	12	Mahseya	H 18	1950
Jer	34	7	Lakhish	F 20	1955
Jer	*41*	*17*	*Ramat Rahel*	*K 18*	*1926*
Jer	49	19	Newe Etan	N 9	1938
Jer	50	7	Newe Zedeq (Tel Aviv)	1887	E 14
Hes	3	9	Shamir	O 2	1944
Hes	3	15	Tel Aviv	E 14	1909
Hes	16	7	Revava	J 14	1991
Hes	16	55	Sedom	L 25	1934
Hes	17	8	Aderet	G 19	1963
Hes	27	3	Mevo'ot Yam	F 10	1954
Hes	27	16	Ez Efrayim	H 14	1985
Hes	34	13	Afiqim	N 7	1932
Hes	34	29	Matta'	H 18	1950
Hes	47	19	'En Tamar	L 26	1982
Hes	47	19	'Ir Ovot	K	28 1966
Dan	11	43	Mikhmannim	L 5	1980
Hos	2	3	Ruhama	E 20	1911
Hos	2	17	Petah Tiqwa	G 14	1879
Hos	10	14	Arbel	M 6	1949
Hos	14	6	Tal El	J 5	1980
Joel	2	23	Bene Ziyyon	F 12	1947
Joel	4	13	Maggal	H 11	1953
Am	1	1	Ma'ale Amos	K 19	1981
Am	1	1	Noqdim	K 19	1982
Am	1	1	Teqoa'	K 19	1970
Am	1	1	Tequ'	K 19	bibl.Zeit
Am	5	24	Etan	E 20	1955
Am	9	14	Gannot	F 15	1950
Jona	1	3	Yafo (Tel Aviv)	E 14	bibl.Zeit
Mi	1	1	Moreshet	K 6	1981
Mi	1	11	Shafir	E 18	1949
Mi	4	3	Herev Le'et	G 10	1947
Mi	5	1	Bethlehem (Bet Lehem)	J 18	bibl.Zeit
Mi	5	1	Efrata	J 19	1983
Mi	5	6	Revivim	E 25	1943
Mi	5	6	Revivim (Tel Aviv)	E 14	1950
Mi	6	2	Etanim	H 17	1952

Bibl. Buch	Kap.	Vers	Ortsname	Plan-quadrat	Gründungsjahr
Nah	1	1	Elqosh	L 3	1949
Zeph	2	4	Qiryat ‘Eqron	F 16	1948
Zeph	2	4	Revadim	F 17	1948
Zeph	2	7	Ashqelon	C 18	1951
Hagg	1	1	H̲aggay	H 21	1984
Sach	1	1	Zekharya	G 18	1950
Sach	2	12	Bat ‘Ayin	H 19	1989
Sach	3	2	Udim	F 12	1948
Sach	9	12	Biz̲aron	E 17	1935
Sach	9	12	Biz̲aron (Tel Aviv)	E 14	
Mal	1	1	Qiryat Mal’akhi	E 18	1951
Mt	1	4	‘Aminadav	J 18	1950
Mt	1	4	Nah̲shon	G 17	1950
Mt	1	4	Nah̲shonim	G 14	1949
Mt	2	18	Ramat Rah̲el	K 18	1926
Mt	11	21	Korazim	N 5	1983
Mk	2	26	Shu’afat (Jerusalem)	K 17	bibl.Zeit
Mk	10	46	Jericho (Yerih̲o)	M 16	bibl.Zeit
Mk	10	46	Miz̲pe Yerih̲o	L 17	1978
Mk	10	46	Wered Yerih̲o	M 17	1980
Mk	11	1	El - ‘Eizariya	K 17	bibl.Zeit
Mk	14	3	El - ‘Eizariya	K 17	bibl.Zeit
Lk	2	15	Bethlehem (Bet Leh̲em)	J 18	bibl.Zeit
Lk	2	51	Naz̲areth (Naz̲erat)	K 7	bibl.Zeit
Lk	4	16	Naz̲areth (Naz̲erat)	K 7	bibl.Zeit
Lk	7	11	Nein	L 8	bibl.Zeit
Lk	8	2	Migdal	M 6	1909
Lk	19	1	Jericho (Yerih̲o)	M 16	bibl.Zeit
Lk	19	1	Miz̲pe Yerih̲o	L 17	1978
Lk	19	1	Wered Yerih̲o	M 17	1980
Joh	2	1	Kafr Kanna	L 7	bibl.Zeit
Joh	4	5	‘Askar	K 12	bibl.Zeit
Joh	6	1	Tiberias	N 6	bibl.Zeit
Joh	6	23	Tiberias	N 6	bibl.Zeit
Joh	11	1	El - ‘Eizariya	K 17	bibl.Zeit
Joh	11	54	(E) Taiyiba	K 15	bibl.Zeit
Apg	8	26	Gaza (‘Azza)	B 20	bibl.Zeit
Apg	8	26	Kefar ‘Azza (Gaza)	C 21	1951
Apg	8	40	Ashdod	D 17	1957
Apg	9	32	Lod	G 15	bibl.Zeit
Apg	9	35	Hod HaSharon	G 13	1964

Bibl. Buch	Kap.	Vers	Ortsname	Plan-quadrat	Gründungsjahr
Apg	9	35	Mishmar HaSharon	G 11	1933
Apg	9	35	Ramat HaSharon	F 13	1923
Apg	9	43	Yafo (Tel Aviv)	E 14	bibl.Zeit
Apg	21	7	‘Akko	H 5	bibl.Zeit
Hebr	11	32	Ahuzzat Baraq	L 8	1998
Hebr	11	32	Baraq	K 9	1956
Hebr	11	32	Gid’ona	L 9	1949
Hebr	11	32	Kefar Gid’on	K 8	1923
Hebr	11	32	Yiftah	N 2	1948
Offb	16	16	Megiddo	J 8	1949
			Har’el	G 17	1948
			Hemed	F 15	1950
			Kefar HaNo’ar HaDati	H 7	1936
			Kefar Hasidim (A)	H 7	1924
			Kefar Hasidim (B)	H 7	1950
			Magdi’el (Hod HaSharon)	G 13	1924
			Uri’el (Gedera)	E 17	1949

5. Tabellarisches Ortslexikon, alphabetisch sortiert, mit Seitenzahlen

Bibl. Buch	Kap.	Vers	Ortsname	Plan-quadrat	Grün-dung-sjahr	Seite
Ps	36	9	'Adanim	G 13	1950	59
Ri	5	13	Addirim	K 9	1956	39
Hes	17	8	Aderet	G 19	1963	121
Jos	19	25	'Adi	J 6	1980	23
2.Chr	11	9	Adora	H 20	1984	127
Jos	15	35	'Adullam (Siedlungs-Region)	G 18	1957	114
Jos	19	30	Afeq	J 6	1939	23
1.Kön	20	26	Afiq	O 6	1967	27
Hes	34	13	Afiqim	N 7	1932	32
4.Mose	10	25	Ahi'ezer	F 15	1950	72
4.Mose	34	27	Ahihud	J 5	1950	20
2.Mose	31	6	Ahisamakh	G 16	1950	81
1.Sam	14	3	Ahituv	G 11	1951	49
1.Chr	4	6	Ahuzzam	E 20	1950	126
Ri	4	6	Ahuzzat Baraq	L 8	1998	35
Hebr	11	32	Ahuzzat Baraq	L 8	1998	35
1.Mose	49	21	Ahuzzat Naftali	M 6	1949	25
Ri	1	31	'Akko	H 5	bibl.Zeit	19
Apg	21	7	'Akko	H 5	bibl.Zeit	19
5.Mose	33	17	Alfe Menashe	H 13	1983	60
Jes	2	13	Allone HaBashan	P 3	1981	15
Jos	21	18	'Almon	K 17	1982	109
2.Chr	25	27	Amazya	G 20	1955	127
4.Mose	10	14	'Aminadav	J 18	1950	115
Mt	1	4	'Aminadav	J 18	1950	115
Jos	21	18	'Anata	K 17	bibl.Zeit	109
Jer	1	1	'Anata	K 17	bibl.Zeit	109
1.Chr	7	19	Ani'am	O 4	1978	19
Jos	12	14	'Arad	K 23	1961	138
Ri	1	16	'Arad	K 23	1961	138
Hos	10	14	Arbel	M 6	1949	25
Jes	29	1	Ariel	J 14	1978	69
Hld	6	2	'Arugot	E 18	1949	112
1.Sam	5	1	Ashdod	D 17	1957	89

Bibl. Buch	Kap.	Vers	Ortsname	Plan-quadrat	Grün-dungs-jahr	Seite
1.Sam	6	17	Ashdod	D 17	1957	89
Apg	8	40	Ashdod	D 17	1957	89
1.Sam	6	17	Ashqelon	C 18	1951	110
Zeph	2	7	Ashqelon	C 18	1951	110
Joh	4	5	'Askar	K 12	bibl.Zeit	57
Jos	*16*	*2*	*'Atara*	*J 15*	*bibl.Zeit*	*76*
Jos	16	2	'Atarot (Jerusalem)	K 17	1922	100
Jos	21	30	'Avdon	J 3	1952	13
2.Sam	1	21	Avital	K 9	1953	38
Jes	54	12	Avne Hefez	H 12	1990	55
Ps	*22*	*1*	*Ayyelet HaShahar*	*N 4*	*1916*	*18*
2.Kön	15	1	'Azarya	G 16	1949	83
Jos	*19*	*45*	*Azor*	*F 15*	*1948*	*71*
1.Chr	3	23	'Azriqam	E 18	1950	111
1.Sam	6	17	Azza - Gaza	B 20	bibl.Zeit	124
Jes	32	14	Bahan	H 11	1953	52
Ri	4	6	Baraq	K 9	1956	40
Hebr	11	32	Baraq	K 9	1956	40
2.Mose	28	17	Bareqet	G 15	1952	74
Sach	2	12	Bat 'Ayin	H 19	1989	121
1.Kön	4	10	Bat Hefer	H 11	1996	52
1.Mose	21	31	Be'er Sheva'	E 23	bibl.Zeit	138
1.Mose	26	33	Be'er Sheva'	E 23	bibl.Zeit	138
Jes	11	1	Be'er Ya'aqov - **Hoter**	F 16	1951	78
Jos	15	51	Beit Jala	J 18	bibl.Zeit	116
2.Sam	15	12	Beit Jala	J 18	bibl.Zeit	116
2.Kön	*10*	*12*	*Beit Quad*	*L 10*	*bibl.Zeit*	*47*
1.Chr	*7*	*24*	*Beit Sira*	*H 16*	*bibl.Zeit*	*84*
Jos	10	10	Beit 'Ur el Fauqa (obere Bet Horon)	J 16	bibl.Zeit	85
Jos	16	5	Beit 'Ur el Fauqa (obere Bet Horon)	J 16	bibl.Zeit	85
2.Chr	8	5	Beit 'Ur el Fauqa (obere Bet Horon)	J 16	bibl.Zeit	85
Jos	10	10	Beit 'Ur et Tahta (untere Bet Horon)	H 16	bibl.Zeit	84
1.Chr	7	24	Beit 'Ur et Tahta (untere Bet Horon)	H 16	bibl.Zeit	84
2.Chr	8	5	Beit 'Ur et Tahta (untere Bet Horon)	H 16	bibl.Zeit	84

Bibl. Buch	Kap.	Vers	Ortsname	Plan-quadrat	Grün-dungs-jahr	Seite
1.Mose	28	19	Beitin	K 16	bibl.Zeit	87
Jes	5	1	Ben Shemen	G 15	1922	75
1.Chr	4	36	Benaya	E 17	1949	89
Jos	16	2	Bene 'Atarot	G 15	1948	73
Jos	19	45	Bene Beraq	F 14	1924	65
Jes	52	7	Bene Re'em - **Mashmia' Shalom**	E 18	1949	110
1.Mose	29	35	Bene Yehuda	O 6	1972 (2.)	26
1.Mose	49	8	Bene Yehuda	O 6	1886 (1.)	26
Joel	2	23	Bene Ziyyon	F 12	1947	54
5.Mose	11	29	Berakha	K 13	1982	60
1.Chr	3	20	Berekhya	D 19	1950	118
Jes	41	19	Berosh	D 22	1953	133
Jos	15	41	Bet Dagan	F 15	1949	72
1.Mose	28	19	Bet El	K 16	1977	86
1.Mose	28	19	Bet El B	K 15	1978	77
Esra	7	12	Bet 'Ezra	D 18	1950	111
Jos	19	27	Bet Ha'Emeq	J 4	1949	16
Neh	3	14	Bet HaKerem (Jerusalem)	K 17	1923	104
Jer	6	1	Bet HaKerem (Jerusalem)	K 17	1923	104
1.Kön	4	9	Bet Hanan	E 16	1930	77
Ri	7	22	Bet HaShitta	M 9	1935	41
Jer	1	1	Bet Hilqiyya	F 17	1953	93
Jos	10	10	Bet Horon	J 16	1977	86
2.Chr	8	5	Bet Horon	J 16	1977	86
Neh	1	1	Bet Nehemya	G 15	1950	74
Jes	17	5	Bet Qama	E 21	1949	131
2.Sam	1	18	Bet Qeshet	L 7	1944	30
Jos	19	13	Bet Rimmon	L 6	1977	24
Ri	1	27	Bet She'an	M 9	bibl.Zeit	42
1.Sam	31	10	Bet She'an	M 9	bibl.Zeit	42
Jos	15	10	Bet Shemesh	G 18	1950	113
1.Sam	6	12	Bet Shemesh	G 18	1950	113
1.Mose	29	35	Bet Yatir - **Mezadot Yehuda**	J 22	1979	136
1.Mose	46	27	Bet Ya´aqov (Jerusalem)	K 17	1877	102
2.Mose	16	31	Bet Yisra'el (Jerusalem)	K 17	1887	103
Jos	19	15	Beth Lehem HaGelilit	J 7	1948	28
1.Sam	16	4	Bethlehem (Bet Lehem)	J 18	bibl.Zeit	116
Mi	5	1	Bethlehem (Bet Lehem)	J 18	bibl.Zeit	116
Lk	2	15	Bethlehem (Bet Lehem)	J 18	bibl.Zeit	116

Bibl. Buch	Kap.	Vers	Ortsname	Plan-quadrat	Grün-dungs-jahr	Seite
Jes	30	15	Bitha	D 22	1956	133
2.Sam	2	29	Bitronot	N 11	1983	52
Sach	9	12	Bizaron	E 17	1935	92
Sach	9	12	Bizaron (Tel Aviv)	E 14		63
2.Sam	*23*	*31*	*Burham*	*J 15*	*bibl.Zeit*	*76*
Jos	21	28	Dabburiya	L 7	bibl.Zeit	30
Jos	19	47	Dan	O 1	1939	11
Jos	21	28	Daverat	L 8	1946	35
Jos	7	2	Deir Dibwan	K 16	bibl.Zeit	87
1.Kön	*11*	*26*	*Deir Ghassana*	*H 14*	*bibl.Zeit*	*69*
Jos	21	15	Devira	F 21	1951	131
Ri	4	4	Devora	K 9	1956	38
Jos	15	22	Dimona	H 25	1955	139
1.Chr	7	29	Dor	G 8	1949	32
Jos	15	52	Duma	G 21	bibl.Zeit	131
2.Chr	11	9	Dura	H 20	bibl.Zeit	128
1.Mose	35	19	Efrata	J 19	1983	123
Mi	5	1	Efrata	J 19	1983	123
Jos	*16*	*2*	*'Ein 'Arik*	*J 16*	*bibl.Zeit*	*85*
2.Chr	*13*	*19*	*'Ein Sinya*	*K 15*	*bibl.Zeit*	*76*
Jos	*18*	*25*	*(El) Bira*	*K 16*	*bibl.Zeit*	*87*
Mk	11	1	(El) 'Eizariya	K 17	bibl.Zeit	109
Mk	14	3	(El) 'Eizariya	K 17	bibl.Zeit	109
Joh	11	1	(El) 'Eizariya	K 17	bibl.Zeit	109
Jos	10	12	(El) Jib	J 17	bibl.Zeit	97
Jos	15	55	(El) Karmil	J 21	bibl.Zeit	131
1.Chr	7	21	El'ad	G 14	1996	67
5.Mose	2	8	Elat	G 42	1951	142
2.Kön	14	22	Elat	G 42	1951	142
1.Sam	1	9	'Eli	K 14	1984	69
Hiob	2	11	Elifaz	H 39	1982	141
2.Sam	5	16	Elifelet	N 4	1949	19
Esra	8	13	Elifelet	N 4	1949	19
2.Kön	2	18	Elisha	M 16	1982	88
4.Mose	10	22	Elishama'	G 13	1951	59
1.Mose	12	6	Elon More	L 12	1979	57
1.Kön	9	26	Elot	G 42	1956	142
1.Sam	1	1	Elqana	H 14	1977	68
Nah	1	1	Elqosh	L 3	1949	14
Jes	37	2	Elyakim	H 8	1949	33

Bibl. Buch	Kap.	Vers	Ortsname	Plan-quadrat	Grün-dungs-jahr	Seite
Neh	3	1	Elyashiv	G 11	1933	50
2.Sam	5	18	'Emeq Refa'im (Jerusalem)	K 17	1880	106
Ps	31	24	Emunim	D 18	1950	111
Jos	18	26	(E) Nabi Samwil	J 17	bibl.Zeit	97
1.Sam	10	17	(E) Nabi Samwil	J 17	bibl.Zeit	97
Jos	17	11	'En Dor	L 8	1948	35
1.Sam	28	7	'En Dor	L 8	1948	35
Jos	15	34	En Gannim (Petah Tiqwa)	G 14	1908	66
1.Sam	24	1	'En Gedi	L 21	1953	132
Hld	1	14	'En Gedi	L 21	1953	132
1.Sam	30	9	'En HaBesor	B 23	1982	137
Ri	7	1	En Harod	L 9	1921	41
Neh	3	14	'En Kerem (Jerusalem)	K 17	1949	106
Jer	6	1	'En Kerem (Jerusalem)	K 17	1949	106
1.Kön	16	24	'En Shemer	H 10	1927	46
1.Kön	9	18	'En Tamar	L 26	1982	139
Hes	47	19	'En Tamar	L 26	1982	139
5.Mose	33	28	'En Ya'aqov	K 4	1950	16
Jos	*18*	*25*	*(El) Bira*	*K 16*	*bibl.Zeit*	*87*
Jos	*18*	*25*	*(E) Ram*	*K 16*	*bibl.Zeit*	*88*
1.Mose	21	33	Eshel HaNasi	E 22	1952	134
Jos	19	41	Eshta'ol	H 17	1949	97
Ri	13	25	Eshta'ol	H 17	1949	97
Jos	*19*	*19*	*(E) Taiyiba*	*M 8*	*bibl.Zeit*	*36*
Ri	*6*	*11*	*(E) Taiyiba*	*H 12*	*bibl.Zeit*	*56*
Joh	*11*	*54*	*(E) Taiyiba*	*K 15*	*bibl.Zeit*	*76*
Am	5	24	Etan	E 20	1955	125
Mi	6	2	Etanim	H 17	1952	96
Jos	19	28	'Evron	H 4	1945	15
Hes	27	16	Ez Efrayim	H 14	1985	68
Esra	7	1	'Ezra (Tel Aviv)	E 14	1945	64
5.Mose	*10*	*6*	*Ezuz*	*B 28*	*1985*	*140*
Ri	12	15	Far'ate	J 13	bibl.Zeit	60
Ri	2	9	Ga'ash	F 12	1951	54
2.Kön	17	24	Gan Shomeron	H 10	1934	45
Jer	31	5	Gan Shomeron	H 10	1934	45
Ri	16	4	Gan Soreq	E 15	1950	71
Jos	15	11	Gan Yavne	E 17	1932	92
2.Chr	26	6	Gan Yavne	E 17	1932	92
1.Mose	29	35	Ganne Yehuda	F 14	1951	65

Bibl. Buch	Kap.	Vers	Ortsname	Plan-quadrat	Gründungs-jahr	Seite
1.Mose	49	8	Ganne Yehuda	F 14	1951	65
Am	9	14	Gannot	F 15	1950	72
1.Sam	6	17	Gat	F 19	1942	120
1.Chr	18	1	Gat	F 19	1942	120
Jos	19	45	Gat Rimmon	F 14	1926	65
1.Sam	6	17	Gaza ('Azza)	B 20	bibl.Zeit	124
Apg	8	26	Gaza ('Azza)	B 20	bibl.Zeit	124
Jos	19	44	Ge'alya	E 16	1948	77
Jos	15	36	Gedera	E 17	1884	90
			Gedera - **Uri'el**	E 17	1949	90
Ps	80	15	Gefen	F 18	1955	117
Jos	13	13	Geshur	O 6	1971	26
Jes	62	12	Ge'ulle Teman	G 11	1949	49
Jos	18	24	Geva' Binyamin	K 17	1984	108
4.Mose	23	9	Geva'ot	J 18	1983	116
Jos	21	21	Gezer	G 16	1945	82
1.Kön	9	17	Gezer	G 16	1945	82
Jos	19	44	Gibbeton (Rehovot)	F 16	1933	79
Ri	7	1	Gid'ona	L 9	1949	41
Hebr	11	32	Gid'ona	L 9	1949	41
Jes	35	2	Gilat	D 22	1949	134
Jos	4	19	Gilgal	M 15	1970	77
1.Sam	11	14	Gilgal	M 15	1970	77
Jos	15	51	Gilo (Jerusalem)	K 17	1972	108
2.Sam	15	12	Gilo (Jerusalem)	K 17	1972	108
2.Chr	28	18	Gimzo	G 16	1950	82
1.Kön	16	21	Ginnat	K 10	1982	46
Neh	12	16	Ginnaton	G 15	1949	75
Ps	8	1	Gittit	L 14	1973	70
Neh	3	14	Givat Bet HaKerem (Jerusalem)	K 17	1963	104
Jer	6	1	Givat Bet HaKerem (Jerusalem)	K 17	1963	104
1.Sam	15	29	Giv'at Nili	H 9	1953	37
Jos	18	28	Giv'at Ye'arim	H 17	1950	96
Jos	10	12	Giv'on Hadasha	J 17	1980	97
1 Chr	11	34	Gizo	G 17	1960	94
Jes	35	2	Hadar HaKarmel (Haifa)	G 6	1912	22
Esth	2	7	Hadassim	F 12	1947	53
Esra	2	33	Hadid	G 15	1950	74

Bibl. Buch	Kap.	Vers	Ortsname	Plan-quadrat	Gründungs-jahr	Seite
Hagg	1	1	Haggay	H 21	1984	131
Ps	45	4	Hagor	G 13	1949	59
Jos	15	58	Halhul	J 20	bibl.Zeit	128
5.Mose	32	13	Hallamish	J 15	1977	76
Jos	19	14	Hannaton	K 6	1984	24
4.Mose	34	23	Hanni'el	G 11	1950	51
Jos	18	13	Har Adar	J 17	1986	98
1.Chr	2	17	Har 'Amas'a	H 22	1983	136
Jos	15	51	Har Gilo	J 18	1978	116
2.Sam	15	12	Har Gilo	J 18	1978	116
			Har'el	G 17	1948	94
Spr	10	4	Haruzim	F 12	1951	54
1.Mose	2	15	Hawwat 'Eden	M 10	1956	48
5.Mose	2	23	Hazerim	E 23	1946	137
Ps	84	11	Hazerim	E 23	1946	137
Jos	15	23	Hazor Ashdod	E 17	1937	92
Jos	19	36	Hazor HaGelilit	N 4	1953	18
1.Mose	13	18	Hebron (Hevron)	H 20	bibl.Zeit	127
1.Mose	23	19	Hebron (Hevron)	H 20	bibl.Zeit	127
Jes	62	4	Hefzi Bah	G 10	1908	44
Jes	62	4	Hefzi Bah	M 9	1922	42
Ps	48	14	Hela	M 6	1952	25
2.Sam	23	26	Helez	D 20	1950	125
			Hemed	F 15	1950	72
Jes	2	4	Herev Le'et	G 10	1947	45
Mi	4	3	Herev Le'et	G 10	1947	45
Ri	4	17	Hever	K 9	1950	38
Jes	35	10	Hibbat Ziyyon	G 10	1933	45
Neh	*7*	*28*	*Hizma*	*K 17*	*bibl.Zeit*	*108*
Jes	35	2	Hod HaSharon	G 13	1964	58
Apg	9	35	Hod HaSharon	G 13	1964	58
1. Mos	36	43	Hod HaSharon - **Magdi'el**	G 13	1924	58
1.Sam	1	1	Hod HaSharon - **Ramathaim**	G 13	1925	58
Jos	17	3	Hogla	G 11	1933	49
Jos	15	51	Holon	E 15	1933	71
1.Chr	4	14	Horeshim	G 13	1955	59
Jes	11	1	Hoter (Be'er Ya'aqov)	F 16	1951	78
Jos	19	34	Huqoq	M 5	1945	21
2.Sam	23	27	Husan	J 18	bibl.Zeit	116
Hld	6	11	Ibbim	D 20	1953	125

Bibl. Buch	Kap.	Vers	Ortsname	Plan-quadrat	Grün-dungs-jahr	Seite
Jos	15	43	Idna	G 20	bibl.Zeit	127
Jos	19	12	Iksal (Kislot Tavor)	L 7	bibl.Zeit	31
1.Chr	*24*	*8*	*'Illut*	*K 7*	*bibl.Zeit*	*30*
Jes	7	14	'Immanu'el	J 13	1983	60
4.Mose	21	10	'Ir Ovot	K 28	1966	140
1.Kön	9	18	'Ir Ovot	K 28	1966	140
Hes	47	19	'Ir Ovot	K 28	1966	140
2.Mose	28	1	Itamar	K 13	1984	60
Jos	15	58	Jadur	H 19	bibl.Zeit	121
Jos	*12*	*23*	*Jaljulya*	*G 13*	*bibl.Zeit*	*58*
Jos	21	29	Jenin	K 10	bibl.Zeit	47
Jos	6	2	Jericho (Yeriho)	M 16	bibl.Zeit	89
Mk	10	46	Jericho (Yeriho)	M 16	bibl.Zeit	89
Lk	19	1	Jericho (Yeriho)	M 16	bibl.Zeit	89
2.Sam	5	6	Jerusalem (Yerushalayim)	K 17	bibl.Zeit	99
Jos	10	12	Jib	J 17	bibl.Zeit	97
1.Chr	*12*	*5*	*Judeira*	*J 16*	*bibl.Zeit*	*86*
Jos	19	27	Kabul (Kavul)	K 5	bibl.Zeit	20
1.Mose	20	1	Kadesh Barnea' (Nizzane Sinai)	B 27	1977	140
4.Mose	13	26	Kadesh Barnea' (Nizzane Sinai)	B 27	1977	140
Joh	2	1	Kafr Kanna	L 7	bibl.Zeit	30
Ps	80	16	Kannot	E 17	1952	91
Jos	15	58	Karme Zur	H 19	1984	122
Jos	15	55	Karmel	J 21	1981	132
Jos	15	55	Karmil	J 21	bibl.Zeit	132
Jos	18	17	Kefar Adummim	L 17	1979	109
2.Mose	34	18	Kefar Aviv	E 17	1951	90
1.Sam	6	17	Kefar 'Azza (Gaza)	C 21	1951	128
Apg	8	26	Kefar 'Azza (Gaza)	C 21	1951	128
Jes	2	5	Kefar Bilu	F 16	1933	80
Jos	1	1	Kefar Bin Nun	G 16	1952	84
4.Mose	11	26	Kefar Eldad	K 19	1999	123
Ri	7	1	Kefar Gid'on	K 8	1923	34
Hebr	11	32	Kefar Gid'on	K 8	1923	34
			Kefar HaNo'ar HaDati	H 7	1936	28
			Kefar Hasidim (A)	H 7	1924	27
			Kefar Hasidim (B)	H 7	1950	27
3.Mose	25	10	Kefar HaYovel (Ma'as)	G 14	1934	66
Jos	17	8	Kefar Tappuah	K 14	1978	69

Bibl. Buch	Kap.	Vers	Ortsname	Plan-quadrat	Grün-dungs-jahr	Seite
1.Mose	17	5	Kerem Avraham (Jerusalem)	K 17	1933	102
Jos	15	11	Kerem Yavne	E 17	1954	91
2.Chr	26	6	Kerem Yavne	E 17	1954	91
Jos	15	10	Kesalon	H 17	1952	97
1.Sam	*22*	*5*	*Kharas*	*H 19*	*bibl.Zeit*	*122*
Jos	19	35	Kinneret (Kibbuz)	N 7	1913	31
Jos	19	35	Kinneret (Moshava)	N 7	1909	31
Spr	31	19	Kishor	K 4	1976	17
Jos	19	12	Kislot Tavor - Iksal	L 7	bibl.Zeit	30
4.Mose	24	17	Kokhav Ya'aqov	K 16	1985	88
Mt	11	21	Korazim	N 5	1983	21
Jos	19	5	Lahav	F 22	1952	135
1.Sam	27	6	Lahav	F 22	1952	135
5.Mose	4	43	Lahavot HaBashan	O 2	1945	13
Jos	15	39	Lakhish	F 20	1955	126
2.Kön	18	14	Lakhish	F 20	1955	126
Jer	34	7	Lakhish	F 20	1955	126
1.Chr	8	12	Lod	G 15	bibl.Zeit	75
Apg	9	32	Lod	G 15	bibl.Zeit	75
1.Mose	36	20	Lotan	H 37	1983	141
Ri	*21*	*19*	*Lubban Sharqiyya*	*K 14*	*bibl.Zeit*	*69*
Jos	18	17	Ma'ale Adummim	K 17	1975	109
Am	1	1	Ma'ale Amos	K 19	1981	124
Jos	16	5	Ma'ale Efrayim	L 14	1978	70
1.Sam	31	1	Ma'ale Gilboa'	L 10	1962	47
Ri	21	19	Ma'ale Levona	K 14	1983	70
Esra	2	27	Ma'ale Mikhmash	K 16	1981	87
Jes	10	28	Ma'ale Mikhmash	K 16	1981	87
2.Kön	17	24	Ma'ale Shomeron	H 13	1980	59
Jer	31	5	Ma'ale Shomeron	H 13	1980	59
Jes	35	7	Mabbu'im	D 21	1958	130
Ps	65	12	Ma'galim	D 22	1958	133
1.Mose	36	43	Magdi'el (Hod HaSharon)	G 13	1924	57
1.Mose	15	1	Magen	B 23	1949	136
2.Sam	1	21	Magen Sha'ul	K 9	1976	40
Joel	4	13	Maggal	H 11	1953	51
1.Mose	32	3	Mahanayim	N 4	1898	18
1.Mose	32	3	Mahanayim (Jerusalem)	K 17	1926	101
Hiob	2	11	Mahane Bildad	J 32	1983	141
Jos	15	48	Mahane Yatir	H 22	1979	135

Bibl. Buch	Kap.	Vers	Ortsname	Plan-quadrat	Gründungs-jahr	Seite
4.Mose	2	3	Mahane Yehuda (Jerusalem)	K 17	1887	102
Jer	32	12	Mahseya	H 18	1950	114
1.Sam	31	2	Malkishu'a	L 10	1976	47
1.Chr	24	9	Malkiyya	M 3	1949	14
Neh	10	4	Malkiyya	M 3	1949	14
1.Chr	8	6	Manahat (Jerusalem)	K 17	1949	107
Jos	15	55	Ma'on	J 21	1981	132
Jos	15	9	Ma'oz Ziyyon			
			(Mevasseret Ziyyon)	J 17	1951	98
Jes	2	3	Ma'oz Ziyyon			
			(Mevasseret Ziyyon)	J 17	1951	98
Jes	3	1	Mash'en	D 19	1950	118
Jos	19	13	Mash-had	L 7	bibl.Zeit	30
2.Kön	14	25	Mash-had	L 7	bibl.Zeit	30
Jes	52	7	Mashmia' Shalom (Bene Re'em)	E 18	1949	111
Spr	25	11	Maskiyot	M 11	1986	52
Jes	35	8	Maslul	D 22	1950	134
1.Kön	7	9	Massad	L 6	1983	24
Spr	18	16	Matan	G 13	1997	58
Hes	34	29	Matta'	H 18	1950	115
Jos	15	9	Me Nefto'ah (Jerusalem)	K 17	1950	101
1.Mose	26	12	Me'a She'arim (Jerusalem)	K 17	1874	103
5.Mose	33	13	Megadim	G 7	1949	27
2.Kön	23	29	Megiddo	J 8	1949	34
1.Chr	7	29	Megiddo	J 8	1949	34
Offb	16	16	Megiddo	J 8	1949	34
1.Kön	19	16	Mehola	M 11	1968	52
5.Mose	22	9	Mele'a	K 9	1956	38
5.Mose	23	26	Melilot	D 22	1953	133
Ps	*78*	*69*	*Menara (Ramim)*	*N 2*	*1943*	*12*
1.Kön	8	56	Menuha	E 19	1953	119
5.Mose	33	27	Me'ona	K 4	1949	16
Spr	5	18	Meqor Barukh (Jerusalem)	K 17	1924	102
1.Sam	14	49	Merav	M 10	1987	48
Ps	118	5	Merhavya (Kibbuz)	K 8	1911	34
Ps	118	5	Merhavya (Moshav)	K 8	1922	34
Jes	62	10	Mesillat Ziyyon	H 17	1950	96
1.Mose	47	11	Metav	K 9	1954	39
Jes	40	9	Mevasseret Yerushalayim (Mevass.Ziyyon)	J 17	1956	98

Bibl. Buch	Kap.	Vers	Ortsname	Plan-quadrat	Gründungs-jahr	Seite
Jes	40	9	Mevasseret Ziyyon	J 17	1964	98
Jos	15	9	Mevasseret Ziyyon - **Ma'oz Ziyyon**	J 17	1951	98
1.Mose	37	17	Mevo Dotan	J 10	1981	46
Jos	10	10	Mevo Horon	H 17	1974	95
2.Chr	8	5	Mevo Horon	H 17	1974	95
Hes	27	3	Mevo'ot Yam	F 10	1954	43
1.Mose	29	35	Mezadot Yehuda (Bet Yatir)	J 22	1979	136
1.Mose	49	8	Mezadot Yehuda (Bet Yatir)	J 22	1979	136
Ri	5	21	Midrakh 'Oz	J 8	1952	33
Lk	8	2	Migdal	M 6	1909	25
1.Mose	35	21	Migdal 'Oz	J 19	1977	123
Ps	61	4	Migdal 'Oz	J 19	1977	123
Spr	18	10	Migdal 'Oz	J 19	1977	123
Dan	11	43	Mikhmannim	L 5	1980	20
Jer	14	8	Miqwe Yisra'el	E 15	1870	70
Jer	17	13	Miqwe Yisra'el	E 15	1870	70
4.Mose	24	5	Mishkenot (Jerusalem)	K 17	1875	104
Jos	10	12	Mishmar Ayyalon	G 16	1949	82
1.Mose	13	1	Mishmar HaNegev	E 22	1946	134
4.Mose	13	17	Mishmar HaNegev	E 22	1946	134
Jes	35	2	Mishmar HaSharon	G 11	1933	50
Apg	9	35	Mishmar HaSharon	G 11	1933	50
2.Kön	19	23	Mivhor	E 19	1955	120
Jes	32	18	Mivtahim	B 23	1947	137
Jos	6	2	Mizpe Yeriho	L 17	1978	110
Mk	10	46	Mizpe Yeriho	L 17	1978	110
Lk	19	1	Mizpe Yeriho	L 17	1978	110
Mi	1	1	Moreshet	K 6	1981	24
Jos	18	26	Moza	J 17	1894	98
Jos	18	26	Moza 'Illit	J 17	1933	99
Esra	2	27	Mukhmas	K 16	bibl.Zeit	88
Jes	10	28	Mukhmas	K 16	bibl.Zeit	88
4.Mose	13	30	Na'ale	H 15	1988	75
Jos	15	41	Na'an	F 16	1930	80
Jos	18	26	Nabi Samwil	J 17	bibl.Zeit	98
1.Mose	12	6	Nablus (Shekhem, Sichem)	K 12	bibl.Zeit	56
Jos	24	25	Nablus (Shekhem, Sichem)	K 12	bibl.Zeit	56
2.Sam	2	29	Nahal Bitronot	N 11	1983	53

Bibl. Buch	Kap.	Vers	Ortsname	Plan-quadrat	Gründungs-jahr	Seite
2.Kön	2	18	Nahal Elisha	M 16	1982	89
4.Mose	23	9	Nahal Geva'ot	J 18	1983	117
1.Kön	16	21	Nahal Ginnat	K 10	1982	46
1.Sam	31	2	Nahal Malkishu'a	L 10	1976	47
Spr	25	11	Nahal Maskiyot	M 11	1986	53
Jes	59	9	Nahal Negohot	G 20	1982	127
Jos	15	31	Nahal Sansana	G 22	1998	135
Ri	16	4	Nahal Soreq	F 17	1914	93
Jos	15	48	Nahal Yatir	H 22	1998	135
Ps	135	12	Nahala	F 19	1953	120
Jos	19	15	Nahalal	J 7	1921	29
Jos	21	35	Nahalal	J 7	1921	29
4.Mose	*21*	*19*	*Nahali'el*	*J 15*	*1984*	*75*
1.Chr	4	19	Naham	H 17	1950	97
Jer	29	31	Nahhalin	J 18	bibl.Zeit	117
4.Mose	10	14	Nahshon	G 17	1950	94
Mt	1	4	Nahshon	G 17	1950	94
4.Mose	10	14	Nahshonim	G 14	1949	67
Mt	1	4	Nahshonim	G 14	1949	67
2.Mose	30	34	Nataf	H 17	1982	96
1.Sam	19	22	Nayot (Jerusalem)	K 17	1962	105
Lk	2	51	Nazareth (Nazerat)	K 7	bibl.Zeit	30
Lk	4	16	Nazareth (Nazerat)	K 7	bibl.Zeit	30
1.Mose	13	14	Negba	E 19	1939	119
Jes	59	9	Negohot	G 20	1982	126
1.Chr	4	12	Nehusha	G 19	1955	121
Ps	18	35	Nehusha	G 19	1955	121
Lk	7	11	Nein	L 8	bibl.Zeit	35
Jes	11	10	Nes 'Ammim	J 4	1963	16
Jes	18	3	Nes Harim	H 18	1950	114
Jer	4	6	Nes Ziyyona	F 16	1883	79
1.Chr	4	23	Neta'im	E 15	1932	71
Spr	3	17	Netivot	D 21	1956	130
Jes	33	20	Newe Sha'anan (Tel Aviv)	E 14	1922	63
Jos	19	40	Newe Dan (Tel Aviv)	E 14	1950	62
Jer	49	19	Newe Etan	N 9	1938	43
Esth	2	7	Newe Hadassah	F 12	1949	54
Ps	65	6	Newe Mivtah	E 17	1950	91
Jes	33	20	Newe Sha'anan	H 6	1922	23
Jes	33	20	Newe Sha'anan (Jerusalem)	K 17	1925	104

Bibl. Buch	Kap.	Vers	Ortsname	Plan-quadrat	Gründungs-jahr	Seite
Jes	32	18	Newe Shalom (Tel Aviv)	E 14	1890	63
Jes	32	18	Newe Shalom	G 17	1969	94
1.Mose	11	31	Newe Ur	N 8	1949	36
Ps	118	15	Newe Yamin	G 13	1949	57
Jer	50	7	Newe Zedeq (Tel Aviv)	1887	E 14	63
1.Sam	15	29	Nili	H 15	1981	75
1.Mose	20	1	Nizzane Sinai -			
			Kadesh Barnea'	B 27	1977	139
Spr	3	17	No'am	F 20	1955	126
2.Mose	28	18	Nofekh	G 14	1949	67
Spr	4	18	Nogah	E 19	1955	120
Ruth	1	2	No'omi	M 16	1982	88
Am	1	1	Noqdim	K 19	1982	124
Hld	1	6	Notera	N 3	1958	15
Jos	18	23	'Ofra	K 15	1975	76
1.Mose	46	10	Ohad	B 23	1969	137
Esth	8	16	Ora	J 18	1950	115
Jes	26	19	Orot	E 18	1952	112
5.Mose	33	24	Osherat	J 4	1983	16
Jos	19	24	Osherat	J 4	1983	16
Ri	3	9	'Otni'el	H 21	1983	131
4.Mose	13	3	Paran	J 33	1972	141
5.Mose	33	2	Paran	J 33	1972	141
2.Kön	23	36	Pedaya	F 16	1951	81
Jes	35	10	Pedu'el	H 14	1984	68
Jes	35	10	Peduyyim	D 22	1950	134
Spr	31	19	Pelekh	K 4	1980	17
Ri	5	7	Perazon	K 9	1953	39
Hos	2	17	Petah Tiqwa	G 14	1879	66
Jos	15	34	Petah Tiqwa - **'En Gannim**	G 14	1908	66
1.Chr	24	16	Petahya	F 16	1951	80
1.Mose	49	22	Porat	G 12	1950	55
2.Kön	17	24	Qarne Shomeron	H 13	1978	59
Jer	31	5	Qarne Shomeron	H 13	1978	59
Hld	1	5	Qedar	K 18	1984	117
1.Mose	25	1	Qetura	H 37	1970	141
Jos	15	11	Qevuzat Yavne	E 17	1941	91
2.Chr	26	6	Qevuzat Yavne	E 17	1941	91
Ps	45	9	Qezi'ot	B 27	1953	140
Jos	15	44	Qila	H 19	bibl.Zeit	122

Bibl. Buch	Kap.	Vers	Ortsname	Plan-quadrat	Gründungs-jahr	Seite
1.Sam	23	2	Qila	H 19	bibl.Zeit	122
1.Mose	23	2	Qiryat Arba’	J 20	1971	128
Jos	15	54	Qiryat Arba’	J 20	1971	128
1.Kön	17	1	Qiryat Eliyahu (Haifa)	G 6	1950	22
1.Sam	6	17	Qiryat ‘Eqron	F 16	1948	81
Zeph	2	4	Qiryat ‘Eqron	F 16	1948	81
1.Sam	6	17	Qiryat Gat	E 19	1954	120
1.Chr	18	1	Qiryat Gat	E 19	1954	120
Esth	2	7	Qiryat Hadassah (Jerusalem)	K 17	1960	107
Ri	4	2	Qiryat Haroshet	J 7	1935	29
Mal	1	1	Qiryat Mal’akhi	E 18	1951	112
1.Chr	8	12	Qiryat Ono	F 14	1939	65
Neh	6	2	Qiryat Ono	F 14	1939	65
Jos	18	14	Qiryat Ye’arim	H 17	1952	96
1.Sam	7	1	Qiryat Ye’arim	H 17	1952	96
1.Chr	13	5	Qiryat Ye’arim	H 17	1952	96
3.Mose	26	13	Qomemiyyut	E 19	1950	119
Jos	21	15	Rabud	H 21	bibl.Zeit	131
Jos	*18*	*27*	*Rafat*	*J 16*	*bibl.Zeit*	*86*
Jos	19	36	Rama (Obergaliläa)	L 4	bibl.Zeit	17
1.Sam	1	19	Ramallah	J 16	bibl.Zeit	85
1.Sam	7	17	Ramallah	J 16	bibl.Zeit	85
1.Sam	25	1	Ramallah	J 16	bibl.Zeit	85
Jos	18	22	Ramallah (Zemaraim)	J 16	bibl.Zeit	85
Esth	2	7	Ramat Hadassah	J 7	1948	28
Jes	35	2	Ramat HaSharon	F 13	1923	57
Apg	9	35	Ramat HaSharon	F 13	1923	57
1.Mose	35	19	Ramat Rahel	K 18	1926	118
1.Sam	10	2	Ramat Rahel	K 18	1926	118
Jer	31	15	Ramat Rahel	K 18	1926	118
Mt	2	18	Ramat Rahel	K 18	1926	118
1.Sam	1	1	Ramathaim (Hod HaSharon)	G 13	1925	58
Ri	*20*	*45*	*Rammun*	*K 16*	*bibl.Zeit*	*87*
Jos	17	1	Ramot Menashe	H 8	1948	33
1.Mose	49	21	Ramot Naftali	N 3	1945	14
Jes	35	2	Rannen	D 22	1950	133
1.Chr	23	17	Rehavya (Jerusalem)	K 17	1921	105
1.Mose	26	22	Rehovot	F 16	1890	79
Jos	19	44	Rehovot - **Gibbeton**	F 16	1933	79
Hld	8	6	Reshafim	M 10	1948	48

Bibl. Buch	Kap.	Vers	Ortsname	Plan-quadrat	Gründungs-jahr	Seite
1.Sam	6	17	Revadim	F 17	1948	93
Zeph	2	4	Revadim	F 17	1948	93
Hes	16	7	Revava	J 14	1991	68
Mi	5	6	Revivim	E 25	1943	139
Mi	5	6	Revivim (Tel Aviv)	E 14	1950	62
Jes	41	27	Rishon LeZiyyon	F 15	1882	73
Ps	23	1	Ro'i	M 12	1976	57
Ps	118	16	Romema (Haifa)	G 6	1970	22
Ps	118	16	Romema (Jerusalem)	K 17	1921	102
Ps	118	22	Rosh Pinna	N 4	1879	18
4.Mose	23	9	Rosh Zurim	J 19	1969	122
Hos	2	3	Ruhama	E 20	1911	126
Jos	19	13	Rummana	K 6	bibl.Zeit	24
Jos	21	14	Sammu'	H 22	bibl.Zeit	135
1.Sam	30	28	Sammu'	H 22	bibl.Zeit	135
Jos	15	31	Sansana	G 22	1998	135
Jos	19	10	Sarid	K 8	1926	34
2.Chr	26	6	Sede 'Uziyyahu	D 18	1950	110
Jes	32	12	Sedei Hemed	G 13	1952	58
2.Sam	1	21	Sedei Terumot	M 10	1951	48
1.Mose	19	1	Sedom	L 25	1934	139
Hes	16	55	Sedom	L 25	1934	139
2.Mose	19	5	Segula	E 19	1953	119
5.Mose	3	9	Senir	O 1	1967	11
Jos	19	42	Sha'alvim	G 16	1951	83
1.Kön	4	9	Sha'alvim	G 16	1951	83
Jos	16	5	Sha'ar Efrayim	H 12	1953	55
1.Kön	4	10	Sha'ar Hefer	F 11	1940	48
Jos	17	1	Sha'ar Menashe	H 10	1949	45
Ri	4	14	Shadmot Devora	M 7	1939	31
1.Kön	19	16	Shadmot Mehola	M 11	1979	52
Mi	1	11	Shafir	E 18	1949	113
Ps	122	7	Shalwa	E 20	1952	126
Jos	15	48	Shamir	O 2	1944	12
Hes	3	9	Shamir	O 2	1944	12
2.Kön	17	24	Shave Shomeron	J 12	1977	56
Jer	31	5	Shave Shomeron	J 12	1977	56
Jes	1	27	Shave Ziyyon	H 4	1938	16
Jes	7	3	She'ar Yashuv	O 1	1940	12
Jes	10	21	She'ar Yashuv	O 1	1940	12

Bibl. Buch	Kap.	Vers	Ortsname	Plan-quadrat	Gründungs-jahr	Seite
Jes	41	18	Shefayim	F 12	1935	55
1.Mose	49	21	Shefer	M 4	1950	17
1.Chr	24	11	Shekhanya	K 5	1980	20
1.Mose	12	6	Shekhem (Sichem) - Nablus	K 12	bibl.Zeit	56
4.Mose	34	27	Shelomi	J 3	1950	13
Ps	92	14	Shetulim	E 17	1950	92
Jer	30	3	Shevut 'Am	G 11	1950	51
Jos	18	10	Shillo	K 14	1979	70
1.Sam	4	3	Shillo	K 14	1979	70
2.Sam	13	3	Shim'a	H 22	1985	135
2.Mose	28	20	Shoham	G 15	1992	74
Jos	15	59	Shoresh	H 17	1948	96
Hld	2	1	Shoshanat Ha'Amaqim	F 11	1951	48
1.Sam	21	2	Shu'afat (Jerusalem)	K 17	bibl.Zeit	100
Jes	10	32	Shu'afat (Jerusalem)	K 17	bibl.Zeit	100
Mk	2	26	Shu'afat (Jerusalem)	K 17	bibl.Zeit	100
Jos	19	18	Shunem - Sulam	L 8	bibl.Zeit	35
Ps	126	4	Shuva	C 21	1950	129
1.Mose	12	6	Sichem (Shekhem) - Nablus	K 12	bibl.Zeit	56
Jos	15	54	Si'ir	J 19	bibl.Zeit	126
Neh	3	15	Silwan (Jerusalem)	K 17	bibl.Zeit	106
Jes	8	6	Silwan (Jerusalem)	K 17	bibl.Zeit	106
Jos	19	18	Sulam (Shunem)	L 8	bibl.Zeit	35
2.Kön	4	8	Sulam (Shunem)	L 8	bibl.Zeit	35
Jos	15	53	Taffuh	H 20	bibl.Zeit	127
Hos	14	6	Tal El	J 5	1980	19
Jes	26	19	Tal Or	C 22	1957	132
Jes	2	5	Talme Bilu	D 21	1953	130
Neh	7	45	Talmon	J 16	1989	85
Hld	4	4	Talpiyyot (Jerusalem)	K 17	1922	108
Ps	89	14	Ta'oz	G 17	1950	95
Ps	89	14	Tarum	G 17	1950	95
Jes	41	19	Te'ashur	D 22	1953	133
Hes	3	15	Tel Aviv	E 14	1909	60
Ps	65	11	Telamim	D 20	1950	125
5.Mose	32	13	Tenuvot	G 11	1952	51
Neh	3	5	Teqoa'	K 19	1970	124
Am	1	1	Teqoa'	K 19	1970	124
Neh	3	5	Tequ'	K 19	bibl.Zeit	124
Am	1	1	Tequ'	K 19	bibl.Zeit	124

Bibl. Buch	Kap.	Vers	Ortsname	Plan-quadrat	Grün-dungs-jahr	Seite
Jos	19	35	Tiberias	N 6	bibl.Zeit	25
Joh	6	1	Tiberias	N 6	bibl.Zeit	25
Joh	6	23	Tiberias	N 6	bibl.Zeit	25
Jes	41	19	Tidhar	D 22	1953	133
Jes	35	2	Tifrah	D 22	1949	134
1.Kön	6	29	Timmorim	E 18	1954	112
1.Mose	36	40	Timna'	G 40	1955	142
1.Mose	29	35	Tirat Yehuda	G 15	1949	74
1.Mose	49	8	Tirat Yehuda	G 15	1949	74
Ri	*9*	*50*	*Tubas*	*L 11*	*bibl. Zeit*	*52*
Spr	2	7	Tushiyya	C 21	1958	129
1.Mose	4	22	Tuval	K 5	1980	20
Sach	3	2	Udim	F 12	1948	53
			Uri'el (Gedera)	E 17	1949	90
Ps	68	29	'Uza	E 19	1950	120
Jos	6	2	Wered Yeriho	M 17	1980	110
Mk	10	46	Wered Yeriho	M 17	1980	110
Lk	19	1	Wered Yeriho	M 17	1980	110
Ri	4	17	Ya'el	K 9	1960	39
Jos	19	12	Yafa	K 7	bibl.Zeit	30
Jos	19	46	Yafo (Tel Aviv)	E 14	bibl.Zeit	64
Jona	1	3	Yafo (Tel Aviv)	E 14	bibl.Zeit	64
Apg	9	43	Yafo (Tel Aviv)	E 14	bibl.Zeit	64
Ps	14	7	Yagel	F 15	1950	72
Jos	15	21	Yagur	H 7	1922	28
Jes	13	20	Yahel	J 36	1976	141
4.Mose	26	12	Yakhini	D 21	1950	129
2.Kön	15	29	Yanuah	K 4	bibl.Zeit	17
Jer	31	20	Yaqir	J 13	1981	60
5.Mose	12	20	Yarhiv	G 13	1949	58
Jes	27	6	Yashresh	F 16	1950	79
Jos	15	55	Yatta	H 21	bibl.Zeit	131
Jos	15	11	Yavne	E 16	1949	78
2.Chr	26	6	Yavne	E 16	1949	78
Jos	19	33	Yavne'el	M 7	1901	31
Jes	27	6	Yaziz	F 16	1950	81
Jos	19	45	Yehud	F 15	1948	71
Ps	20	7	Yesha	B 23	1957	137
Esra	7	9	Yesud HaMa'ala	N 3	1883	15

Bibl. Buch	Kap.	Vers	Ortsname	Plan-quadrat	Grün-dungs-jahr	Seite
Ri	11	1	Yiftah	N 2	1948	12
Hebr	11	32	Yiftah	N 2	1948	12
Ps	102	29	Yikkon	G 11	1951	50
Ps	72	17	Yinnon	E 18	1952	112
Jos	19	38	Yir'on	M 3	1949	14
Ps	27	1	Yish'i	F 18	1950	113
Jos	19	18	Yizre'el	L 9	1948	40
1.Kön	21	1	Yizre'el	L 9	1948	40
2.Kön	21	19	Yodefat	K 6	1960	24
Jos	21	34	Yoqne'am	J 8	1935	33
Jos	21	34	Yoqne'am Illit	J 8	1950	33
1.Chr	4	35	Yoshivya	D 21	1950	130
4.Mose	33	34	Yotvata	H 38	1951	141
5.Mose	10	7	Yotvata	H 38	1951	141
Jer	17	8	Yuval	N 1	1952	11
Jos	15	34	Zanoah	H 18	1950	115
Neh	3	13	Zanoah	H 18	1950	115
Neh	11	14	Zavdi'el	E 19	1950	119
Sach	1	1	Zekharya	G 18	1950	114
Esra	7	4	Zerahya	E 18	1950	113
Jer	2	2	Zeru'a	D 21	1953	130
1.Chr	7	10	Zetan	F 15	1950	73
2.Mose	15	2	Zimrat	C 21	1957	129
Hiob	2	11	Zofar	J 31	1970	140
Spr	31	27	Zofiyya	E 16	1955	78
1.Mose	46	10	Zohar	B 23	1973	137
Jos	19	41	Zor'a	G 17	1948	95
Ri	13	25	Zor'a	G 17	1948	95
2.Sam	23	36	Zova	J 17	1948	99
Esth	2	7	Zur Hadassah	H 18	1960	115
4.Mose	3	35	Zuri'el	K 4	1950	17

6. Tabellarisches Ortslexikon, sortiert nach dem Gründungsjahr des Ortes

Bibl. Buch	Kap.	Vers	Ortsname	Plan-quadrat	Grün-dungsjahr
2.Kön	15	29	Yanuah	K 4	bibl.Zeit
Jos	19	36	Rama (Obergaliläa)	L 4	bibl.Zeit
Ri	1	31	‘Akko	H 5	bibl.Zeit
Apg	21	7	‘Akko	H 5	bibl.Zeit
Jos	19	27	Kabul (Kavul)	K 5	bibl.Zeit
Jos	19	13	Rummana	K 6	bibl.Zeit
Jos	19	35	Tiberias	N 6	bibl.Zeit
Joh	6	1	Tiberias	N 6	bibl.Zeit
Joh	6	23	Tiberias	N 6	bibl.Zeit
Lk	2	51	Nazareth (Nazerat)	K 7	bibl.Zeit
Lk	4	16	Nazareth (Nazerat)	K 7	bibl.Zeit
Jos	19	12	Yafa	K 7	bibl.Zeit
Jos	21	28	Dabburiya	L 7	bibl.Zeit
Jos	19	12	Iksal (Kislot Tavor)	L 7	bibl.Zeit
Joh	2	1	Kafr Kanna	L 7	bibl.Zeit
Jos	19	13	Mash-had	L 7	bibl.Zeit
2.Kön	14	25	Mash-had	L 7	bibl.Zeit
Lk	7	11	Nein	L 8	bibl.Zeit
Jos	19	18	Sulam (Shunem)	L 8	bibl.Zeit
2.Kön	4	8	Sulam (Shunem)	L 8	bibl.Zeit
Ri	1	27	Bet She’an	M 9	bibl.Zeit
1.Sam	31	10	Bet She’an	M 9	bibl.Zeit
Jos	21	29	Jenin	K 10	bibl.Zeit
1.Mose	12	6	Nablus (Shekhem, Sichem)	K 12	bibl.Zeit
Jos	24	25	Nablus (Shekhem, Sichem)	K 12	bibl.Zeit
Joh	4	5	‘Askar	K 12	bibl.Zeit
Ri	12	15	Far’ate	J 13	bibl.Zeit
Jos	19	46	Yafo (Tel Aviv)	E 14	bibl.Zeit
Jona	1	3	Yafo (Tel Aviv)	E 14	bibl.Zeit
Apg	9	43	Yafo (Tel Aviv)	E 14	bibl.Zeit
1.Chr	8	12	Lod	G 15	bibl.Zeit
Apg	9	32	Lod	G 15	bibl.Zeit
Joh	*11*	*54*	*(E) Taiyiba*	*K 15*	*bibl.Zeit*
Jos	10	10	Beit ‘Ur et Tahta (untere Bet Horon)	H 16	bibl.Zeit

Bibl. Buch	Kap.	Vers	Ortsname	Plan-quadrat	Grün-dungsjahr
1.Chr	7	24	Beit 'Ur et Tahta (untere Bet Horon)	H 16	bibl.Zeit
2.Chr	8	5	Beit 'Ur et Tahta (untere Bet Horon)	H 16	bibl.Zeit
Jos	10	10	Beit 'Ur el Fauqa (obere Bet Horon)	J 16	bibl.Zeit
Jos	16	5	Beit 'Ur el Fauqa (obere Bet Horon)	J 16	bibl.Zeit
2.Chr	8	5	Beit 'Ur el Fauqa (obere Bet Horon)	J 16	bibl.Zeit
1.Sam	1	19	Ramallah	J 16	bibl.Zeit
1.Sam	7	17	Ramallah	J 16	bibl.Zeit
1.Sam	25	1	Ramallah	J 16	bibl.Zeit
Jos	18	22	Ramallah (Zemaraim)	J 16	bibl.Zeit
1.Mose	28	19	Beitin	K 16	bibl.Zeit
Jos	7	2	Deir Dibwah	K 16	bibl.Zeit
Esra	2	27	Mukhmas	K 16	bibl.Zeit
Jes	10	28	Mukhmas	K 16	bibl.Zeit
Jos	6	2	Jericho (Yeriho)	M 16	bibl.Zeit
Mk	10	46	Jericho (Yeriho)	M 16	bibl.Zeit
Lk	19	1	Jericho (Yeriho)	M 16	bibl.Zeit
Jos	10	12	El - Jib	J 17	bibl.Zeit
Jos	18	26	En - Nabi Samwil	J 17	bibl.Zeit
1.Sam	10	17	En - Nabi Samwil	J 17	bibl.Zeit
Jos	21	18	'Anata	K 17	bibl.Zeit
Jer	1	1	'Anata	K 17	bibl.Zeit
Mk	11	1	El - 'Eizariya	K 17	bibl.Zeit
Mk	14	3	El - 'Eizariya	K 17	bibl.Zeit
Joh	11	1	El - 'Eizariya	K 17	bibl.Zeit
2.Sam	5	6	Jerusalem (Yerushalayim)	K 17	bibl.Zeit
1.Sam	21	2	Shu'afat (Jerusalem)	K 17	bibl.Zeit
Jes	10	32	Shu'afat (Jerusalem)	K 17	bibl.Zeit
Mk	2	26	Shu'afat (Jerusalem)	K 17	bibl.Zeit
Neh	3	15	Silwan (Jerusalem)	K 17	bibl.Zeit
Jes	8	6	Silwan (Jerusalem)	K 17	bibl.Zeit
Jos	15	51	Beit Jala	J 18	bibl.Zeit
2.Sam	15	12	Beit Jala	J 18	bibl.Zeit
1.Sam	16	4	Bethlehem (Bet Lehem)	J 18	bibl.Zeit
Mi	5	1	Bethlehem (Bet Lehem)	J 18	bibl.Zeit
Lk	2	15	Bethlehem (Bet Lehem)	J 18	bibl.Zeit
2.Sam	23	27	Husan	J 18	bibl.Zeit

Bibl. Buch	Kap.	Vers	Ortsname	Plan-quadrat	Gründungsjahr
Jer	29	31	Nahhalin	J 18	bibl.Zeit
Jos	15	58	Jadur	H 19	bibl.Zeit
Jos	15	44	Qila	H 19	bibl.Zeit
1.Sam	23	2	Qila	H 19	bibl.Zeit
Jos	15	54	Si'ir	J 19	bibl.Zeit
Neh	3	5	Tequ'	K 19	bibl.Zeit
Am	1	1	Tequ'	K 19	bibl.Zeit
1.Sam	6	17	Gaza ('Azza)	B 20	bibl.Zeit
Apg	8	26	Gaza ('Azza)	B 20	bibl.Zeit
Jos	15	43	Idna	G 20	bibl.Zeit
2.Chr	11	9	Dura	H 20	bibl.Zeit
1.Mose	13	18	Hebron (Hevron)	H 20	bibl.Zeit
1.Mose	23	19	Hebron (Hevron)	H 20	bibl.Zeit
Jos	15	53	Taffuh	H 20	bibl.Zeit
Jos	15	58	Halhul	J 20	bibl.Zeit
Jos	15	52	Duma	G 21	bibl.Zeit
Jos	21	15	Rabud	H 21	bibl.Zeit
Jos	15	55	Yatta	H 21	bibl.Zeit
Jos	15	55	El Karmil	J 21	bibl.Zeit
Jos	21	14	Sammu'	H 22	bibl.Zeit
1.Sam	30	28	Sammu'	H 22	bibl.Zeit
1.Mose	21	31	Be'er Sheva'	E 23	bibl.Zeit
1.Mose	26	33	Be'er Sheva'	E 23	bibl.Zeit
Jer	14	8	Miqwe Yisra'el	E 15	1870
Jer	17	13	Miqwe Yisra'el	E 15	1870
1.Mose	26	12	Me'a She'arim (Jerusalem)	K 17	1874
4.Mose	24	5	Mishkenot (Jerusalem)	K 17	1875
1.Mose	46	27	Bet Ya'aqov (Jerusalem)	K 17	1877
Ps	118	22	Rosh Pinna	N 4	1879
Hos	2	17	Petah Tiqwa	G 14	1879
2.Sam	5	18	'Emeq Refa'im (Jerusalem)	K 17	1880
Jes	41	27	Rishon LeZiyyon	F 15	1882
Esra	7	9	Yesud HaMa'ala	N 3	1883
Jer	4	6	Nes Ziyyona	F 16	1883
Jos	15	36	Gedera	E 17	1884
1.Mose	49	8	Bene Yehuda	O 6	1886 (1.)
Jer	50	7	Newe Zedeq (Tel Aviv)	E 14	1887
2.Mose	16	31	Bet Yisra'el (Jerusalem)	K 17	1887
4.Mose	2	3	Mahane Yehuda (Jerusalem)	K 17	1887
1.Mose	26	22	Rehovot	F 16	1890
Jes	32	18	Newe Shalom (Tel Aviv)	E 14	1890

Bibl. Buch	Kap.	Vers	Ortsname	Plan-quadrat	Grün-dungsjahr
Jos	18	26	Moza	J 17	1894
Jos	10	12	Giv'on Hadasha	J 17	1895 (1.)
1.Mose	32	3	Mahanayim	N 4	1898
Jos	19	33	Yavne'el	M 7	1901
Jes	62	4	Hefzi Bah	G 10	1908
Jos	15	34	En Gannim (Petah Tiqwa)	G 14	1908
Lk	8	2	Migdal	M 6	1909
Jos	19	35	Kinneret (Moshava)	N 7	1909
Hes	3	15	Tel Aviv	E 14	1909
Ps	118	5	Merhavya (Kibbuz)	K 8	1911
Hos	2	3	Ruhama	E 20	1911
Jes	35	2	Hadar HaKarmel (Haifa)	G 6	1912
Jos	19	35	Kinneret (Kibbuz)	N 7	1913
Ri	16	4	Nahal Soreq	F 17	1914
Jos	19	15	Nahalal	J 7	1921
Jos	21	35	Nahalal	J 7	1921
Ri	7	1	En Harod	L 9	1921
1.Chr	23	17	Rehavya (Jerusalem)	K 17	1921
Ps	118	16	Romema (Jerusalem)	K 17	1921
Jes	33	20	Newe Sha'anan	H 6	1922
Jos	15	21	Yagur	H 7	1922
Ps	118	5	Merhavya (Moshav)	K 8	1922
Jes	62	4	Hefzi Bah	M 9	1922
Jes	33	20	Newe Sha'anan (Tel Aviv)	E 14	1922
Jes	5	1	Ben Shemen	G 15	1922
Jos	16	2	'Atarot (Jerusalem)	K 17	1922
Hld	4	4	Talpiyyot (Jerusalem)	K 17	1922
Ri	7	1	Kefar Gid'on	K 8	1923
Hebr	11	32	Kefar Gid'on	K 8	1923
Jes	35	2	Ramat HaSharon	F 13	1923
Apg	9	35	Ramat HaSharon	F 13	1923
Neh	3	14	Bet HaKerem (Jerusalem)	K 17	1923
Jer	6	1	Bet HaKerem (Jerusalem)	K 17	1923
			Kefar Hasidim (A)	H 7	1924
1.Mose	36	43	Magdi'el (Hod HaSharon)	G 13	1924
Jos	19	45	Bene Beraq	F 14	1924
Spr	5	18	Meqor Barukh (Jerusalem)	K 17	1924
1.Sam	1	1	Ramathaim (Hod HaSharon)	G 13	1925
Jes	33	20	Newe Sha'anan (Jerusalem)	K 17	1925
Jos	19	10	Sarid	K 8	1926
Jos	19	45	Gat Rimmon	F 14	1926

Bibl. Buch	Kap.	Vers	Ortsname	Plan-quadrat	Grün-dungsjahr
1.Mose	32	3	Mahanayim (Jerusalem)	K 17	1926
1.Mose	35	19	Ramat Rahel	K 18	1926
1.Sam	10	2	Ramat Rahel	K 18	1926
Jer	31	15	Ramat Rahel	K 18	1926
Mt	2	18	Ramat Rahel	K 18	1926
1.Kön	16	24	‘En Shemer	H 10	1927
1.Kön	4	9	Bet Hanan	E 16	1930
Jos	15	41	Na’an	F 16	1930
Hes	34	13	Afiqim	N 7	1932
1.Chr	4	23	Neta’im	E 15	1932
Jos	15	11	Gan Yavne	E 17	1932
2.Chr	26	6	Gan Yavne	E 17	1932
Jes	35	10	Hibbat Ziyyon	G 10	1933
Neh	3	11	Elyashiv	G 11	1933
Jos	17	3	Hogla	G 11	1933
Jes	35	2	Mishmar HaSharon	G 11	1933
Apg	9	35	Mishmar HaSharon	G 11	1933
Jos	15	51	Holon	E 15	1933
Jos	19	44	Gibbeton (Rehovot)	F 16	1933
Jes	2	5	Kefar Bilu	F 16	1933
Jos	18	26	Moza ‘Illit	J 17	1933
1.Mose	17	5	Kerem Avraham (Jerusalem)	K 17	1933
2.Kön	17	24	Gan Shomeron	H 10	1934
Jer	31	5	Gan Shomeron	H 10	1934
3.Mose	25	10	Kefar HaYovel (Ma’as)	G 14	1934
1.Mose	19	1	Sedom	L 25	1934
Hes	16	55	Sedom	L 25	1934
Ri	4	2	Qiryat Haroshet	J 7	1935
Jos	21	34	Yoqne’am	J 8	1935
Ri	7	22	Bet HaShitta	M 9	1935
Jes	41	18	Shefayim	F 12	1935
Sach	9	12	Bizaron	E 17	1935
			Kefar HaNo’ar HaDati	H 7	1936
Jos	15	23	Hazor Ashdod	E 17	1937
Jes	1	27	Shave Ziyyon	H 4	1938
Jer	49	19	Newe Etan	N 9	1938
Jos	19	47	Dan	O 1	1939
Jos	19	30	Afeq	J 6	1939
Ri	4	14	Shadmot Devora	M 7	1939
1.Chr	8	12	Qiryat Ono	F 14	1939
Neh	6	2	Qiryat Ono	F 14	1939

Bibl. Buch	Kap.	Vers	Ortsname	Plan-quadrat	Gründungsjahr
1.Mose	13	14	Negba	E 19	1939
Jes	7	3	She'ar Yashuv	O 1	1940
Jes	10	21	She'ar Yashuv	O 1	1940
1.Kön	4	10	Sha'ar Hefer	F 11	1940
Jos	15	11	Qevuzat Yavne	E 17	1941
2.Chr	26	6	Qevuzat Yavne	E 17	1941
1.Sam	6	17	Gat	F 19	1942
1.Chr	18	1	Gat	F 19	1942
Mi	5	6	Revivim	E 25	1943
Jos	15	48	Shamir	O 2	1944
Hes	3	9	Shamir	O 2	1944
2.Sam	1	18	Bet Qeshet	L 7	1944
5.Mose	4	43	Lahavot HaBashan	O 2	1945
1.Mose	49	21	Ramot Naftali	N 3	1945
Jos	19	28	'Evron	H 4	1945
Jos	19	34	Huqoq	M 5	1945
Esra	7	1	'Ezra (Tel Aviv)	E 14	1945
Jos	21	21	Gezer	G 16	1945
1.Kön	9	17	Gezer	G 16	1945
Jos	21	28	Daverat	L 8	1946
1.Mose	13	1	Mishmar HaNegev	E 22	1946
4.Mose	13	17	Mishmar HaNegev	E 22	1946
5.Mose	2	23	Hazerim	E 23	1946
Ps	84	11	Hazerim	E 23	1946
Jes	2	4	Herev Le'et	G 10	1947
Mi	4	3	Herev Le'et	G 10	1947
Joel	2	23	Bene Ziyyon	F 12	1947
Esth	2	7	Hadassim	F 12	1947
Jes	32	18	Mivtahim	B 23	1947
Ri	11	1	Yiftah	N 2	1948
Hebr	11	32	Yiftah	N 2	1948
Jos	19	15	Beth Lehem HaGelilit	J 7	1948
Esth	2	7	Ramat Hadassah	J 7	1948
Jos	17	1	Ramot Menashe	H 8	1948
Jos	17	11	'En Dor	L 8	1948
1.Sam	28	7	'En Dor	L 8	1948
Jos	19	18	Yizre'el	L 9	1948
1.Kön	21	1	Yizre'el	L 9	1948
Hld	8	6	Reshafim	M 10	1948
Sach	3	2	Udim	F 12	1948

Bibl. Buch	Kap.	Vers	Ortsname	Plan-quadrat	Gründungsjahr
Jos	19	45	Yehud	F 15	1948
Jos	16	2	Bene 'Atarot	G 15	1948
Jos	19	44	Ge'alya	E 16	1948
1.Sam	6	17	Qiryat 'Eqron	F 16	1948
Zeph	2	4	Qiryat 'Eqron	F 16	1948
1.Sam	6	17	Revadim	F 17	1948
Zeph	2	4	Revadim	F 17	1948
			Har'el	G 17	1948
Jos	19	41	Z̲or'a	G 17	1948
Ri	13	25	Z̲or'a	G 17	1948
Jos	15	59	Shoresh	H 17	1948
2.Sam	23	36	Z̲ova	J 17	1948
Nah	1	1	Elqosh	L 3	1949
1.Chr	24	9	Malkiyya	M 3	1949
Neh	10	4	Malkiyya	M 3	1949
Jos	19	38	Yir'on	M 3	1949
Jos	19	27	Bet Ha'Emeq	J 4	1949
5.Mose	33	27	Me'ona	K 4	1949
2.Sam	5	16	Elifelet	N 4	1949
Esra	8	13	Elifelet	N 4	1949
1.Mose	49	21	Ah̲uzzat Naftali	M 6	1949
Hos	10	14	Arbel	M 6	1949
5.Mose	33	13	Megadim	G 7	1949
1.Chr	7	29	Dor	G 8	1949
Jes	37	2	Elyakim	H 8	1949
2.Kön	23	29	Megiddo	J 8	1949
1.Chr	7	29	Megiddo	J 8	1949
Offb	16	16	Megiddo	J 8	1949
1.Mose	11	31	Newe Ur	N 8	1949
Ri	7	1	Gid'ona	L 9	1949
Hebr	11	32	Gid'ona	L 9	1949
Jos	17	1	Sha'ar Menashe	H 10	1949
Jes	62	12	Ge'ulle Teman	G 11	1949
Esth	2	7	Newe Hadassah	F 12	1949
Ps	45	4	H̲agor	G 13	1949
Ps	118	15	Newe Yamin	G 13	1949
5.Mose	12	20	Yarh̲iv	G 13	1949
4.Mose	10	14	Nah̲shonim	G 14	1949
Mt	1	4	Nah̲shonim	G 14	1949
2.Mose	28	18	Nofekh	G 14	1949
Jos	15	41	Bet Dagan	F 15	1949

Bibl. Buch	Kap.	Vers	Ortsname	Plan-quadrat	Gründungsjahr
Neh	12	16	Ginnaton	G 15	1949
1.Mose	29	35	Tirat Yehuda	G 15	1949
1.Mose	49	8	Tirat Yehuda	G 15	1949
Jos	15	11	Yavne	E 16	1949
2.Chr	26	6	Yavne	E 16	1949
2.Kön	15	1	‘Azarya	G 16	1949
Jos	10	12	Mishmar Ayyalon	G 16	1949
1.Chr	4	36	Benaya Uri’el (Gedera)	E 17 E 17	1949 1949
Jos	19	41	Eshta’ol	H 17	1949
Ri	13	25	Eshta’ol	H 17	1949
Neh	3	14	‘En Kerem (Jerusalem)	K 17	1949
Jer	6	1	‘En Kerem (Jerusalem)	K 17	1949
1.Chr	8	6	Manahat (Jerusalem)	K 17	1949
Hld	6	2	‘Arugot	E 18	1949
Jes	52	7	Mashmia’ Shalom (Bene Re’em)	E 18	1949
Mi	1	11	Shafir	E 18	1949
Jes	17	5	Bet Qama	E 21	1949
Jes	35	2	Gilat	D 22	1949
Jes	35	2	Tifrah	D 22	1949
1.Mose	15	1	Magen	B 23	1949
4.Mose	34	27	Shelomi	J 3	1950
5.Mose	33	28	‘En Ya’aqov	K 4	1950
4.Mose	3	35	Zuri’el	K 4	1950
1.Mose	49	21	Shefer	M 4	1950
4.Mose	34	27	Ahihud	J 5	1950
1.Kön	17	1	Qiryat Eliyyahu (Haifa)	G 6	1950
			Kefar Hasidim (B)	H 7	1950
Jos	21	34	Yoqne’am Illit	J 8	1950
Ri	4	17	Hever	K 9	1950
4.Mose	34	23	Hanni’el	G 11	1950
Jer	30	3	Shevut ‘Am	G 11	1950
1.Mose	49	22	Porat	G 12	1950
Ps	36	9	‘Adanim	G 13	1950
Jos	19	40	Newe Dan (Tel Aviv)	E 14	1950
Mi	5	6	Revivim (Tel Aviv)	E 14	1950
Ri	16	4	Gan Soreq	E 15	1950
4.Mose	10	25	Ahi’ezer	F 15	1950
Am	9	14	Gannot	F 15	1950
			Hemed	F 15	1950

Bibl. Buch	Kap.	Vers	Ortsname	Plan-quadrat	Grün-dungsjahr
Ps	14	7	Yagel	F 15	1950
1.Chr	7	10	Zetan	F 15	1950
Neh	1	1	Bet Neh̲emya	G 15	1950
Esra	2	33	H̲adid	G 15	1950
Jes	27	6	Yashresh	F 16	1950
Jes	27	6	Yaz̲iz̲	F 16	1950
2.Mose	31	6	Ah̲isamakh	G 16	1950
2.Chr	28	18	Gimzo	G 16	1950
Ps	65	6	Newe Mivtah̲	E 17	1950
Ps	92	14	Shetulim	E 17	1950
4.Mose	10	14	Nah̲shon	G 17	1950
Mt	1	4	Nah̲shon	G 17	1950
Ps	89	14	Ta'oz	G 17	1950
Ps	89	14	Tarum	G 17	1950
Jos	18	28	Giv'at Ye'arim	H 17	1950
Jes	62	10	Mesillat Z̲iyyon	H 17	1950
1.Chr	4	19	Nah̲am	H 17	1950
Jos	15	9	Me Nefto'ah̲ (Jerusalem)	K 17	1950
Esra	7	12	Bet 'Ezra	D 18	1950
Ps	31	24	Emunim	D 18	1950
2.Chr	26	6	Sede 'Uziyyahu	D 18	1950
1.Chr	3	23	'Azriqam	E 18	1950
Esra	7	4	Zerah̲ya	E 18	1950
Ps	27	1	Yish'i	F 18	1950
Jos	15	10	Bet Shemesh	G 18	1950
1.Sam	6	12	Bet Shemesh	G 18	1950
Sach	1	1	Zekharya	G 18	1950
Jer	32	12	Mah̲seya	H 18	1950
Hes	34	29	Matta'	H 18	1950
Jes	18	3	Nes Harim	H 18	1950
Jos	15	34	Zanoah̲	H 18	1950
Neh	3	13	Zanoah̲	H 18	1950
4.Mose	10	14	'Aminadav	J 18	1950
Mt	1	4	'Aminadav	J 18	1950
Esth	8	16	Ora	J 18	1950
1.Chr	3	20	Berekhya	D 19	1950
Jes	3	1	Mash'en	D 19	1950
3.Mose	26	13	Qomemiyyut	E 19	1950
Ps	68	29	'Uza	E 19	1950
Neh	11	14	Zavdi'el	E 19	1950
2.Sam	23	26	H̲elez̲	D 20	1950

Bibl. Buch	Kap.	Vers	Ortsname	Plan-quadrat	Gründungsjahr
Ps	65	11	Telamim	D 20	1950
1.Chr	4	6	Ahuzzam	E 20	1950
Ps	126	4	Shuva	C 21	1950
4.Mose	26	12	Yakhini	D 21	1950
1.Chr	4	35	Yoshivya	D 21	1950
Jes	35	8	Maslul	D 22	1950
Jes	35	10	Peduyyim	D 22	1950
Jes	35	2	Rannen	D 22	1950
2.Sam	1	21	Sedei Terumot	M 10	1951
Hld	2	1	Shoshanat Ha'Amaqim	F 11	1951
1.Sam	14	3	Ahituv	G 11	1951
Ps	102	29	Yikkon	G 11	1951
Ri	2	9	Ga'ash	F 12	1951
Spr	10	4	Haruzim	F 12	1951
4.Mose	10	22	Elishama'	G 13	1951
1.Mose	29	35	Ganne Yehuda	F 14	1951
1.Mose	49	8	Ganne Yehuda	F 14	1951
Jes	11	1	Hoter (Be'er Ya'aqov)	F 16	1951
2.Kön	23	36	Pedaya	F 16	1951
1.Chr	24	16	Petahya	F 16	1951
Jos	19	42	Sha'alvim	G 16	1951
1.Kön	4	9	Sha'alvim	G 16	1951
2.Mose	34	18	Kefar Aviv	E 17	1951
Jos	15	9	Ma'oz Ziyyon (Mevasseret Ziyyon)	J 17	1951
Jes	2	3	Ma'oz Ziyyon (Mevasseret Ziyyon)	J 17	1951
1.Sam	6	17	Ashqelon	C 18	1951
Zeph	2	7	Ashqelon	C 18	1951
Mal	1	1	Qiryat Mal'akhi	E 18	1951
1.Sam	6	17	Kefar 'Azza (Gaza)	C 21	1951
Apg	8	26	Kefar 'Azza (Gaza)	C 21	1951
Jos	21	15	Devira	F 21	1951
4.Mose	33	34	Yotvata	H 38	1951
5.Mose	10	7	Yotvata	H 38	1951
5.Mose	2	8	Elat	G 42	1951
2.Kön	14	22	Elat	G 42	1951
Jer	17	8	Yuval	N 1	1952
Jos	21	30	'Avdon	J 3	1952
Ps	48	14	Hela	M 6	1952
Ri	5	21	Midrakh 'Oz	J 8	1952

Bibl. Buch	Kap.	Vers	Ortsname	Plan-quadrat	Grün-dungsjahr
5.Mose	32	13	Tenuvot	G 11	1952
Jes	32	12	Sedei Hemed	G 13	1952
2.Mose	28	17	Bareqet	G 15	1952
Jos	1	1	Kefar Bin Nun	G 16	1952
Ps	80	16	Kannot	E 17	1952
Mi	6	2	Etanim	H 17	1952
Jos	15	10	Kesalon	H 17	1952
Jos	18	14	Qiryat Ye'arim	H 17	1952
1.Sam	7	1	Qiryat Ye'arim	H 17	1952
1.Chr	13	5	Qiryat Ye'arim	H 17	1952
Jes	26	19	Orot	E 18	1952
Ps	72	17	Yinnon	E 18	1952
Ps	122	7	Shalwa	E 20	1952
1.Mose	21	33	Eshel HaNasi	E 22	1952
Jos	19	5	Lahav	F 22	1952
1.Sam	27	6	Lahav	F 22	1952
Jos	19	36	Hazor HaGelilit	N 4	1953
1.Sam	15	29	Giv'at Nili	H 9	1953
2.Sam	1	21	Avital	K 9	1953
Ri	5	7	Perazon	K 9	1953
Jes	32	14	Bahan	H 11	1953
Joel	4	13	Maggal	H 11	1953
Jos	16	5	Sha'ar Efrayim	H 12	1953
Jer	1	1	Bet Hilqiyya	F 17	1953
1.Kön	8	56	Menuha	E 19	1953
2.Mose	19	5	Segula	E 19	1953
Ps	135	12	Nahala	F 19	1953
Hld	6	11	Ibbim	D 20	1953
Jes	2	5	Talme Bilu	D 21	1953
Jer	2	2	Zeru'a	D 21	1953
1.Sam	24	1	'En Gedi	L 21	1953
Hld	1	14	'En Gedi	L 21	1953
Jes	41	19	Berosh	D 22	1953
5.Mose	23	26	Melilot	D 22	1953
Jes	41	19	Te'ashur	D 22	1953
Jes	41	19	Tidhar	D 22	1953
Ps	45	9	Qezi'ot	B 27	1953
1.Mose	47	11	Metav	K 9	1954
Hes	27	3	Mevo'ot Yam	F 10	1954
Jos	15	11	Kerem Yavne	E 17	1954
2.Chr	26	6	Kerem Yavne	E 17	1954

Bibl. Buch	Kap.	Vers	Ortsname	Plan-quadrat	Grün-dungsjahr
1.Kön	6	29	Timmorim	E 18	1954
1.Sam	6	17	Qiryat Gat	E 19	1954
1.Chr	18	1	Qiryat Gat	E 19	1954
1.Chr	4	14	Horeshim	G 13	1955
Spr	31	27	Zofiyya	E 16	1955
Ps	80	15	Gefen	F 18	1955
2.Kön	19	23	Mivhor	E 19	1955
Spr	4	18	Nogah	E 19	1955
1.Chr	4	12	Nehusha	G 19	1955
Ps	18	35	Nehusha	G 19	1955
Am	5	24	Etan	E 20	1955
Jos	15	39	Lakhish	F 20	1955
2.Kön	18	14	Lakhish	F 20	1955
Jer	34	7	Lakhish	F 20	1955
Spr	3	17	No'am	F 20	1955
2.Chr	25	27	Amazya	G 20	1955
Jos	15	22	Dimona	H 25	1955
1.Mose	36	40	Timna'	G 40	1955
Ri	5	13	Addirim	K 9	1956
Ri	4	6	Baraq	K 9	1956
Hebr	11	32	Baraq	K 9	1956
Ri	4	4	Devora	K 9	1956
5.Mose	22	9	Mele'a	K 9	1956
1.Mose	2	15	Hawwat 'Eden	M 10	1956
Jes	40	9	Mevasseret Yerushalayim (Mevass. Ziyyon)	J 17	1956
Spr	3	17	Netivot	D 21	1956
Jes	30	15	Bitha	D 22	1956
1.Kön	9	26	Elot	G 42	1956
1.Sam	5	1	Ashdod	D 17	1957
1.Sam	6	17	Ashdod	D 17	1957
Apg	8	40	Ashdod	D 17	1957
Jos	15	35	'Adullam (Siedlungs-Region)	G 18	1957
2.Mose	15	2	Zimrat	C 21	1957
Jes	26	19	Tal Or	C 22	1957
Ps	20	7	Yesha	B 23	1957
Hld	1	6	Notera	N 3	1958
Spr	2	7	Tushiyya	C 21	1958
Jes	35	7	Mabbu'im	D 21	1958
Ps	65	12	Ma'galim	D 22	1958
2.Kön	21	19	Yodefat	K 6	1960

Bibl. Buch	Kap.	Vers	Ortsname	Plan-quadrat	Gründungsjahr
Ri	4	17	Ya'el	K 9	1960
1 Chr	11	34	Gizo	G 17	1960
Esth	2	7	Qiryat Hadassah (Jerusalem)	K 17	1960
Esth	2	7	Z̲ur Hadassah	H 18	1960
Jos	12	14	'Arad	K 23	1961
Ri	1	16	'Arad	K 23	1961
1.Sam	31	1	Ma'ale Gilboa'	L 10	1962
1.Sam	19	22	Nayot (Jerusalem)	K 17	1962
Jes	11	10	Nes 'Ammim	J 4	1963
Neh	3	14	Givat Bet HaKerem (Jerusalem)	K 17	1963
Jer	6	1	Givat Bet HaKerem (Jerusalem)	K 17	1963
Hes	17	8	Aderet	G 19	1963
Jes	35	2	Hod HaSharon	G 13	1964
Apg	9	35	Hod HaSharon	G 13	1964
Jes	40	9	Mevasseret Z̲iyyon	J 17	1964
4.Mose	21	10	'Ir Ovot	K 28	1966
1.Kön	9	18	'Ir Ovot	K 28	1966
Hes	47	19	'Ir Ovot	K 28	1966
5.Mose	3	9	Senir	O 1	1967
1.Kön	20	26	Afiq	O 6	1967
1.Kön	19	16	Meh̲ola	M 11	1968
Jes	32	18	Newe Shalom	G 17	1969
4.Mose	23	9	Rosh Z̲urim	J 19	1969
1.Mose	46	10	Ohad	B 23	1969
Ps	118	16	Romema (Haifa)	G 6	1970
Jos	4	19	Gilgal	M 15	1970
1.Sam	11	14	Gilgal	M 15	1970
Neh	3	5	Teqoa'	K 19	1970
Am	1	1	Teqoa'	K 19	1970
Hiob	2	11	Z̲ofar	J 31	1970
1.Mose	25	1	Qetura	H 37	1970
Jos	13	13	Geshur	O 6	1971
1.Mose	23	2	Qiryat Arba'	J 20	1971
Jos	15	54	Qiryat Arba'	J 20	1971
Jos	15	51	Gilo (Jerusalem)	K 17	1972
2.Sam	15	12	Gilo (Jerusalem)	K 17	1972
4.Mose	13	3	Paran	J 33	1972
5.Mose	33	2	Paran	J 33	1972
1.Mose	29	35	Bene Yehuda	O 6	1972 (2.)
Ps	8	1	Gittit	L 14	1973
1.Mose	46	10	Z̲oh̲ar	B 23	1973

Bibl. Buch	Kap.	Vers	Ortsname	Plan-quadrat	Grün-dungsjahr
Jos	10	10	Mevo Horon	H 17	1974
2.Chr	8	5	Mevo Horon	H 17	1974
Jos	18	23	‘Ofra	K 15	1975
Jos	18	17	Ma’ale Adummim	K 17	1975
Spr	31	19	Kishor	K 4	1976
2.Sam	1	21	Magen Sha’ul	K 9	1976
1.Sam	31	2	Nahal Malkishu’a	L 10	1976
Ps	23	1	Ro’i	M 12	1976
Jes	13	20	Yahel	J 36	1976
Jos	19	13	Bet Rimmon	L 6	1977
2.Kön	17	24	Shave Shomeron	J 12	1977
Jer	31	5	Shave Shomeron	J 12	1977
1.Sam	1	1	Elqana	H 14	1977
5.Mose	32	13	Hallamish	J 15	1977
Jos	10	10	Bet Horon	J 16	1977
2.Chr	8	5	Bet Horon	J 16	1977
1.Mose	28	19	Bet El	K 16	1977
1.Mose	35	21	Migdal ‘Oz	J 19	1977
Ps	61	4	Migdal ‘Oz	J 19	1977
Spr	18	10	Migdal ‘Oz	J 19	1977
1.Mose	20	1	Kadesh Barnea’ (Nizzane Sinai)	B 27	1977
4.Mose	13	26	Kadesh Barnea’ (Nizzane Sinai)	B 27	1977
1.Chr	7	19	Ani’am	O 4	1978
2.Kön	17	24	Qarne Shomeron	H 13	1978
Jer	31	5	Qarne Shomeron	H 13	1978
Jes	29	1	Ariel	J 14	1978
Jos	17	8	Kefar Tappuah	K 14	1978
Jos	16	5	Ma’ale Efrayim	L 14	1978
1.Mose	28	19	Bet El B	K 15	1978
Jos	6	2	Mizpe Yeriho	L 17	1978
Mk	10	46	Mizpe Yeriho	L 17	1978
Lk	19	1	Mizpe Yeriho	L 17	1978
Jos	15	51	Har Gilo	J 18	1978
2.Sam	15	12	Har Gilo	J 18	1978
1.Kön	19	16	Shadmot Mehola	M 11	1979
1.Mose	12	6	Elon More	L 12	1979
Jos	18	10	Shillo	K 14	1979
1.Sam	4	3	Shillo	K 14	1979
Jos	18	17	Kefar Adummim	L 17	1979
Jos	15	48	Mahane Yatir	H 22	1979
1.Mose	29	35	Mezadot Yehuda (Bet Yatir)	J 22	1979

Bibl. Buch	Kap.	Vers	Ortsname	Plan-quadrat	Gründungsjahr
1.Mose	49	8	Mezadot Yehuda (Bet Yatir)	J 22	1979
Spr	31	19	Pelekh	K 4	1980
Hos	14	6	Tal El	J 5	1980
1.Chr	24	11	Shekhanya	K 5	1980
1.Mose	4	22	Tuval	K 5	1980
Dan	11	43	Mikhmannim	L 5	1980
Jos	19	25	'Adi	J 6	1980
2.Kön	17	24	Ma'ale Shomeron	H 13	1980
Jer	31	5	Ma'ale Shomeron	H 13	1980
Jos	10	12	Giv'on Hadasha	J 17	1980
Jos	6	2	Wered Yeriho	M 17	1980
Mk	10	46	Wered Yeriho	M 17	1980
Lk	19	1	Wered Yeriho	M 17	1980
Jes	2	13	Allone HaBashan	P 3	1981
Mi	1	1	Moreshet	K 6	1981
1.Mose	37	17	Mevo Dotan	J 10	1981
Jer	31	20	Yaqir	J 13	1981
1.Sam	15	29	Nili	H 15	1981
Esra	2	27	Ma'ale Mikhmash	K 16	1981
Jes	10	28	Ma'ale Mikhmash	K 16	1981
Am	1	1	Ma'ale Amos	K 19	1981
Jos	15	55	Karmel	J 21	1981
Jos	15	55	Ma'on	J 21	1981
1.Kön	16	21	Nahal Ginnat	K 10	1982
5.Mose	11	29	Berakha	K 13	1982
2.Kön	2	18	Nahal Elisha	M 16	1982
Ruth	1	2	No'omi	M 16	1982
2.Mose	30	34	Nataf	H 17	1982
Jos	21	18	'Almon	K 17	1982
Am	1	1	Noqdim	K 19	1982
Jes	59	9	Nahal Negohot	G 20	1982
1.Sam	30	9	'En HaBesor	B 23	1982
1.Kön	9	18	'En Tamar	L 26	1982
Hes	47	19	'En Tamar	L 26	1982
Hiob	2	11	Elifaz	H 39	1982
5.Mose	33	24	Osherat	J 4	1983
Jos	19	24	Osherat	J 4	1983
Mt	11	21	Korazim	N 5	1983
1.Kön	7	9	Massad	L 6	1983
2.Sam	2	29	Nahal Bitronot	N 11	1983
5.Mose	33	17	Alfe Menashe	H 13	1983

Bibl. Buch	Kap.	Vers	Ortsname	Plan-quadrat	Grün-dungsjahr
Jes	7	14	'Immanu'el	J 13	1983
Ri	21	19	Ma'ale Levona	K 14	1983
4.Mose	23	9	Nahal Geva'ot	J 18	1983
1.Mose	35	19	Efrata	J 19	1983
Mi	5	1	Efrata	J 19	1983
Ri	3	9	'Otni'el	H 21	1983
1.Chr	2	17	Har 'Amas'a	H 22	1983
Hiob	2	11	Mahane Bildad	J 32	1983
1.Mose	36	20	Lotan	H 37	1983
Jos	19	14	Hannaton	K 6	1984
2.Mose	28	1	Itamar	K 13	1984
Jes	35	10	Pedu'el	H 14	1984
1.Sam	1	9	'Eli	K 14	1984
4.Mose	*21*	*19*	*Nahali'el*	*J 15*	*1984*
Jos	18	24	Geva' Binyamin	K 17	1984
Hld	1	5	Qedar	K 18	1984
Jos	15	58	Karme Zur	H 19	1984
2.Chr	11	9	Adora	H 20	1984
Hagg	1	1	Haggay	H 21	1984
Hes	27	16	Ez Efrayim	H 14	1985
4.Mose	24	17	Kokhav Ya'aqov	K 16	1985
2.Sam	13	3	Shim'a	H 22	1985
5.Mose	*10*	*6*	*Ezuz*	*B 28*	*1985*
Spr	25	11	Nahal Maskiyot	M 11	1986
Jos	18	13	Har Adar	J 17	1986
1.Sam	14	49	Merav	M 10	1987
4.Mose	13	30	Na'ale	H 15	1988
Neh	7	45	Talmon	J 16	1989
Sach	2	12	Bat 'Ayin	H 19	1989
Jes	54	12	Avne Hefez	H 12	1990
Hes	16	7	Revava	J 14	1991
2.Mose	28	20	Shoham	G 15	1992
1.Kön	4	10	Bat Hefer	H 11	1996
1.Chr	7	21	El'ad	G 14	1996
Spr	18	16	Matan	G 13	1997
Ri	4	6	Ahuzzat Baraq	L 8	1998
Hebr	11	32	Ahuzzat Baraq	L 8	1998
Jos	15	31	Nahal Sansana	G 22	1998
Jos	15	48	Nahal Yatir	H 22	1998
4.Mose	11	26	Kefar Eldad	K 19	1999
Sach	9	12	Bizaron (Tel Aviv)	E 14	

7. Tabellarisches Ortslexikon, sortiert nach Planquadraten

Bibl. Buch	Kap.	Vers	Ortsname	Plan-quadrat	Gründungsjahr
Jer	17	8	Yuval	N 1	1952
Jos	19	47	Dan	O 1	1939
5.Mose	3	9	Senir	O 1	1967
Jes	7	3	She'ar Yashuv	O 1	1940
Jes	10	21	She'ar Yashuv	O 1	1940
Ri	11	1	Yiftah	N 2	1948
Hebr	11	32	Yiftah	N 2	1948
5.Mose	4	43	Lahavot HaBashan	O 2	1945
Jos	15	48	Shamir	O 2	1944
Hes	3	9	Shamir	O 2	1944
Jos	21	30	'Avdon	J 3	1952
4.Mose	34	27	Shelomi	J 3	1950
Nah	1	1	Elqosh	L 3	1949
1.Chr	24	9	Malkiyya	M 3	1949
Neh	10	4	Malkiyya	M 3	1949
Jos	19	38	Yir'on	M 3	1949
Hld	1	6	Notera	N 3	1958
1.Mose	49	21	Ramot Naftali	N 3	1945
Esra	7	9	Yesud HaMa'ala	N 3	1883
Jes	2	13	Allone HaBashan	P 3	1981
Jos	19	28	'Evron	H 4	1945
Jes	1	27	Shave Ziyyon	H 4	1938
5.Mose	33	24	Osherat	J 4	1983
Jos	19	24	Osherat	J 4	1983
Jos	19	27	Bet Ha'Emeq	J 4	1949
Jes	11	10	Nes 'Ammim	J 4	1963
5.Mose	33	28	'En Ya'aqov	K 4	1950
Spr	31	19	Kishor	K 4	1976
5.Mose	33	27	Me'ona	K 4	1949
Spr	31	19	Pelekh	K 4	1980
2.Kön	15	29	Yanuah	K 4	bibl.Zeit
4.Mose	3	35	Zuri'el	K 4	1950
Jos	19	36	Rama (Obergaliläa)	L 4	bibl.Zeit
1.Mose	49	21	Shefer	M 4	1950
2.Sam	5	16	Elifelet	N 4	1949

Bibl. Buch	Kap.	Vers	Ortsname	Plan-quadrat	Grün-dungsjahr
Esra	8	13	Elifelet	N 4	1949
Jos	19	36	Hazor HaGelilit	N 4	1953
1.Mose	32	3	Mahanayim	N 4	1898
Ps	118	22	Rosh Pinna	N 4	1879
1.Chr	7	19	Ani'am	O 4	1978
Ri	1	31	'Akko	H 5	bibl.Zeit
Apg	21	7	'Akko	H 5	bibl.Zeit
4.Mose	34	27	Ahihud	J 5	1950
Hos	14	6	Tal El	J 5	1980
Jos	19	27	Kabul (Kavul)	K 5	bibl.Zeit
1.Chr	24	11	Shekhanya	K 5	1980
1.Mose	4	22	Tuval	K 5	1980
Dan	11	43	Mikhmannim	L 5	1980
Jos	19	34	Huqoq	M 5	1945
Mt	11	21	Korazim	N 5	1983
Jes	35	2	Hadar HaKarmel (Haifa)	G 6	1912
1.Kön	17	1	Qiryat Eliyahu (Haifa)	G 6	1950
Ps	118	16	Romema (Haifa)	G 6	1970
Jes	33	20	Newe Sha'anan	H 6	1922
Jos	19	25	'Adi	J 6	1980
Jos	19	30	Afeq	J 6	1939
Jos	19	14	Hannaton	K 6	1984
Jos	19	13	Rummana	K 6	bibl.Zeit
Mi	1	1	Moreshet	K 6	1981
2.Kön	21	19	Yodefat	K 6	1960
Jos	19	13	Bet Rimmon	L 6	1977
1.Kön	7	9	Massad	L 6	1983
1.Mose	49	21	Ahuzzat Naftali	M 6	1949
Hos	10	14	Arbel	M 6	1949
Ps	48	14	Hela	M 6	1952
Lk	8	2	Migdal	M 6	1909
Jos	19	35	Tiberias	N 6	bibl.Zeit
Joh	6	1	Tiberias	N 6	bibl.Zeit
Joh	6	23	Tiberias	N 6	bibl.Zeit
1.Kön	20	26	Afiq	O 6	1967
1.Mose	29	35	Bene Yehuda	O 6	1972 (2.)
1.Mose	49	8	Bene Yehuda	O 6	1886 (1.)
Jos	13	13	Geshur	O 6	1971
5.Mose	33	13	Megadim	G 7	1949
			Kefar HaNo'ar HaDati	H 7	1936
			Kefar Hasidim (A)	H 7	1924

Bibl. Buch	Kap.	Vers	Ortsname	Plan-quadrat	Gründungsjahr
			Kefar Hasidim (B)	H 7	1950
Jos	15	21	Yagur	H 7	1922
Jos	19	15	Beth Lehem HaGelilit	J 7	1948
Jos	19	15	Nahalal	J 7	1921
Jos	21	35	Nahalal	J 7	1921
Ri	4	2	Qiryat Haroshet	J 7	1935
Esth	2	7	Ramat Hadassah	J 7	1948
Lk	2	51	Nazareth (Nazerat)	K 7	bibl.Zeit
Lk	4	16	Nazareth (Nazerat)	K 7	bibl.Zeit
Jos	19	12	Yafa	K 7	bibl.Zeit
2.Sam	1	18	Bet Qeshet	L 7	1944
Jos	21	28	Dabburiya	L 7	bibl.Zeit
Jos	19	12	Iksal (Kislot Tavor)	L 7	bibl.Zeit
Joh	2	1	Kafr Kanna	L 7	bibl.Zeit
Jos	19	13	Mash-had	L 7	bibl.Zeit
2.Kön	14	25	Mash-had	L 7	bibl.Zeit
Ri	4	14	Shadmot Devora	M 7	1939
Jos	19	33	Yavne'el	M 7	1901
Hes	34	13	Afiqim	N 7	1932
Jos	19	35	Kinneret (Kibbuz)	N 7	1913
Jos	19	35	Kinneret (Moshava)	N 7	1909
1.Chr	7	29	Dor	G 8	1949
Jes	37	2	Elyakim	H 8	1949
Jos	17	1	Ramot Menashe	H 8	1948
2.Kön	23	29	Megiddo	J 8	1949
1.Chr	7	29	Megiddo	J 8	1949
Offb	16	16	Megiddo	J 8	1949
Ri	5	21	Midrakh 'Oz	J 8	1952
Jos	21	34	Yoqne'am	J 8	1935
Jos	21	34	Yoqne'am Illit	J 8	1950
Ri	7	1	Kefar Gid'on	K 8	1923
Hebr	11	32	Kefar Gid'on	K 8	1923
Ps	118	5	Merhavya (Kibbuz)	K 8	1911
Ps	118	5	Merhavya (Moshav)	K 8	1922
Jos	19	10	Sarid	K 8	1926
Ri	4	6	Ahuzzat Baraq	L 8	1998
Hebr	11	32	Ahuzzat Baraq	L 8	1998
Jos	21	28	Daverat	L 8	1946
Jos	17	11	'En Dor	L 8	1948
1.Sam	28	7	'En Dor	L 8	1948
Lk	7	11	Nein	L 8	bibl.Zeit

Bibl. Buch	Kap.	Vers	Ortsname	Plan-quadrat	Gründungsjahr
Jos	19	18	Sulam (Shunem)	L 8	bibl.Zeit
2.Kön	4	8	Sulam (Shunem)	L 8	bibl.Zeit
1.Mose	11	31	Newe Ur	N 8	1949
1.Sam	15	29	Giv'at Nili	H 9	1953
Ri	5	13	Addirim	K 9	1956
2.Sam	1	21	Avital	K 9	1953
Ri	4	6	Baraq	K 9	1956
Hebr	11	32	Baraq	K 9	1956
Ri	4	4	Devora	K 9	1956
Ri	4	17	Hever	K 9	1950
2.Sam	1	21	Magen Sha'ul	K 9	1976
5.Mose	22	9	Mele'a	K 9	1956
1.Mose	47	11	Metav	K 9	1954
Ri	5	7	Perazon	K 9	1953
Ri	4	17	Ya'el	K 9	1960
Ri	7	1	En Harod	L 9	1921
Ri	7	1	Gid'ona	L 9	1949
Hebr	11	32	Gid'ona	L 9	1949
Jos	19	18	Yizre'el	L 9	1948
1.Kön	21	1	Yizre'el	L 9	1948
Ri	7	22	Bet HaShitta	M 9	1935
Ri	1	27	Bet She'an	M 9	bibl.Zeit
1.Sam	31	10	Bet She'an	M 9	bibl.Zeit
Jes	62	4	Hefzi Bah	M 9	1922
Jer	49	19	Newe Etan	N 9	1938
Hes	27	3	Mevo'ot Yam	F 10	1954
Jes	62	4	Hefzi Bah	G 10	1908
Jes	2	4	Herev Le'et	G 10	1947
Mi	4	3	Herev Le'et	G 10	1947
Jes	35	10	Hibbat Ziyyon	G 10	1933
1.Kön	16	24	'En Shemer	H 10	1927
2.Kön	17	24	Gan Shomeron	H 10	1934
Jer	31	5	Gan Shomeron	H 10	1934
Jos	17	1	Sha'ar Menashe	H 10	1949
1.Mose	37	17	Mevo Dotan	J 10	1981
Jos	21	29	Jenin	K 10	bibl.Zeit
1.Kön	16	21	Nahal Ginnat	K 10	1982
1.Sam	31	1	Ma'ale Gilboa'	L 10	1962
1.Sam	31	2	Nahal Malkishu'a	L 10	1976
1.Mose	2	15	Hawwat 'Eden	M 10	1956
1.Sam	14	49	Merav	M 10	1987

Bibl. Buch	Kap.	Vers	Ortsname	Plan-quadrat	Gründungsjahr
Hld	8	6	Reshafim	M 10	1948
2.Sam	1	21	Sedei Terumot	M 10	1951
1.Kön	4	10	Sha'ar Hefer	F 11	1940
Hld	2	1	Shoshanat Ha'Amaqim	F 11	1951
1.Sam	14	3	Ahituv	G 11	1951
Neh	3	1	Elyashiv	G 11	1933
Jes	62	12	Ge'ulle Teman	G 11	1949
4.Mose	34	23	Hanni'el	G 11	1950
Jos	17	3	Hogla	G 11	1933
Jes	35	2	Mishmar HaSharon	G 11	1933
Apg	9	35	Mishmar HaSharon	G 11	1933
Jer	30	3	Shevut 'Am	G 11	1950
5.Mose	32	13	Tenuvot	G 11	1952
Ps	102	29	Yikkon	G 11	1951
Jes	32	14	Bahan	H 11	1953
1.Kön	4	10	Bat Hefer	H 11	1996
Joel	4	13	Maggal	H 11	1953
1.Kön	19	16	Mehola	M 11	1968
Spr	25	11	Nahal Maskiyot	M 11	1986
1.Kön	19	16	Shadmot Mehola	M 11	1979
2.Sam	2	29	Nahal Bitronot	N 11	1983
Joel	2	23	Bene Ziyyon	F 12	1947
Ri	2	9	Ga'ash	F 12	1951
Esth	2	7	Hadassim	F 12	1947
Spr	10	4	Haruzim	F 12	1951
Esth	2	7	Newe Hadassah	F 12	1949
Jes	41	18	Shefayim	F 12	1935
Sach	3	2	Udim	F 12	1948
1.Mose	49	22	Porat	G 12	1950
Jes	54	12	Avne Hefez	H 12	1990
Jos	16	5	Sha'ar Efrayim	H 12	1953
2.Kön	17	24	Shave Shomeron	J 12	1977
Jer	31	5	Shave Shomeron	J 12	1977
1.Mose	12	6	Nablus (Shekhem, Sichem)	K 12	bibl.Zeit
Jos	24	25	Nablus (Shekhem, Sichem)	K 12	bibl.Zeit
Joh	4	5	'Askar	K 12	bibl.Zeit
1.Mose	12	6	Elon More	L 12	1979
Ps	23	1	Ro'i	M 12	1976
Jes	35	2	Ramat HaSharon	F 13	1923
Apg	9	35	Ramat HaSharon	F 13	1923
Ps	36	9	'Adanim	G 13	1950

Bibl. Buch	Kap.	Vers	Ortsname	Plan-quadrat	Gründungsjahr
4.Mose	10	22	Elishama'	G 13	1951
Ps	45	4	Hagor	G 13	1949
Jes	35	2	Hod HaSharon	G 13	1964
Apg	9	35	Hod HaSharon	G 13	1964
1.Chr	4	14	Horeshim	G 13	1955
1.Mose	36	43	Magdi'el (Hod HaSharon)	G 13	1924
Spr	18	16	Matan	G 13	1997
Ps	118	15	Newe Yamin	G 13	1949
1.Sam	1	1	Ramathaim (Hod HaSharon)	G 13	1925
Jes	32	12	Sedei Hemed	G 13	1952
5.Mose	12	20	Yarhiv	G 13	1949
5.Mose	33	17	Alfe Menashe	H 13	1983
2.Kön	17	24	Ma'ale Shomeron	H 13	1980
Jer	31	5	Ma'ale Shomeron	H 13	1980
2.Kön	17	24	Qarne Shomeron	H 13	1978
Jer	31	5	Qarne Shomeron	H 13	1978
Ri	12	15	Far'ate	J 13	bibl.Zeit
Jes	7	14	'Immanu'el	J 13	1983
Jer	31	20	Yaqir	J 13	1981
5.Mose	11	29	Berakha	K 13	1982
2.Mose	28	1	Itamar	K 13	1984
Sach	9	12	Bizaron (Tel Aviv)	E 14	
Esra	7	1	'Ezra (Tel Aviv)	E 14	1945
Jes	33	20	Newe Sha'anan (Tel Aviv)	E 14	1922
Jes	32	18	Newe Shalom (Tel Aviv)	E 14	1890
Jos	19	40	Newe Dan (Tel Aviv)	E 14	1950
Jer	50	7	Newe Zedeq (Tel Aviv)	E 14	1887
Mi	5	6	Revivim (Tel Aviv)	E 14	1950
Hes	3	15	Tel Aviv	E 14	1909
Jos	19	46	Yafo (Tel Aviv)	E 14	bibl.Zeit
Jona	1	3	Yafo (Tel Aviv)	E 14	bibl.Zeit
Apg	9	43	Yafo (Tel Aviv)	E 14	bibl.Zeit
Jos	19	45	Bene Beraq	F 14	1924
1.Mose	29	35	Ganne Yehuda	F 14	1951
1.Mose	49	8	Ganne Yehuda	F 14	1951
Jos	19	45	Gat Rimmon	F 14	1926
1.Chr	8	12	Qiryat Ono	F 14	1939
Neh	6	2	Qiryat Ono	F 14	1939
1.Chr	7	21	El'ad	G 14	1996
Jos	15	34	En Gannim (Petah Tiqwa)	G 14	1908
3.Mose	25	10	Kefar HaYovel (Ma'as)	G 14	1934

Bibl. Buch	Kap.	Vers	Ortsname	Plan-quadrat	Gründungsjahr
4.Mose	10	14	Nahshonim	G 14	1949
Mt	1	4	Nahshonim	G 14	1949
2.Mose	28	18	Nofekh	G 14	1949
Hos	2	17	Petah Tiqwa	G 14	1879
1.Sam	1	1	Elqana	H 14	1977
Hes	27	16	Ez Efrayim	H 14	1985
Jes	35	10	Pedu'el	H 14	1984
Jes	29	1	Ariel	J 14	1978
Hes	16	7	Revava	J 14	1991
1.Sam	1	9	'Eli	K 14	1984
Jos	17	8	Kefar Tappuah	K 14	1978
Ri	21	19	Ma'ale Levona	K 14	1983
Jos	18	10	Shillo	K 14	1979
1.Sam	4	3	Shillo	K 14	1979
Ps	8	1	Gittit	L 14	1973
Jos	16	5	Ma'ale Efrayim	L 14	1978
Ri	16	4	Gan Soreq	E 15	1950
Jos	15	51	Holon	E 15	1933
Jer	14	8	Miqwe Yisra'el	E 15	1870
Jer	17	13	Miqwe Yisra'el	E 15	1870
1.Chr	4	23	Neta'im	E 15	1932
4.Mose	10	25	Ahi'ezer	F 15	1950
Jos	15	41	Bet Dagan	F 15	1949
Am	9	14	Gannot	F 15	1950
			Hemed	F 15	1950
Jes	41	27	Rishon LeZiyyon	F 15	1882
Ps	14	7	Yagel	F 15	1950
Jos	19	45	Yehud	F 15	1948
1.Chr	7	10	Zetan	F 15	1950
2.Mose	28	17	Bareqet	G 15	1952
Jes	5	1	Ben Shemen	G 15	1922
Jos	16	2	Bene 'Atarot	G 15	1948
Neh	1	1	Bet Nehemya	G 15	1950
Neh	12	16	Ginnaton	G 15	1949
Esra	2	33	Hadid	G 15	1950
1.Chr	8	12	Lod	G 15	bibl.Zeit
Apg	9	32	Lod	G 15	bibl.Zeit
2.Mose	28	20	Shoham	G 15	1992
1.Mose	29	35	Tirat Yehuda	G 15	1949
1.Mose	49	8	Tirat Yehuda	G 15	1949
4.Mose	13	30	Na'ale	H 15	1988

Bibl. Buch	Kap.	Vers	Ortsname	Plan-quadrat	Gründungsjahr
1.Sam	15	29	Nili	H 15	1981
5.Mose	32	13	Hallamish	J 15	1977
4.Mose	*21*	*19*	*Nahali'el*	*J 15*	*1984*
1.Mose	28	19	Bet El B	K 15	1978
Jos	18	23	'Ofra	K 15	1975
Joh	*11*	*54*	*(E) Taiyiba*	*K 15*	*bibl.Zeit*
Jos	4	19	Gilgal	M 15	1970
1.Sam	11	14	Gilgal	M 15	1970
1.Kön	4	9	Bet Hanan	E 16	1930
Jos	19	44	Ge'alya	E 16	1948
Jos	15	11	Yavne	E 16	1949
2.Chr	26	6	Yavne	E 16	1949
Spr	31	27	Zofiyya	E 16	1955
Jos	19	44	Gibbeton (Rehovot)	F 16	1933
Jes	11	1	Hoter (Be'er Ya'aqov)	F 16	1951
Jes	2	5	Kefar Bilu	F 16	1933
Jos	15	41	Na'an	F 16	1930
Jer	4	6	Nes Ziyyona	F 16	1883
2.Kön	23	36	Pedaya	F 16	1951
1.Chr	24	16	Petahya	F 16	1951
1.Sam	6	17	Qiryat 'Eqron	F 16	1948
Zeph	2	4	Qiryat 'Eqron	F 16	1948
1.Mose	26	22	Rehovot	F 16	1890
Jes	27	6	Yashresh	F 16	1950
Jes	27	6	Yaziz	F 16	1950
2.Mose	31	6	Ahisamakh	G 16	1950
2.Kön	15	1	'Azarya	G 16	1949
Jos	21	21	Gezer	G 16	1945
1.Kön	9	17	Gezer	G 16	1945
2.Chr	28	18	Gimzo	G 16	1950
Jos	1	1	Kefar Bin Nun	G 16	1952
Jos	10	12	Mishmar Ayyalon	G 16	1949
Jos	19	42	Sha'alvim	G 16	1951
1.Kön	4	9	Sha'alvim	G 16	1951
Jos	10	10	Beit 'Ur et Tahta (untere Bet Horon)	H 16	bibl.Zeit
1.Chr	7	24	Beit 'Ur et Tahta (untere Bet Horon)	H 16	bibl.Zeit
2.Chr	8	5	Beit 'Ur et Tahta (untere Bet Horon)	H 16	bibl.Zeit

Bibl. Buch	Kap.	Vers	Ortsname	Plan-quadrat	Gründungsjahr
Jos	10	10	Beit 'Ur el Fauqa (obere Bet Horon)	J 16	bibl.Zeit
Jos	16	5	Beit 'Ur el Fauqa (obere Bet Horon)	J 16	bibl.Zeit
2.Chr	8	5	Beit 'Ur el Fauqa (obere Bet Horon)	J 16	bibl.Zeit
Jos	10	10	Bet Horon	J 16	1977
2.Chr	8	5	Bet Horon	J 16	1977
1.Sam	1	19	Ramallah	J 16	bibl.Zeit
1.Sam	7	17	Ramallah	J 16	bibl.Zeit
1.Sam	25	1	Ramallah	J 16	bibl.Zeit
Jos	18	22	Ramallah (Zemaraim)	J 16	bibl.Zeit
Neh	7	45	Talmon	J 16	1989
1.Mose	28	19	Beitin	K 16	bibl.Zeit
1.Mose	28	19	Bet El	K 16	1977
Jos	7	2	Deir Dibwan	K 16	bibl.Zeit
4.Mose	24	17	Kokhav Ya'aqov	K 16	1985
Esra	2	27	Ma'ale Mikhmash	K 16	1981
Jes	10	28	Ma'ale Mikhmash	K 16	1981
Esra	2	27	Mukhmas	K 16	bibl.Zeit
Jes	10	28	Mukhmas	K 16	bibl.Zeit
Jos	6	2	Jericho (Yeriho)	M 16	bibl.Zeit
Mk	10	46	Jericho (Yeriho)	M 16	bibl.Zeit
Lk	19	1	Jericho (Yeriho)	M 16	bibl.Zeit
2.Kön	2	18	Nahal Elisha	M 16	1982
Ruth	1	2	No'omi	M 16	1982
1.Sam	5	1	Ashdod	D 17	1957
1.Sam	6	17	Ashdod	D 17	1957
Apg	8	40	Ashdod	D 17	1957
1.Chr	4	36	Benaya	E 17	1949
Sach	9	12	Bizaron	E 17	1935
Jos	15	11	Gan Yavne	E 17	1932
2.Chr	26	6	Gan Yavne	E 17	1932
Jos	15	36	Gedera	E 17	1884
Jos	15	23	Hazor Ashdod	E 17	1937
Ps	80	16	Kannot	E 17	1952
2.Mose	34	18	Kefar Aviv	E 17	1951
Jos	15	11	Kerem Yavne	E 17	1954
2.Chr	26	6	Kerem Yavne	E 17	1954
Ps	65	6	Newe Mivtah	E 17	1950
Jos	15	11	Qevuzat Yavne	E 17	1941

Bibl. Buch	Kap.	Vers	Ortsname	Plan-quadrat	Gründungsjahr
2.Chr	26	6	Qevuzat Yavne	E 17	1941
Ps	92	14	Shetulim	E 17	1950
			Uri'el (Gedera)	E 17	1949
Jer	1	1	Bet Hilqiyya	F 17	1953
Ri	16	4	Nahal Soreq	F 17	1914
1.Sam	6	17	Revadim	F 17	1948
Zeph	2	4	Revadim	F 17	1948
1 Chr	11	34	Gizo	G 17	1960
			Har'el	G 17	1948
4.Mose	10	14	Nahshon	G 17	1950
Mt	1	4	Nahshon	G 17	1950
Jes	32	18	Newe Shalom	G 17	1969
Ps	89	14	Ta'oz	G 17	1950
Ps	89	14	Tarum	G 17	1950
Jos	19	41	Zor'a	G 17	1948
Ri	13	25	Zor'a	G 17	1948
Jos	19	41	Eshta'ol	H 17	1949
Ri	13	25	Eshta'ol	H 17	1949
Mi	6	2	Etanim	H 17	1952
Jos	18	28	Giv'at Ye'arim	H 17	1950
Jos	15	10	Kesalon	H 17	1952
Jes	62	10	Mesillat Ziyyon	H 17	1950
Jos	10	10	Mevo Horon	H 17	1974
2.Chr	8	5	Mevo Horon	H 17	1974
1.Chr	4	19	Naham	H 17	1950
2.Mose	30	34	Nataf	H 17	1982
Jos	18	14	Qiryat Ye'arim	H 17	1952
1.Sam	7	1	Qiryat Ye'arim	H 17	1952
1.Chr	13	5	Qiryat Ye'arim	H 17	1952
Jos	15	59	Shoresh	H 17	1948
Jos	10	12	El - Jib	J 17	bibl.Zeit
Jos	18	26	En - Nabi Samwil	J 17	bibl.Zeit
1.Sam	10	17	En - Nabi Samwil	J 17	bibl.Zeit
Jos	10	12	Giv'on Hadasha	J 17	1980
Jos	18	13	Har Adar	J 17	1986
Jos	15	9	Ma'oz Ziyyon (Mevasseret Ziyyon)	J 17	1951
Jes	2	3	Ma'oz Ziyyon (Mevasseret Ziyyon)	J 17	1951
Jes	40	9	Mevasseret Yerushalayim (Mevass. Ziyyon)	J 17	1956

Bibl. Buch	Kap.	Vers	Ortsname	Plan-quadrat	Grün-dungsjahr
Jes	40	9	Mevasseret Z̲iyyon	J 17	1964
Jos	18	26	Moz̲a	J 17	1894
Jos	18	26	Moz̲a ‘Illit	J 17	1933
2.Sam	23	36	Z̲ova	J 17	1948
Jos	21	18	‘Almon	K 17	1982
Jos	21	18	‘Anata	K 17	bibl.Zeit
Jer	1	1	‘Anata	K 17	bibl.Zeit
Jos	16	2	‘Atarot (Jerusalem)	K 17	1922
Neh	3	14	Bet HaKerem (Jerusalem)	K 17	1923
Jer	6	1	Bet HaKerem (Jerusalem)	K 17	1923
1.Mose	46	27	Bet Ya’aqov (Jerusalem)	K 17	1877
2.Mose	16	31	Bet Yisra’el (Jerusalem)	K 17	1887
Mk	11	1	El - ‘Eizariya	K 17	bibl.Zeit
Mk	14	3	El - ‘Eizariya	K 17	bibl.Zeit
Joh	11	1	El - ‘Eizariya	K 17	bibl.Zeit
2.Sam	5	18	‘Emeq Refa’im (Jerusalem)	K 17	1880
Neh	3	14	‘En Kerem (Jerusalem)	K 17	1949
Jer	6	1	‘En Kerem (Jerusalem)	K 17	1949
Jos	18	24	Geva’ Binyamin	K 17	1984
Jos	15	51	Gilo (Jerusalem)	K 17	1972
2.Sam	15	12	Gilo (Jerusalem)	K 17	1972
Neh	3	14	Givat Bet HaKerem (Jerusalem)	K 17	1963
Jer	6	1	Givat Bet HaKerem (Jerusalem)	K 17	1963
2.Sam	5	6	Jerusalem (Yerushalayim)	K 17	bibl.Zeit
1.Mose	17	5	Kerem Avraham (Jerusalem)	K 17	1933
Jos	18	17	Ma’ale Adummim	K 17	1975
1.Mose	32	3	Mah̲anayim (Jerusalem)	K 17	1926
4.Mose	2	3	Mah̲ane Yehuda (Jerusalem)	K 17	1887
1.Chr	8	6	Manah̲at (Jerusalem)	K 17	1949
Jos	15	9	Me Nefto’ah̲ (Jerusalem)	K 17	1950
1.Mose	26	12	Me’a She’arim (Jerusalem)	K 17	1874
Spr	5	18	Meqor Barukh (Jerusalem)	K 17	1924
4.Mose	24	5	Mishkenot (Jerusalem)	K 17	1875
1.Sam	19	22	Nayot (Jerusalem)	K 17	1962
Jes	33	20	Newe Sha’anan (Jerusalem)	K 17	1925
Esth	2	7	Qiryat Hadassah (Jerusalem)	K 17	1960
1.Chr	23	17	Reh̲avya (Jerusalem)	K 17	1921
Ps	118	16	Romema (Jerusalem)	K 17	1921
1.Sam	21	2	Shu’afat (Jerusalem)	K 17	bibl.Zeit
Jes	10	32	Shu’afat (Jerusalem)	K 17	bibl.Zeit
Mk	2	26	Shu’afat (Jerusalem)	K 17	bibl.Zeit

Bibl. Buch	Kap.	Vers	Ortsname	Plan-quadrat	Gründungsjahr
Neh	3	15	Silwan (Jerusalem)	K 17	bibl.Zeit
Jes	8	6	Silwan (Jerusalem)	K 17	bibl.Zeit
Hld	4	4	Talpiyyot (Jerusalem)	K 17	1922
Jos	18	17	Kefar Adummim	L 17	1979
Jos	6	2	Mizpe Yeriho	L 17	1978
Mk	10	46	Mizpe Yeriho	L 17	1978
Lk	19	1	Mizpe Yeriho	L 17	1978
Jos	6	2	Wered Yeriho	M 17	1980
Mk	10	46	Wered Yeriho	M 17	1980
Lk	19	1	Wered Yeriho	M 17	1980
1.Sam	6	17	Ashqelon	C 18	1951
Zeph	2	7	Ashqelon	C 18	1951
Esra	7	12	Bet 'Ezra	D 18	1950
Ps	31	24	Emunim	D 18	1950
2.Chr	26	6	Sede 'Uziyyahu	D 18	1950
Hld	6	2	'Arugot	E 18	1949
1.Chr	3	23	'Azriqam	E 18	1950
Jes	52	7	Mashmia' Shalom		
			(Bene Re'em)	E 18	1949
Jes	26	19	Orot	E 18	1952
Mal	1	1	Qiryat Mal'akhi	E 18	1951
Mi	1	11	Shafir	E 18	1949
1.Kön	6	29	Timmorim	E 18	1954
Ps	72	17	Yinnon	E 18	1952
Esra	7	4	Zerahya	E 18	1950
Ps	80	15	Gefen	F 18	1955
Ps	27	1	Yish'i	F 18	1950
Jos	15	35	'Adullam (Siedlungs-Region)	G 18	1957
Jos	15	10	Bet Shemesh	G 18	1950
1.Sam	6	12	Bet Shemesh	G 18	1950
Sach	1	1	Zekharya	G 18	1950
Jer	32	12	Mahseya	H 18	1950
Hes	34	29	Matta'	H 18	1950
Jes	18	3	Nes Harim	H 18	1950
Jos	15	34	Zanoah	H 18	1950
Neh	3	13	Zanoah	H 18	1950
Esth	2	7	Zur Hadassah	H 18	1960
4.Mose	10	14	'Aminadav	J 18	1950
Mt	1	4	'Aminadav	J 18	1950
Jos	15	51	Beit Jala	J 18	bibl.Zeit
2.Sam	15	12	Beit Jala	J 18	bibl.Zeit

Bibl. Buch	Kap.	Vers	Ortsname	Plan-quadrat	Gründungsjahr
1.Sam	16	4	Bethlehem (Bet Lehem)	J 18	bibl.Zeit
Mi	5	1	Bethlehem (Bet Lehem)	J 18	bibl.Zeit
Lk	2	15	Bethlehem (Bet Lehem)	J 18	bibl.Zeit
Jos	15	51	Har Gilo	J 18	1978
2.Sam	15	12	Har Gilo	J 18	1978
2.Sam	23	27	Husan	J 18	bibl.Zeit
4.Mose	23	9	Nahal Geva'ot	J 18	1983
Jer	29	31	Nahhalin	J 18	bibl.Zeit
Esth	8	16	Ora	J 18	1950
Hld	1	5	Qedar	K 18	1984
1.Mose	35	19	Ramat Rahel	K 18	1926
1.Sam	10	2	Ramat Rahel	K 18	1926
Jer	31	15	Ramat Rahel	K 18	1926
Mt	2	18	Ramat Rahel	K 18	1926
1.Chr	3	20	Berekhya	D 19	1950
Jes	3	1	Mash'en	D 19	1950
1.Kön	8	56	Menuha	E 19	1953
2.Kön	19	23	Mivhor	E 19	1955
1.Mose	13	14	Negba	E 19	1939
Spr	4	18	Nogah	E 19	1955
1.Sam	6	17	Qiryat Gat	E 19	1954
1.Chr	18	1	Qiryat Gat	E 19	1954
3.Mose	26	13	Qomemiyyut	E 19	1950
2.Mose	19	5	Segula	E 19	1953
Ps	68	29	'Uza	E 19	1950
Neh	11	14	Zavdi'el	E 19	1950
1.Sam	6	17	Gat	F 19	1942
1.Chr	18	1	Gat	F 19	1942
Ps	135	12	Nahala	F 19	1953
Hes	17	8	Aderet	G 19	1963
1.Chr	4	12	Nehusha	G 19	1955
Ps	18	35	Nehusha	G 19	1955
Sach	2	12	Bat 'Ayin	H 19	1989
Jos	15	58	Jadur	H 19	bibl.Zeit
Jos	15	58	Karme Zur	H 19	1984
Jos	15	44	Qila	H 19	bibl.Zeit
1.Sam	23	2	Qila	H 19	bibl.Zeit
1.Mose	35	19	Efrata	J 19	1983
Mi	5	1	Efrata	J 19	1983
1.Mose	35	21	Migdal 'Oz	J 19	1977
Ps	61	4	Migdal 'Oz	J 19	1977

Bibl. Buch	Kap.	Vers	Ortsname	Planquadrat	Gründungsjahr
Spr	18	10	Migdal 'Oz	J 19	1977
4.Mose	23	9	Rosh Zurim	J 19	1969
Jos	15	54	Si'ir	J 19	bibl.Zeit
4.Mose	11	26	Kefar Eldad	K 19	1999
Am	1	1	Ma'ale Amos	K 19	1981
Am	1	1	Noqdim	K 19	1982
Neh	3	5	Teqoa'	K 19	1970
Am	1	1	Teqoa'	K 19	1970
Neh	3	5	Tequ'	K 19	bibl.Zeit
Am	1	1	Tequ'	K 19	bibl.Zeit
1.Sam	6	17	Gaza ('Azza)	B 20	bibl.Zeit
Apg	8	26	Gaza ('Azza)	B 20	bibl.Zeit
2.Sam	23	26	Helez	D 20	1950
Hld	6	11	Ibbim	D 20	1953
Ps	65	11	Telamim	D 20	1950
1.Chr	4	6	Ahuzzam	E 20	1950
Am	5	24	Etan	E 20	1955
Hos	2	3	Ruhama	E 20	1911
Ps	122	7	Shalwa	E 20	1952
Jos	15	39	Lakhish	F 20	1955
2.Kön	18	14	Lakhish	F 20	1955
Jer	34	7	Lakhish	F 20	1955
Spr	3	17	No'am	F 20	1955
2.Chr	25	27	Amazya	G 20	1955
Jos	15	43	Idna	G 20	bibl.Zeit
Jes	59	9	Nahal Negohot	G 20	1982
2.Chr	11	9	Adora	H 20	1984
2.Chr	11	9	Dura	H 20	bibl.Zeit
1.Mose	13	18	Hebron (Hevron)	H 20	bibl.Zeit
1.Mose	23	19	Hebron (Hevron)	H 20	bibl.Zeit
Jos	15	53	Taffuh	H 20	bibl.Zeit
Jos	15	58	Halhul	J 20	bibl.Zeit
1.Mose	23	2	Qiryat Arba'	J 20	1971
Jos	15	54	Qiryat Arba'	J 20	1971
1.Sam	6	17	Kefar 'Azza (Gaza)	C 21	1951
Apg	8	26	Kefar 'Azza (Gaza)	C 21	1951
Ps	126	4	Shuva	C 21	1950
Spr	2	7	Tushiyya	C 21	1958
2.Mose	15	2	Zimrat	C 21	1957
Jes	35	7	Mabbu'im	D 21	1958
Spr	3	17	Netivot	D 21	1956

Bibl. Buch	Kap.	Vers	Ortsname	Plan-quadrat	Gründungsjahr
Jes	2	5	Talme Bilu	D 21	1953
4.Mose	26	12	Yakhini	D 21	1950
1.Chr	4	35	Yoshivya	D 21	1950
Jer	2	2	Zeru'a	D 21	1953
Jes	17	5	Bet Qama	E 21	1949
Jos	21	15	Devira	F 21	1951
Jos	15	52	Duma	G 21	bibl.Zeit
Hagg	1	1	Haggay	H 21	1984
Ri	3	9	'Otni'el	H 21	1983
Jos	21	15	Rabud	H 21	bibl.Zeit
Jos	15	55	Yatta	H 21	bibl.Zeit
Jos	15	55	El Karmil	J 21	bibl.Zeit
Jos	15	55	Karmel	J 21	1981
Jos	15	55	Ma'on	J 21	1981
1.Sam	24	1	'En Gedi	L 21	1953
Hld	1	14	'En Gedi	L 21	1953
Jes	26	19	Tal Or	C 22	1957
Jes	41	19	Berosh	D 22	1953
Jes	30	15	Bitha	D 22	1956
Jes	35	2	Gilat	D 22	1949
Ps	65	12	Ma'galim	D 22	1958
Jes	35	8	Maslul	D 22	1950
5.Mose	23	26	Melilot	D 22	1953
Jes	35	10	Peduyyim	D 22	1950
Jes	35	2	Rannen	D 22	1950
Jes	41	19	Te'ashur	D 22	1953
Jes	41	19	Tidhar	D 22	1953
Jes	35	2	Tifrah	D 22	1949
1.Mose	21	33	Eshel HaNasi	E 22	1952
1.Mose	13	1	Mishmar HaNegev	E 22	1946
4.Mose	13	17	Mishmar HaNegev	E 22	1946
Jos	19	5	Lahav	F 22	1952
1.Sam	27	6	Lahav	F 22	1952
Jos	15	31	Nahal Sansana	G 22	1998
1.Chr	2	17	Har 'Amas'a	H 22	1983
Jos	15	48	Mahane Yatir	H 22	1979
Jos	15	48	Nahal Yatir	H 22	1998
Jos	21	14	Sammu'	H 22	bibl.Zeit
1.Sam	30	28	Sammu'	H 22	bibl.Zeit
2.Sam	13	3	Shim'a	H 22	1985
1.Mose	29	35	Mezadot Yehuda (Bet Yatir)	J 22	1979

Bibl. Buch	Kap.	Vers	Ortsname	Plan-quadrat	Grün-dungsjahr
1.Mose	49	8	Mezadot Yehuda (Bet Yatir)	J 22	1979
1.Sam	30	9	'En HaBesor	B 23	1982
1.Mose	15	1	Magen	B 23	1949
Jes	32	18	Mivtahim	B 23	1947
1.Mose	46	10	Ohad	B 23	1969
Ps	20	7	Yesha	B 23	1957
1.Mose	46	10	Zohar	B 23	1973
1.Mose	21	31	Be'er Sheva'	E 23	bibl.Zeit
1.Mose	26	33	Be'er Sheva'	E 23	bibl.Zeit
5.Mose	2	23	Hazerim	E 23	1946
Ps	84	11	Hazerim	E 23	1946
Jos	12	14	'Arad	K 23	1961
Ri	1	16	'Arad	K 23	1961
Mi	5	6	Revivim	E 25	1943
Jos	15	22	Dimona	H 25	1955
1.Mose	19	1	Sedom	L 25	1934
Hes	16	55	Sedom	L 25	1934
1.Kön	9	18	'En Tamar	L 26	1982
Hes	47	19	'En Tamar	L 26	1982
1.Mose	20	1	Kadesh Barnea' (Nizzane Sinai)	B 27	1977
4.Mose	13	26	Kadesh Barnea' (Nizzane Sinai)	B 27	1977
Ps	45	9	Qezi'ot	B 27	1953
5.Mose	*10*	*6*	*Ezuz*	*B 28*	*1985*
4.Mose	21	10	'Ir Ovot	K 28	1966
1.Kön	9	18	'Ir Ovot	K 28	1966
Hes	47	19	'Ir Ovot	K 28	1966
Hiob	33	11	Zofar	J 31	1970
Hiob	33	11	Mahane Bildad	J 32	1983
4.Mose	33	3	Paran	J 33	1972
5.Mose	33	2	Paran	J 33	1972
Jes	33	20	Yahel	J 36	1976
1.Mose	33	20	Lotan	H 37	1983
1.Mose	33	1	Qetura	H 37	1970
4.Mose	33	34	Yotvata	H 38	1951
5.Mose	33	7	Yotvata	H 38	1951
Hiob	33	11	Elifaz	H 39	1982
1.Mose	33	40	Timna'	G 40	1955
5.Mose	33	8	Elat	G 42	1951
2.Kön	33	22	Elat	G 42	1951
1.Kön	33	26	Elot	G 42	1956